高校就业创业特色教材

教育部学生服务与素质发展中心课题（课题编号：JC21119）研究成果

大学生就业指导实务

主　编　宁　翔　马亚琴　赵慧敏

副主编　高嘉庆　付兴华　王建平　陈思颖

编　者　张　华　徐　洁　杜德筠　余灿兰

　　　　黄　玫　刘元元　肖惠静　叶嘉琪

主　审　刘文峰

西北工業大學出版社

西　安

【内容简介】 本书根据当前高等职业院校毕业生实际就业形势编写而成。全书共分为七章，内容包括当代大学生的职业选择、就业形势与就业政策、就业观与就业心理调适、就业信息与求职实践、就业基本权益的保护、步入职场与职业适应、创业能力与创业实务。

本书可作为高等职业院校公共基础课教材，也可供相关人员参考阅读。

图书在版编目(CIP)数据

大学生就业指导实务 / 宁翔，马亚琴，赵慧敏主编. 西安 ：西北工业大学出版社，2024. 8. -- ISBN 978 - 7 - 5612 - 9362 - 1

Ⅰ. G647.38

中国国家版本馆 CIP 数据核字第 20246E3E64 号

DAXUESHENG JIUYE ZHIDAO SHIWU

大 学 生 就 业 指 导 实 务

宁翔　马亚琴　赵慧敏　主编

责任编辑： 付高明　　**装帧设计：** 黄燕美

责任校对： 卢颖慧

出版发行： 西北工业大学出版社

通信地址： 西安市友谊西路 127 号　　邮编：710072

电　　话： (029)88491757，88493844

网　　址： www. nwpup. com

印 刷 者： 三河市龙大印装有限公司

开　　本： 787 mm×1 092 mm　　1/16

印　　张： 13. 25

字　　数： 274 千字

版　　次： 2024 年 8 月第 1 版　　2024 年 8 月第 1 次印刷

书　　号： ISBN 978 - 7 - 5612 - 9362 - 1

定　　价： 42. 00 元

前言 Preface

从你踏入大学校门的第一天起，或许就不断有人善意地提醒你：求职的困难、竞争的激烈以及就业的重要性。这些提醒无一不在敦促你勤奋努力，以便在激烈的社会竞争中立足并赢得一席之地。诚然，能够给予你这些提醒的人确实是关心和爱护你的人，但是他们往往很少告诉你具体应该如何去做。

现在的你正值人生最美好的青春年华，可能对未来充满希望，也可能在生活中感到迷茫。你也许对枯燥的书本知识失去了兴趣，或者对未来的职业目标感到模糊不清。当你怀揣着无数问题，开始新的人生旅程而又不知何去何从时，请翻开本书，也许你能从中找到一些问题的答案。

职业教育是以就业为导向的，因此，就业指导在职业教育体系中是不可或缺的一环。为此，笔者根据当前高等职业院校毕业生的就业形势，组织了具有丰富教学经验的一线教师编写了本书，旨在通过对求职就业全过程的指导，使学生了解当前的就业形势和政策，掌握就业的途径和方法，从而增强他们在就业市场上的竞争力。

作为高等职业院校的公共基础课教材，本书编写思路清晰，兼具趣味性与实用性，具体编写特色如下。

（1）覆盖面广。本书主要围绕大学生的就业求职问题展开，内容既有理论，又有方法，既有对整个就业过程的宏观介绍，又有对求职过程中出现的具体问题的实际指导。书中涵盖了大学生就业的各个方面，从尝试求职到步入职场的每个阶段都进行了深入探讨。

（2）可操作性强。本书融理论与实践为一体，为学生提供了具有可操作性的指引。书中设有与大学生生活和社会实践紧密相连的“行思之窗”栏目以及活跃课堂氛围的“课堂互动”栏目，旨在提升学生的学习兴趣，便于教师布置课堂活动、检查学习成果，方便教学和管理。

（3）编排新颖。本书每章开头设有“学习目标”和“案例导航”。针对现行教材中以理论讲述为主、重讲解轻实训、创设情境让学生参与的内容不足等问题，特别设置了“实训园地”栏目。该栏目结合章节内容，系统地设计了与教学过程紧密结合的实训内容，注重知识间的相互联系及知识的现实意义，帮助学生拓宽思路，形成系统化的知识和能力。书中还穿插有“知识点睛”栏目，内容丰富多彩，语言通俗易懂，便于学生自主学习。本书力求成为学生自发进行就业求职实践、制定职业发展策略的重要参考。

本书由湖南外国语职业学院宁翔、马亚琴、赵慧敏任主编，湖南外国语职业学院高嘉庆、付兴华、王建平、陈思颖任副主编，张华、徐洁、杜德筠、余灿兰、黄玫、刘元元、肖惠静、叶嘉琪参与编写。本书由湖南外国语职业学院刘文峰任主审。在编写本书的过程中，笔者参考和借鉴了许多专家学者的研究成果，引用了有关资料、案例等，在此向相关作者表示由衷的感谢。

由于笔者水平有限，书中难免存在不足之处，真诚欢迎广大读者提出宝贵意见和建议，以便修订完善。

编　者

2024 年 5 月

目录

Contents

第一章 当代大学生的职业选择

学习目标

★ 知识目标：了解职业取向的含义、类型，了解职业理想的特征与作用。

★ 能力目标：将职业选择理论合理运用到自己未来的就业规划中，并学会在实践中运用职业选择的方法与技巧。

★ 素养目标：树立正确、积极的职业价值观，意识到职业选择的重要性，顺应新时代职业发展趋势确定职业理想，将职业选择与个人职业发展紧密联系起来。

案例导航

古人云：凡事预则立，不预则废。它的意思是说人生的机遇和成功都始于有准备。这种准备不是他人的给予，而是我们自己对人生之路的认识、分析、安排。

小宋是某学院应届毕业生，报考大学时因为比较喜欢文科，便毅然报考了商务德语专业。她认为一个人最重要的是要知道自己擅长什么，然后定下目标，一直走下去。大一暑假，小宋参加了某投资公司的一个宣传活动，没想到这却成为她大学时代的一个重要转折点。她在活动中认识了很多高年级学生，他们经常讨论工作，讨论世界顶级的外资企业，他们对自己的人生有明确的规划。小宋的心中仿佛打开了一扇通往世界的大门，她萌生了强烈的“去那些公司闯闯”的念头。在朋友的指导下，她开始留意学校论坛上每天的招聘信息。

有了方向后，小宋的大学生活变得非常充实。她为自己制订了详尽的计划，标注了每个阶段的目标和完成情况。4 年间，她给德国媒体的记者做过 2 年翻译，在某外资公司担任过用户体验官，在某大型商贸公司做过外贸经理，利用空余时间考取了高级口译证书、德语专业四级证书。

为了实习、学习两不误，小宋每天非常辛苦。在大公司实习，加班到晚上 11 点是家常便饭，回到寝室，累得都不想动弹，可是第二天还要上课，她只能挣扎着爬起来，到教室抢第一排的位子，上课认真做笔记。4 年后，小宋凭借丰富的经历和证书，顺利进入某外企工作，可是她并没有因此止步，而是开始了职业规划，她想寻找合适的机会去国外深造、工作，丰富自己的人生阅历。

职业选择不能是盲目进行的：首先要根据兴趣和爱好制订自己的计划；其次要根据实践总结不断调整自己的计划；第三要注意计划的可行性，从小事做起；最后要以强烈的责任心来执行计划。小宋很好地做到了这几点，因此大学生活既充实又有意义，使自己初入职场便有了良好的开端。

第一节 大学生面临的职业选择

在生活中，人们经常要面临种种选择。如何选择对人生的成败得失关系极大，人们都希望得到最佳的结果，因而常常在选择之前反复权衡利弊，再三斟酌，甚至犹豫不决、举棋不定。但是，在很多情况下，机会稍纵即逝，并没有留下足够的时间让我们去反复思考，反而要求我们当机立断，迅速做出决定。如果我们犹豫不决，就很可能两手空空，一无所获。因此我们应当学会正确、果断地进行选择。

一、职业与职业选择的概念

图文
职业的种类

“职业”一词由“职”和“业”构成，“职”是指职位、职责，“业”是指行业、事业。《现代汉语词典》（第 7 版）对“职业”的解释是：“个人在社会中所从事的作为主要生活来源的工作。”因此，职业就是指参与社会分工，利用专门的知识与技能，为社会制造物质财富和精神财富，获取合理报酬作为物质生活来源，并满足精神需求的工作。职业也指人们为了谋生和发展而从事的相对稳定的、有收入的、专门类别的社会劳动。这种社会劳动是对人们的生活方式、经济状况、文化水平、行为模式、道德情操等方面的综合反映，也是一个人的权利、义务及职责的具体体现，是人的社会地位的一般性表征。

所谓职业选择，就是指一个身心健康、具有实际工作能力的社会成员，在社会的各个行业中，经过对诸方面相关因素的权衡，做出决定进入某一部门，占有其中一个工作岗位的过程。这是建立个人与社会基本关系的重要步骤。

人类社会是物质世界中最高级、最复杂的一种存在形式。从自然界的演化到人类社会的形成，是自然史上一次巨大的飞跃，这个飞跃的关键就在于劳动。劳动创造了人和人类社会，劳动是整个人类社会生活的第一基本条件。个人只有投入创造物质财富和精神财富的社会生产劳动之中，才能真正获得人所具有的社会意义。选择职业是一个人走向社会的开端，对个人以后的生活、对社会都具有重大的价值。

从个人角度来看，职业选择有助于个人人生目标的实现；从社会范围来看，职业选择将满足一定的社会要求。只有将这两者辩证地统一起来，才能使职业选择的价值得到实现。

职业分类中的“领”

职业性质决定着不同类别职业的特点与要求。传统的职业划分以行业领域为主要标准，如工人、农民、军人等;现代比较通用的是根据劳动性质划分职业类别，如“金领”“蓝领”“白领”“银领”等。

(1)“金领”是伴随着网络时代新兴的一个群体。“金领”这一称呼是社会对这些人的知识结构、公关能力、团队协作能力、经营管理能力、社会关系资源等综合素质的认可。一般认为，“金领”不但是顶尖的技术高手，而且拥有决定“白领”命运的经营权。他们的年龄一般在30岁以上，具有较高的学历，凭借自己精深的专业知识、职业人的优秀素质和对生活的感悟力赢得了别人的尊重和认可。

(2)“蓝领”主要是指集中于传统行业的“劳力”者，以动手为主，因多穿蓝色工装，故有此称呼。其中技术好、收入高的被称为“高级蓝领”“金蓝领”。

(3)“白领”多为企业行政管理人员，以动脑为主的“劳心”者，因多穿白衬衣，故有此称呼。

(4)“银领”又称“灰领”，一般指既能动脑又能动手，有一定的知识水平，熟练掌握高级技能的人才。“银领”大体可以分为两部分：一部分集中在新兴的制造业，如汽车、电子等行业的汽车维修师、高级焊工等；另一部分集中在新兴服务业，如网络管理人员、动漫制作人员等。自由、独立、时尚是“银领”的生活信念，他们享受更轻松、更自由、更新鲜的工作过程。

二、职业选择的原则

1. 现实性原则

现实性原则有两个方面的含义：一是指外部职业环境的现实性；二是指个人家庭背景方面的现实性。就外部职业环境来说，选择职业时要考虑到特定的环境条件和时代要求，不能脱离社会现实，孤立地追求“自我设计”。否则，就容易产生“天下无用我之地”的感觉，或者对找到的工作不满意。

2. 发展性原则

所谓发展性原则，是指在选择职业时要考虑到自己的个人发展和职业前途。工作本身应该有两个基本目的：一是通过个人劳动来赚钱，满足自己和家人的生存需要；二是通过工作实现自己的价值，获得个人发展。过去人们工作的目的更多的是满足自己和家人的生存需要，但随着生活水平的不断提高，现在人们越来越重视工作的第二个目的。比如，有人为了自己将来能有更大的发展，宁可选择一份目前赚钱并不多的工作。需要指出的是，现在越来越多的年轻人在选择职业时很盲目，一味追求“时髦”，今天看到房地产市场比较热，就千方百计地进入房地产行业工作，明天发现证券公司行情很好，就想尽办法进入证券公司工作，全然不顾自己是否适合在这一领域发展。这样的人最终很可能会一事无成，被社会淘汰。

3. 知己知彼原则

在选择职业时一定要清晰地认识自己，同时要了解职业。认识自己既包括认识自己的个性特点和能力特征，又包括认识自己的生理素质、知识结构和职业适应性。认识自己的目的在于真正发现自己最适合干什么工作。了解职业，既包括了解各种职业的性质、特点、报酬等，又包括了解职业对人的素质能力的要求。了解职业的目的在于增强求职的针对性。只有对自己和职业有清晰的了解，才能找到合适的职业，正所谓“知己知彼，百战不殆”。如果知己不知彼，在选择职业时就成了“盲人摸象”，只能凭感觉行事；如果知彼不知己，在选择职业时就容易盲从，找不到自己的位置。

4. 发挥优势原则

发挥优势原则是指在选择职业时要考虑到自己的特长，最大限度地发挥自己的独特价值。尽管总体来说，人与人之间在本质上没有太大的差别，但是，就适用于工作的潜能和个性特点来说，不同的人有很大的不同。每个人都各有所长，又各有所短，在选择职业时，只有扬长避短，才能发挥自己的独特作用，从而有所成就。

5. 独立性原则

独立性原则是指在选择职业时要有主见，要根据自己的志向和判断独立做出抉择。

你周围的很多人，包括父母、朋友和教师等，会在你择业时提出他们的意见、建议，并对你有所期望。他们的出发点都是好的，希望你成就一番事业。但需要注意的是，他们的价值观和考虑问题的角度可能与你不一样，因此，他们的建议未必符合你的个人发展实际。这时，你一定要保持清醒，要根据对自己的了解和外部环境状况做出独立决策。比如，父母可能一心期望你成为一名政府官员，于是力劝你进入机关工作。但你觉得自己不喜欢机关工作，更愿意在技术领域做出一番成就。在这种情况下，你一定要自己拿主意。

课堂互动

关于“好工作”是什么，有以下几个问题供大家思考。

（1）热门的工作就是“好工作”吗？

（2）别人说“好”的工作就是“好工作”吗？

（3）薪水高的工作就是“好工作”吗？

你认为“好工作”的标准是什么呢？谈谈你所认为的“好工作”，并与大家交流。

三、影响大学生职业选择的因素

1. 影响职业选择的主体因素

职业选择的主体就是进行职业选择的个人，但并不是每个人都能成为职业选择的主体。职业选择的主体，自身应该具有一定的基本素质，并由这些素质形成自我的目的，这才谈得上主动选择。

职业生涯规划是事业成功的导航仪。哈佛大学的一项追踪调研表明，没有明确目标的职业生涯很难获得成功。在被调查的人群中，获得成功的人有一个共同点，即早早为自己的职业生涯设定了明确的目标，并始终坚持。在校大学生应尽早进行职业生涯规划，确定自己的人生发展方向，运用科学的方法，采取切实可行的步骤和措施，不断增强职业竞争能力，实现自己的人生理想。

（1）主体自身的素质。主体自身的素质包括以下几个方面。

① 理想抱负。即将走上独立生活道路的青年，往往会对个人在社会中的地位和作用怀有一种期待、向往。这些期待和向往都是以个人对社会和人生意义的基本认识为基础的。对于这种理想抱负，人会在社会活动的各方面逐步形成自己的评价标准及兴趣和倾向；在个人与社会、集体、他人，以及生活、学习与工作的相互关系上，人会逐步形成各自的态度。这些情操志趣，在职业选择中将成为影响主体行为的道德因素。

② 学识才干。每一个进行职业选择的青年都需要具有一定的专业知识、智力水平和职业技能。个人的这些学识才干将是主体进行职业选择的基本依据。

③ 身心状况。职业选择主体所具备的身体和心理素质是进行一定职业劳动所必备的生理基础。当然，因个体的不同，在进行职业选择时这些因素的表现是不同的。有的人可能具有强烈的社会责任感，有的人则特别关注个人前途；有的人善于交际，有的人则擅长文字表达；有的人看重理想，有的人则强调现实。时间条件、地域环境、传统习惯和现实社会状况，都会对主体因素的形成产生影响。具有比较合理的基本素质结构的职业选择主体，是学习和教育的产物。人的一生都受到各种各样的影响和教育，这是一个长期持续的努力过程。只有通过不断的学习和教育，才能使自身的基本素质发生变化，形成新的结构，进而产生新的职业选择要求。

（2）个人目的。具备了一定基本素质的主体，在进行职业选择时就会怀有比较明确的个人目的。虽然不同人的具体目的千差万别，但从个人的角度来看，大致都是为了满足以下几个方面的需要。

① 基本生活的需要。在社会主义市场经济条件下，劳动人事制度的不断改革，特别是人才市场的建立，不仅使青年选择职业成为可能，还使选择职业成为青年满足生活需要的基本前提。随着社会的不断发展，人们也逐渐抛弃了过去那种寻找“铁饭碗”的陈旧观念。要想独立生活，就必须有一定的经济收入。因此，获得职业劳动的相应报酬，以满足自己的基本生活需要，成为职业选择目的的基本要素。

② 社会归属的需要。人们是生活在社会关系之中的，个人不能脱离社会而孤立地存在，每个人都要投身于社会生活。这就是个人社会归属的需要。选择自己的职业，从事某一行业的劳动，进入一个职业集体，个人的社会权益、福利、安全和事业就有了一定的保障。个体在职业集体的劳动中，不仅建立了多种社会关系，还学到了许多社会知识，丰富了自己的思想，锻炼和提高了自己的能力。职业选择主体在满足基本生活的基础上，还常常要顾及这些社会归属的需要的满足。

③ 自我实现的需要。主体期望通过职业选择，使自己的多种基本素质在适当的职业劳动中得到满意的发挥和体现，被社会所承认和尊重。这是职业选择目的中最高层次的需要。它的内涵不是单一的，而是丰富多彩的。这一需要之所以丰富多彩，是因为它是以各主体丰富多彩的基本素质为依据的。由于基本素质因人而异，主体自我实现的需要往往也因人而异：有的人希望通过选择的职业献身于社会或实现个人理想；有的人重视通过选择的职业去履行社会责任；有的人期待通过选择的职业充分施展抱负，显示自己的价值，证明自己的存在；有的人指望通过选择的职业发挥自己的才干；还有的人仅仅是为了满足自己的兴趣或迎合自己的爱好、习惯；等等。当然，在个别主体自我实现的

需要中，常常不是只抱有上述某种想法，而是可能同时交织着几种想法。

有一天，从外地来了一个疲惫的中年人，他来到一家编辑部门口，这是他拜访的第 56 家文学刊物机构了。

他挑了一担诗稿，走进编辑部，诚恳地请主编过目，询问是否能发表。主编只用 1 h 就看完了全部的诗稿，然后问："你原来是干什么的？"

那人说："卖鱼的。"

主编并不感到诧异，接着说："你还是回去继续卖鱼吧，写诗绝非你所能。"

那人询问为何，主编告诉他："你没有作诗的感觉，没有，一点儿也没有。"

那人听罢，紧紧抓住主编的手，表现得异常激动："这么多年来，我去过很多地方，就等这一句话，可是，无论我走到哪一个编辑部，他们都不用我的诗，但又都对我说'你努力吧，以后会成功的'。我早就怀疑自己不是这块料，可是他们都不这么说，这世界上只有你是诚实的。我这就回家去，余生老老实实卖鱼了。"

请思考：这个故事告诉了我们怎样的道理？

2. 影响职业选择的外在因素

外在因素是指对大学生的职业选择行为产生间接影响的客观环境，主要包括以下两个方面。

（1）家庭环境。大学生的家庭成员及与其关系重要的人都会干扰其有效职业选择的形成。每个人的成长环境对职业生涯发展都有影响。首先，教育方式的不同，造成他们认知世界的方式不同；其次，父母的职业是大学生最早观察模仿的对象，大学生必然会受到父母职业技能的熏陶；最后，父母的价值观、态度、行为、人际关系等对大学生的职业选择具有直接的影响。

同时，朋友、同龄群体的影响也是很大的，他们的职业价值观、职业态度、行为特点等不可避免地会影响到个人对职业的偏好、选择从事某类职业的机会和变换职业的可能性等方面。

（2）社会环境。社会环境中流行的工作价值观、政治经济形势、产业结构的变动等因素，无疑都会在个人职业选择上留下深深的烙印。不同的社会环境给予个人的职业信息是不同的。宏观上，社会的、经济的、历史的和文化的力量都能够影响个人的职业选择。

现阶段，我们面临的是一个知识经济社会。对相关职业信息的收集、对日新月异的职业环境的了解，都会影响大学生对未来职业的认识与规划。同时，用人单位对大学毕业生的需求、技能要求及大学生所学专业在社会中的具体发展状况等，也都是影响大学生职业选择的因素。大学生需要在用人单位的需求和自己的具体情况之间不断地评估、预测、调整。职业选择是人生必经的门槛，是大学毕业生必须面对的人生关键的一步。一旦拥有适合自己的职业，就能够充分发挥自己的聪明才智，成就一番事业。

面对影响大学生职业选择的各个因素，大学生必须掌握有效的职业选择方法，才能做出合理的职业选择。

四、外语院校大学生的职业选择

对于外语院校的应届毕业生来说，直接就业仍是多数人最终的选择，在加入求职行列之前，以下几个问题要仔细考虑一下。

1. 升学还是工作

如果快毕业时才开始考虑“升学还是工作”这个问题，便显得有些晚了，应根据自身实际早点确定是升学还是工作。

应聘时，用人单位一般会问：你是否准备升学？因为每个用人单位都有它的招聘目标和计划，如果你准备升学，就会使它承担一定的风险。因为一旦考上，用人单位一般情况下不会强制你放弃学习，但这样一来单位的职位就会出现空缺，所以用人单位更愿意花费精力在那些已经明确不升学的学生中进行选择。

如果你准备升学，必须向用人单位如实讲明这个情况，虽然这样会失去一些机会，但如果不这样做，你将会承担违约的风险。虽然有些单位在升学问题上比较宽松，并承诺如果你考上本科，签署的就业协议书自动失效，但毕竟会给用人单位在做决定的时候带来一定的负面影响。

2. 选择大企业还是小公司

去大企业还是小公司，也是一个比较令人头疼的问题。去大企业，薪酬和各项福利一般会有较好的保障，但个人发展的机会相对少一些。虽然这些大企业中的发展机会相对较多，但那里人才济济、等级森严，如果不是特别优秀，就很容易被埋没。小公司则可以给你一个相对宽松的发展空间，特别是一些高新技术企业，虽然规模不大，但其知识密集程度和超高速发展是大企业无可比拟的。

去大企业还是小公司，可根据自己的实际情况做出选择。不过，到小公司之前，要先对它进行深入细致的了解，确定它有发展前途之后，再做出选择。

3. 留在哪里工作

只有确定了你最希望去的地方，才能有针对性地选择，并与当地用人单位联系和洽谈。在求职时，地域是一个非常重要的问题。虽然现在各地对户口的限制在慢慢放开，但在某些大城市落户仍有较高的门槛；国家现在鼓励毕业生前往中西部地区就业，但是条件可能相对艰苦；回原籍工作，又会觉得太过熟悉的地方不利于自己大展拳脚。种种矛盾，让人难以抉择。其实，把这个问题放在职业生涯目标的设定中一并考虑，就很容易解决了。

4. 坚持专业还是选择兴趣

如果你学的是现在的热门专业，可能比较容易找到与专业对口的工作；如果你学的是较冷门的或者长线的专业，在选择工作时，则要考虑是坚持自己的专业，还是根据自己的兴趣另求发展。如果你不太清楚本专业近几年的就业情况，可以到学校毕业生就业办公室查询；如果你所学的专业往年一直不太好就业，就要考虑根据自己的兴趣求职了。当然，如果你非常喜爱你的专业，并且你很优秀，你也可以坚持自己的专业。

这里的关键问题是，如果想根据自己的兴趣就业，你做好准备了吗？是否有这个职业方向的职业素质？这是用人单位首先要问的问题，也是我们自己要问自己的问题，因此，尽早进行有针对性的准备显得特别重要。可以选修兴趣所在方向的课程，有条件的可以攻读第二专业，有针对性地参加实习、实践等，这些都是不错的选择。

课堂互动

问问自己，你所学的专业有哪些对口的职业选择？如果想根据自己的兴趣就业，需要做好哪些准备？

第二节 职业取向与职业理想

孔子说：“知之者不如好之者，好之者不如乐之者。”它的大意是，对于学识，懂得它的人赶不上喜欢它的人，喜欢它的人又赶不上醉心于它的人。大学生求职时往往忽略职业取向，这或许是由于“饥不择食”，又或许是由于“金钱的诱惑”，但归根结底，工作质量决定了生活质量，工作对于人生的意义绝不仅仅在于提供衣食住行，它更是个体实现人生理想、获得快乐和幸福的重要途径。

一、职业取向的确定

1. 职业取向的含义

从心理学的观点来讲，取向是人们力求认识某种事物和从事某项活动的心理倾向，它表现为人们对某件事、某项活动的选择性态度和积极的情绪反应。当取向直接指向与职业有关的活动时，就称为职业取向。职业取向是人们选择职业前对所青睐的职业的种类、方向进行的挑选和确定，是人们进入社会生活领域前所必须进行的一种重要行为。职业取向在人的职业活动中起着重要作用，主要表现为影响人的职业定位和职业选择，开发人的能力，激发人的探索与创造欲望，增强人的职业适应性和稳定性。研究表明，职业取向也影响人在相应职业中的工作绩效。

不同的人有不同的取向，有的人倾向于感性，有的人则倾向于理性，有的人擅长智力操作，有的人则对技能操作感兴趣，等等。不同的职业也有不同的取向，一个喜欢技能操作的人，靠他灵巧的双手，在技能操作领域得心应手，但如果硬要他把取向转移到书本的理论知识上来，他就会感到无用武之地。职业取向的类型多种多样。美国心理学家从人与职业的匹配程度出发，将工作大致分为三类：D（data）类职业，关于数据、文件等方面的工作；P（people）类工作，关于与人打交道的工作；T（thing）类职业，关于同机器、自然界等打交道的工作。学者普雷迪格尔（J. Prediger）提出了两个更基本的维度，即“数据－观念”“物－人”，并根据这两个维度定义了四种工作任务，即数据任务、观念任务、事物任务及人物任务。数据任务是通过与事物、记录、文件、数字及系统程序打交道，从而服务于人们的日常消费和服务消费，如图书馆管理员、交通管理员的主要工作。观念任务涉及用概括、理论、知识、洞察及新方法呈现事物，如科学家、作曲家、哲学工作者的主要工作。事物任务涉及仪器、材料、工具等，如建筑工人、实验室技术人员、司机的主要工作。人物任务即与人打交道，涉及看护、游说、娱乐、训练等，如小学教师、社会工作者、职业咨询师的主要工作。

2. 职业取向的类型

对于工作来说，存在八种基本的取向。表 1–1 是对这八种基本职业取向的总结。

表 1–1　八种基本职业取向

最本质的取向	在工作中的具体表现
运用技术	对事物的内部运作方式具有浓厚的兴趣，想方设法发现更好的利用技术的方式，以解决业务中的问题。喜欢的工作包括计划和分析生产及运营系统，重新设计业务流程等

续表

最本质的取向	在工作中的具体表现
定量分析	认为数字是最好的，有时甚至是唯一的提供业务解决方案的途径。喜欢进行现金流分析、预测某项投资的未来收益，或者计算某项业务的最佳借贷结构等与数字打交道的工作。他们或许也喜欢开发计算机模型以确定最佳生产计划和执行财务流程
理论发展与概念思维	沉迷于理论，习惯运用理论性强的语言，喜欢讨论抽象的概念，喜欢考虑一些深层次的问题。对他们来说，实施战略的原因比如何实施战略更具有吸引力。他们感兴趣的工作常常是构筑一个能够解释在某个给定行业中竞争的模型，或者分析一项业务在某个特定市场中的竞争地位
创造性生产	对新事物感兴趣，想象力丰富，思维不受约束，喜欢做具有创新性的工作，在谈论业务或产品的新特点时表现得尤为兴致勃勃。他们对已经存在的事情兴趣不大，无论这些事情利润有多大或技术水平有多高
咨询与辅导	喜欢做那些帮助别人成长和进步的工作，或者看到别人取得成功时感到满足，或者喜欢被别人依赖的感觉。他们通常会在博物馆、学校和医院工作
人员与关系管理	愿意每天与人打交道，从工作关系中获得极大的满足。同咨询与辅导类型的人相比，他们更关注结果，即与看到别人成长相比，他们对与他人共同工作和通过他人达到业务目标更有兴趣。他们通常会在管理或销售岗位上找到乐趣
事业控制	在负责项目或团队时似乎最快乐，喜欢“拥有”某种交易，如一项贸易活动或销售活动。无论在何种工作环境中，他们都要求承担尽可能多的职责，渴望成为领导者
通过语言与思想施加影响	喜欢通过各种方式说服别人，无论是书面的还是语言的，口头的还是视觉的。他们乐意考虑自己的听众，并且寻求用最好的方式向其传达意见。他们也乐意花时间在公司内外与别人交流。当他们书写或说话或两者兼备时，会有莫大的成就感

《加拿大职业分类词典》中列出了各种职业取向类型的特点。

（1）愿与事物打交道。这类人喜欢与事物打交道，喜欢接触工具、器具或数字，而不喜欢与人打交道。

（2）愿与人打交道。这类人喜欢与人交往，愿意与人接触，对销售、采访、传递信息一类的活动感兴趣。

（3）愿与文字符号打交道。这类人喜欢常规的、有规则的活动，习惯在预先安排好的程序下工作，愿意从事有规律的工作。

（4）愿与大自然打交道。这类人喜欢地理、地质类的活动。

（5）愿从事农业、生物、化学类工作。这类人喜欢种养、化工方面的实验性活动。

（6）愿从事社会福利类的工作，喜欢帮助别人解决困难。这类人乐于帮助他人，试图改善他人的状况，帮助他人排忧解难，喜欢从事社会福利和助人类型的工作。

（7）愿做组织和管理工作。这类人喜欢掌管一些事情，以发挥重要作用，希望受到众人尊敬和获得声望，愿做领导和组织工作。

（8）愿研究人的行为和心理。这类人喜欢谈论涉及人的主题，对人的行为举止和心理状态感兴趣。

（9）愿从事科学技术事业。这类人喜欢通过逻辑推理、理论分析、独立思考或实验来发现、解决问题，对分析的、推理的、测试的活动感兴趣，擅长理论分析，喜欢独立解决问题，也喜欢通过实验获得新发现。

（10）愿从事有想象力和创造力的工作。这类人对需要发挥想象力和创造力的工作感兴趣，喜欢创造新的式样和概念，大都喜欢独立工作，对自己的学识和才能颇为自信。他们乐于解决抽象的问题，而且急于了解周围的世界。

（11）愿从事操作机器的技术工作。这类人喜欢通过一定的技术来进行活动，对运用一定技术、操作各种机械、制造新产品或完成其他任务感兴趣。他们喜欢使用工具，特别是大型的、马力强的先进机器，喜欢具体的东西。

（12）愿从事具体的工作。这类人喜欢制作看得见、摸得着的产品并从中得到乐趣，希望能很快看到自己的劳动成果。

根据这种分类方法，一种取向类型可以对应许多职业，同时绝大多数职业与几种取向类型的特点相近，而一个人往往又同时具有其中几种类型的特点。假如你想成为一名护士，那么你就应该具有“愿与人打交道”“愿从事社会福利类的工作，喜欢帮助别人解决困难”“愿从事具体的工作”这三种取向类型的特点。如果你对其中的某一方面缺乏兴趣，那就应该努力培养和发展这方面的兴趣以满足护士职业的要求，否则还是选择更适合你取向类型的职业为好。

小刘是某大学商务英语专业的一年级学生。她从小就喜欢设计，想选择设计专业。但是爸爸要她选择商务英语专业，认为读这个专业将来能有一份好工作。小刘对商务英语一点儿兴趣都没有，可是又没有办法改变现状。

后来，她向班主任求助，班主任给她进行了细致全面的分析。由于无法改变父母的决定，就需要接受这个专业，如果因为商务英语专业与自己的取向不符而不去努力学习，最终会让时光白白流逝；如果试着了解商务英语这个专业，在学好这个专业的同时，利用业余时间学习自己喜欢的设计专业，结果就是既能学好现在的专业，也能把设计专业学好。通过与班主任交流，小刘认识到不能学习自己感兴趣的专业并不一定会导致自己的理想破灭，商务英语专业本身与自己的取向和理想并不冲突。怎么能还没有认真学习商务英语，就说自己没有商务英语方面的兴趣和才能呢？同时，班主任还给她介绍了商务英语专业的就业前景，去年有毕业生在当地的会展中心工作，那儿需要的恰好是既要懂商务英语，又要有一些美术才能的人才。观念转变后，小刘渐渐喜欢上了这个专业。

请思考：小刘在进行专业与职业考量的时候做对了什么？

二、职业理想的树立

不同的职业有不同的职业理想：医生以救死扶伤为天职，军人宣誓为国效忠，警察立志匡扶正义、维持法纪，教师追求为人师表、传道授业解惑，科学家致力于解开科学奥秘，等等。大学生在树立职业理想时应当正确理解其含义、特征和作用，从而树立正确的职业理想。

1. 职业理想的含义

职业理想是个人对未来职业的向往和追求，它既包括对将来所从事的职业种类和职业方向的追求，也包括对事业成就的追求。青年时期是个体人生观、世界观、价值观形成的时期，也是职业理想孕育的关键时期。

理想是人们要达到的境界，是人们的指路明灯。职业理想是理想的重要组成部分，体现了人们的职业价值观，指导着人们的择业行为。树立正确的职业理想，对大学生顺利完成学业、处理各种矛盾、提升自我能力、实现人生价值等有着十分重要的意义。

2. 职业理想的特征

（1）社会性。大学生提出和设定职业理想，必须根据社会形态和社会条件进行。在20世纪计划经济“统包统分”的条件下，职业理想基本上是根据职业统一设定的。在当今的市场经济条件下，职业理想则是由社会资源市场和法律配置形成的。

（2）发展性。一方面，随着年龄的增长、社会阅历的增加，人们的职业理想会逐渐由朦胧、幻想、浪漫变得现实。到大学阶段，职业理想虽已趋于现实，但仍然带有朦胧与波动的色彩。到中年阶段，人的职业理想基本稳定下来。另一方面，随着社会发展、职业演变、职业声望和地位的变化，人们的职业理想也会发生变化。

（3）实践性。职业生活占人生的绝大部分，人们对自己未来的追求和向往，要通过自己对职业生活的规划及职业实践活动来实现。只有一步步不断实现规划的每一个阶段，孜孜以求，才能在不断的奋斗中将理想变为现实。

（4）差异性。职业理想源于现实，带有明显的差异性特点。一个人的职业理想受到多方面的影响，各方面所起作用的大小不同，具体的职业理想也就不同。第一，个人的政治思想觉悟、人生观、价值观、道德修养水准不同，职业理想的方向就不一样。第二，个人的知识结构、能力水平不同，职业理想追求的层次也不一样。第三，个人的性格、气质、情感、意志等不同，确定的职业理想便不同。第四，个人的性别、身体状况等生理特质有时也会影响自身职业理想的确定。

职业理想不等于理想职业

所谓职业理想，简单来说是指人们对未来的专业、工作部门、工作种类及事业成就大小的向往和追求。它的建立应该基于个人的专业知识与能力、兴趣、职业激情，只有三者重叠的部分，才可确立为自己的职业理想。

有人说，现在找工作只要赚钱就行，尤其是在就业形势非常严峻的情况下，没有必要再谈职业理想。这种看法是不对的。实际上，在任何情况下，一个人都应该有一个长远而又切实的职业理想。

另外，在实际生活中，现实往往与职业理想发生矛盾。很多人不能按照自己的理想标准找到合适的职业，于是有的人索性不就业，坐等理想职业的出现；有的人随便找个有收入的职业混日子；有的人面对与自己的职业理想不相符的工作怨天尤人，无所作为。这些现象发生的根源皆在于择业者没能正确认识职业理想与现实的关系。

其实，在大学生毕业后的头两年，大多数人会感到现实与自己的职业理想的差距非常大，人们将这段时期称作“职业探索期”。在这段时间里，职业理想与现实发生冲突非常正常。我们应该用这段时间积累经验，同时增加对自己的兴趣、能力等各方面的认识，据此调整自己的职业理想，积极寻找机会，为自己的长期发展奠定基础。

对于即将毕业的大学生来说，职业理想与“饭碗”的矛盾更是经常发生。这种矛盾一旦发生，我们既不要怨天尤人，也不要心灰意冷，而是要冷静地看待。要懂得职业理想并不等于理想职业，一般认为，当个人的能力、职业理想与职业岗位达到最佳结合点，即实现了三者的有机统一时，才称得上是理想职业。只要你的职业理想符合社会的需要，而自己又确实具备从事这一职业的素质，并且愿意不断地付出努力，你迟早有一天会实现自己的职业理想。理想职业却带有很大的幻想成分。

3. 职业理想在人生中的作用

（1）确定人生发展的目标。人生如在浩瀚海洋中航行，如果没有一个明确的目标，就会随波逐流，或触礁沉没，或搁浅沙滩。有了明确的目标才能扬帆远航。职业理想对确定人生目标、促进人生目标的实现有着积极的作用，能促使人们为了实现美好的未来，以顽强的毅力、昂扬的斗志向着既定的目标拼搏奋斗。大学生是社会主义各项建设事业的后备军，党和人民把祖国的未来寄托在青年身上。因此，大学生能否树立正确的职业理想，不仅关系到个人走什么道路，而且关系到祖国的前途与命运。

（2）增强人生前进的动力。恩格斯说：“推动人去从事活动的一切，都要通过人的头脑……外部世界对人的影响表现在人的头脑中，反映在人的头脑中，成为感觉、思想、动机、意志，总之，成为‘理想的意图’，并且通过这种形态变成‘理想的力量’。”职业理想作为人的精神生活支柱，不仅是人生的方向，也是人生的动力。功业的建立、社会的前进、人类的发展，都与给人们以巨大推动力的职业理想分不开。一个人如果没有职业理想，就会失去工作的动力。崇高的职业理想能激发人们的热情和力量，而实现职业理想必须付出艰辛的劳动。

（3）激励人生价值的实现。每个人都想实现自己的人生价值，那么，职业理想对于实现人生价值有何作用呢？我们所说的人生价值，是指人的一生对社会所具有的意义和作用。具体地说，它就是个人的人生目的及社会实践和道德行为对他人和社会所具有的意义。也可以说，它是社会对一个人的人生目的和行为的肯定性评价。如果一个人一生的行为都有益于社会，得到社会的承认和肯定，那么这个人的一生就是有意义的、有价值的。反之，则是无意义的、无价值的。人生价值只有在职业理想的指导下才能在社会实践中实现。实现人生价值，就是把人的潜在创造能力充分发挥出来，为人类的伟大事业贡献自己的一切。大学生要想实现和提高自己的人生价值，就需要满腔热忱地投身到社会主义现代化建设之中，把自己的聪明才智无私地奉献给中华民族伟大复兴的事业。

4. 职业理想对社会发展的作用

（1）职业理想是实现社会理想的重要桥梁。职业理想是社会理想的具体化，是实现社会理想的桥梁，人们总是通过职业理想的实现达到改造社会、造福人类的目的。一个人要在社会所需要的职业岗位上发挥自己的聪明才智，做出有利于社会经济发展的贡献，促进“把我国建设成为富强民主文明和谐美丽的社会主义现代化强国”目标的实现。

（2）职业理想是社会进步的助推器。有了正确的职业理想，人们就会把职业当作事业，同等对待集体的事业和个人的事业。近年来，社会的就业压力越来越大，如何把自己“推销”出去已经是广大毕业生的头等大事。只有把自己的职业理想与社会理想紧密结合起来，才能使自己的人生价值得到最大限度的体现。

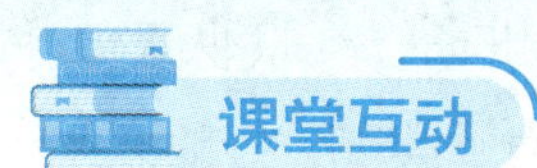

课堂互动

判断下列几项中描述的是不是职业理想。

（1）小周的理想是挣够了钱周游世界。

（2）小赵干的是会计工作，他希望自己能够成为一名奉献爱心的志愿者。

（3）小王从参军入伍那天开始，就立志要成为指挥官。

（4）小李业余时间喜欢摄影，成为一名专业的摄影师是他的理想。

第三节 职业价值观的培育

一、价值观的含义与形成

价值观是人们对社会存在的反映，是社会成员用来评价行为、事物及从各种可能的目标中选择合适目标的准则。价值观通过人们的行为取向及人们对事物的评价、态度反映出来，是世界观的核心，是驱使人们做出某种行为的内部动力。它支配和调节着一切社会行为，涉及社会生活的各个领域。

家庭、学校、社会环境等对个人价值观的形成起着关键作用。价值观是随着知识的积累而逐步确立起来的，个人的价值观一旦确立，便具有相对稳定性，不易被改变。

二、价值观对职业发展的影响

1. 职业价值观是个人与职业匹配的基础之一

微课
价值观与职业生涯

职业价值观是个人对职业的认识和态度及对职业目标的追求和向往。职业价值观决定了大学生的职业期望，影响着大学生的职业选择。俗话说，“人各有志”，这个“志”表现在职业选择上就是职业价值观，它是一种具有明确的目的性、自觉性和坚定性的择业态度，对个人的职业目标和择业动机起着决定性作用。例如，在求职择业过程中，有的人追求丰厚的收入，有的人热衷于较高的社会地位，有的人喜欢公平公正的工作环境等。这些职业价值观折射出大学生的世界观和理想，进而影响其对就业方向和具体职业岗位的选择。

2. 价值观是职业生涯发展的内在驱动力

职业与价值观关系密切，两者的契合度越高，个人对职业的满意度就越高。这种满意度也在一定程度上决定着个人的工作态度和工作质量。若职业与价值观能较好地匹配，则有助于鼓舞个人的工作士气，提高其工作效率。

1947 年，中国科学家钱学森被美国麻省理工学院聘为终身教授。这是一个很高的荣誉，预示着钱学森将有优厚的待遇和远大的前程。

然而，在钱学森得知中华人民共和国成立的消息后，这位每时每刻都思念着祖国的科学家顿时沉浸在极大的喜悦之中。钱学森已经在美国生活了十多年，被誉为“在美国处于领导地位的火箭专家”，拥有了别人梦寐以求的金钱、地位、声誉。但他认为：“我是中国人，我的根在中国，我能够放下在美国的一切，但不能放下祖国。我就应早日回到祖国，为建设祖国贡献自己的全部力量！”他还对中国留学生说：“祖国已经解放了，现在急需建设人才，我们要赶快把学到的知识用到祖国的建设中去。”

钱学森准备回国的决定引起了美国有关方面的恐慌。他们认为，钱学森如果把专业技术带回去，中国的科学技术将得到高速发展。美国海军的一位领导人曾对美国负责出境的官员说：“钱学森至少值五个师的兵力。我宁可把他枪毙了，也不能让他离开美国！”钱学森的回国计划受到了严重的阻挠。美国官方发“文件”通知他不准离开美国。本来，他的行李已经装上了驳船，准备由水路运回祖国，可美国海关说他的书籍和笔记本中藏有重要机密，诬蔑他是“间谍”。其实，这些书籍和笔记本，大部分是公开的教科书，其余的是钱学森自己的学术研究记录。

一波未平，一波又起。几天之后，钱学森突然被逮捕，并被关押在一个海岛的拘留所里，受到无休止的折磨。钱学森的遭遇引起加州理工学院坚持正义的同事和学生的同情，在他们和其他有识之士的强烈抗议下，美国特务机关被迫释放了钱学森。可美国对钱学森的迫害并没有停止，他们限制他的行动，监视他的信件、电话等。即使有种种限制，钱学森也没有屈服。他不断提出严正要求：“坚决离开美国，回中国去！”

钱学森争取回国的斗争得到世界各国主持正义的人们的支持，更得到了中国政府的重视。周恩来总理曾亲自了解他的状况，并指示参加中美两国大使级会谈的中国代表，在会谈中提出钱学森博士归国的问题。

1955 年 8 月，这场外交斗争最终取得了胜利，美国政府被迫同意钱学森回到中国。到达北京的第二天清晨，钱学森就带着妻子和两个孩子来到天安门广场，他激动地说：“我相信我一定能回到祖国。此刻，我终于回来了！”

冲破重重阻碍回到祖国的钱学森，一头扎进军事科学研究中。他倾其所学，不断推出科研新成果，为祖国的国防事业竭忠尽智，做出了巨大的贡献。

请思考：钱学森的爱国言行有哪些值得我们学习的地方？

三、职业价值观的分类

就业指导专家们通过大量的调查，从人们的价值观的角度把职业分为八大类，这八大类职业能反映和满足不同人群的需要与追求。

1. 自由型（非工资工作者型）

特点：不受别人指使，凭自己的能力拥有自己的小“城堡”，不愿被人干涉，想充分施展本领。

对应的职业类型：室内装饰专家、摄影师、音乐教师、作家、演员、记者、诗人、作曲家、编剧、雕刻家、漫画家等。

2. 经济型（经理型）

特点：他们认为世界上的各种关系都建立在金钱的基础上，包括人与人之间的关系，甚至父母与子女之间的爱也带有金钱的烙印。这种类型的人确信金钱可以买到世界上所有的幸福。

对应的职业类型：各种职业中都有这种类型的人，商人较多。

3. 小康型

特点：渴望拥有社会地位和名誉，希望受到众人的尊敬。当欲望得不到满足时，由于过于强烈的自我意识，有时反而很自卑。

对应的职业类型：会计、银行出纳、法庭速记员、成本估算员、税务员、核算员、办公室职员、统计员、计算机操作员等。

4. 自我实现型

特点：不关心平常的幸福，一心一意想展现个性，追求真理；不考虑收入、地位及他人对自己的看法，尽力挖掘自己的潜力，施展自己的本领，并视此为有意义的生活。

对应的职业类型：气象学家、天文学家、药剂师、动物学家、化学家、科学报刊编辑、地质学家、植物学者、物理学者、数学家、实验员、科研人员等。

5. 志愿型

特点：富有同情心，把他人的痛苦视为自己的痛苦，不愿干哗众取宠的事，把默默地帮助不幸的人视为快乐。

对应的职业类型：社会学者、导游、福利机构工作者、咨询人员、社会工作者、社

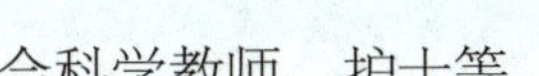

会科学教师、护士等。

6. 技术型

特点：性格沉稳，做事组织严密，井井有条，并且以平常心态面对未来。

对应的职业类型：木匠、农民、工程师、飞机机械师、野生动物专家、自动化技师、机械工、电工、火车司机、公共汽车司机、机械制图人员等。

7. 合作型

特点：人际关系较好，认为朋友是最大的财富。

对应的职业类型：公关人员、推销人员、秘书等。

8. 享受型

特点：喜欢安逸的生活，不愿从事任何具有挑战性的工作。

对应的职业类型：无固定职业类型。

课堂互动

A 认为，事业是人一生追求的目标，但现在太早，还不是谈目标的时候，还是干点儿其他的事比较好。

B 认为，只要工作做得好，在岗位上得到认同，就叫事业有成，设定的其他目标就不去想了。

C 认为，事业目标与我现在的工作没关系，现在的工作是工作，目标是目标，完全是两码事。

D 认为，工作就是我的事业，我要在工作中总结和积累经验，为中西方饮食文化交流做出贡献。

请你分别对他们的职业价值观做出评价。

四、树立正确的职业价值观

在全球化的背景下，社会价值多元化，大学生的职业价值观呈现出多样性和复杂性。这对他们的职业选择产生了很大的影响。作为人们的精神支柱和行为向导，社会主义核心价值观可以有效引领大学生的职业价值观教育，对探索培养大学生正确职业价值观的方法有重要的意义。

习近平总书记强调，高校是教育培养青年人才的重要园地，也是用社会主义核心价值体系武装青年的重要思想阵地。因此，将社会主义核心价值观融入大学生的职业价值观教育，既有逻辑必然性，又具有重要的实践价值。在社会主义核心价值观的指导下，大学生应该做到以下几点。

1. 理性看待金钱

职业首先是谋生的手段。大学生要依靠合法诚实劳动获取相应的报酬，以此作为经济基础，建设自己的理想生活。一些经济困难家庭的大学生将劳动报酬作为择业的首要考虑因素无可厚非，但同时应当看清当前严峻的就业形势。初出茅庐的大学生能力不足、资历尚浅，不可能一下子就拥有丰厚的经济收入，因此应当理性地降低对金钱的期望值，并且要目光长远，尽可能寻找有利于自我成长的平台，韬光养晦，厚积薄发。

初次择业的大学毕业生在面对所谓的“高薪”行业时，应当保持高度警惕，避免陷入传销、诈骗等陷阱。

2. 平和看待社会地位

由于虚荣心作怪，一些大学生只想找一个让别人羡慕的职业，不尊重普通劳动工作者，如护士、服务员、环卫工人等。现代社会分工日益精细化，有了各种各样的职业，职业无高低贵贱之分，每个诚实敬业的劳动者都是值得尊敬的人。相对基层的普通行业涵盖了人们生活的方方面面，也蕴含着大量的就业岗位，从事这类职业并不低人一等。只要勤勉负责、踏实肯干、不畏辛劳，就能创造属于自己的幸福生活。

3. 冷静分析，懂得取舍

有人说理想的职业莫过于“钱多活少离家近”，这样的理想职业看似集齐了所有诱人的因素，事实上是一些害怕辛苦、贪图安逸的人臆想出来的“镜花水月”罢了。天下没有免费的午餐，任何单位都不会录用一个只领工资不工作的人。面临职业选择时，应当冷静分析，懂得取舍，知道哪些因素对自己是更重要的，哪些是可以暂时放弃的。否则就会患得患失，不清楚自己到底想要什么，更谈不上职业生涯的成功了。

4. 避免盲目从众和“扎堆”就业

很多大学毕业生在就业时往往被从众心理所影响，想着“我一定要去大城市，一定要去最火的行业”。但他们没有经过冷静思考，未能确定自己擅长和适合的就业领域，而是在从众心理的影响下参照身边同学、朋友的就业路径，或简单地借鉴某些“成功人士”的励志经历，只关注一线城市及热门行业的就业机会，对其他职业方向一概不予考虑。这种被动跟风式的职业选择容易导致大学生就业缺乏稳定性，初次就业后短期内重新择业的情况频发，会对毕业生和用人单位双方造成时间和经济等方面的损失。

5. 仔细了解企事业单位的文化和价值观

每个人都有微观意义上的价值观，每个企业都有宏观意义上的价值观。因此，在择业时要对选择的企事业单位有详尽的了解，选择与自己的价值观相符的企事业单位。只有彼此的价值观协调统一，个体才能在工作中发挥最大的潜能，获得更好的发展。

6. 平衡好个人利益和社会利益

人不能离开社会而独立存在，个人只有在工作中为社会做出贡献才能实现自己的职业价值。当然，这并不是说要忽略择业中的个人因素，只去尽社会责任，这样不但不利于个人发展，也是社会的损失。例如，让一个富有科学创造力、不善言辞的学者去从事教师工作，可能会使国家损失一项重大发明，而社会不过多了一位可能并不出色的教师。同时，我们也反对只为个人考虑，毫不考虑国家和社会需要的职业价值观，作为大学生，我们应该将个人利益和社会利益平衡好，在促进自身发展的同时，为社会贡献自己的力量。

7. 勇于开拓一番事业

现在的时代是一个瞬息万变的时代，世界发生了深刻变化，大学生应顺应时代潮流，用更加宽广的视野去认识和把握时代的发展要求与根本趋势，不断研究新情况，解决新问题，形成新认识，开辟新境界。持续广泛关注行业动态信息，并及时做出决策，随时保持良好的工作状态，抓住机遇，开拓人生事业。

黄文秀于1989年出生于广西壮族自治区百色市，2011年加入中国共产党，2016年于北京师范大学哲学学院毕业并获得法学硕士学位。读研期间，她积极参加社会实践，关注基层教育及扶贫。毕业前，黄文秀回到广西壮族自治区深度贫困地区进行调研，撰写完成了硕士论文，并决定报考广西定向选调生。

2016年夏，黄文秀放弃大城市的高薪工作，如愿以选调生的身份回到生她养她的革命老区百色，并主动请缨到扶贫一线任职。2018年3月，黄文秀被派驻乐业县新化镇百坭村任第一书记。她巾帼不让须眉，勇敢挑起全村脱贫的重任，挨家挨户上门走访，跑项目、找资金、请专家，带领群众摸索到了适合本村发展的产业——种植砂糖橘、八角、杉木等。在她的努力下，百坭村贫困户户户有产业，村集体经济项目实现了翻倍增收，逐步完善了道路、水利等基础设施建设，实施了“村庄美化、文明新风”等乡村振兴工程，出现了一派欣欣向荣的景象。2019年，百坭村实现整村脱贫。2020年底，百坭村所有贫困户脱贫摘帽。

2019年6月，黄文秀在从百色市田阳区返回乐业县途中遭遇山洪，不幸因公殉职，年仅30岁。黄文秀牺牲后，被追授“全国优秀共产党员”“时代楷模”“全国脱贫攻坚楷模”等称号，获评“感动中国2019年度人物”。习近平总书记对她的先进事迹做出重要指示，强调黄文秀同志研究生毕业后，放弃大城市的工作机会，毅然回到家乡，在脱贫攻坚第一线倾情投入、奉献自我，用美好青春诠释了共产党人的初心使命，谱写了新时代的青春之歌。广大党员干部和青年同志要以黄文秀同志为榜样，不忘初心、牢记使命，勇于担当、甘于奉献，在新时代的长征路上做出新的更大贡献。2021年，在中国共产党成立100周年之际，黄文秀被授予“七一勋章”，在29名“七一勋章”获得者中，她是最年轻的一位。这位来自“中国杧果之乡”的女孩从大山走出又回到大山，扎根泥土、燃烧青春，最终将生命献给了她所热爱的家乡。

请思考：从模范人物黄文秀的身上我们能体会到怎样的职业价值观？请从材料中加以概括。

【实训思考】

1. 你的职业取向属于本章中所讲到的哪种类型？
2. 外语院校的毕业生在进行职业选择时，有哪些原则需要遵守？
3. 影响大学生做出职业选择的因素有哪些？
4. 劳模精神和工匠精神属于职业价值观的一部分吗？为什么？

【实训演练】

绘制职业理想地图

直观了解个人职业选择倾向，将自己的职业定位和职业目标图像化，切身理解职业理想对个人成长和未来职业发展的推动作用，明确职业选择的重要性。

步骤1：前期材料准备

准备以下材料：一张A3或A2大小的海报纸，10本以上你喜欢的旧杂志（图片较多的）或画报，一把剪刀，一瓶胶水，一张书桌。安排充足的时间（2 h左右）。

步骤2：明确职业定位和目标

（1）采取安静的坐姿或卧姿，让自己先放松下来。回顾一下：你的职业定位是如何产生的？它以什么样的景象呈现在你面前？你的5年、10年、20年目标分别是什么？它们是如何相互促进的？你的核心目标是什么？它们在你的大脑中呈现出什么样的景象？把这些景象深深地印在脑海中。

(2) 现在，你可以集中整理一下一至两个阶段的目标达成景象，如5年后的或10年后的。这些景象可以是你将要呈现的职业形象，如你的办公环境、你所拥有的物质财富等任何你期待呈现的东西。根据你脑海中呈现的景象，从你准备的杂志或画报上查找对应的图片，然后把它剪下来备用。当然，你也可以直接在互联网上找图，在电脑上制作。

步骤3：开始绘制职业理想地图

(1) 在找到的图片中选择最能代表你想要表达的内容的图片，并找出各个图片(目标达成的景象)之间的内在联系，然后把它们摆放在你准备的海报纸上。剪裁好用胶水粘在海报纸上，并用彩笔把它们之间的内在关系用线条或箭头标出。你还可以在各个部分的图片上写上注释。

(2) 找个合适的位置，用醒目的字体写上整个拼图的主题、姓名和日期，这就是你的职业理想地图了。选择一个你平时生活中视觉经常触及的地方，把你的职业理想地图贴上去。现在，它就是你生活的一部分了。

经过上述绘制职业理想地图的工作，你已经把自己的职业定位和职业目标图像化了，可以与身边的同学交换观看各自的职业理想地图并交流体验。

第二章 就业形势与就业政策

学习目标

★ 知识目标：了解我国大学生就业市场现状，熟悉最新的就业形态发展情况和我国大学生就业政策体系。

★ 能力目标：能够结合当前我国总体就业形势和就业政策适时调整自己的求职方向和就业期望，以期寻找更多的优势、专业契合点和职业发展空间。

★ 素养目标：主动关注时事新闻，学习政策精神，积极收集与就业形势和最新就业政策相关的信息。

案例导航

又是一年毕业季，同窗三年，到了不得不说再见的时候，这时班上的各位同学出现了不同的景象。

同学 A：每天忙忙碌碌，准备英语四级证书、计算机二级证书、学校竞赛优胜奖证书、优秀奖学金证明等，奔波于线上和线下招聘会。各种证件使得自荐材料丰富而具有说服力。

同学 B：仍旧三点一线，教室、图书馆、寝室，熟悉他的同学都知道他决定继续提高学历。

同学 C：和以前一样没有多大变化，父母为他在家乡谋了一份职业，虽然他并不了解这份职业具体做什么，也不太清楚这家公司的发展情况，但鉴于自己懒得找工作，便决定先做着。

同学D：表面若无其事，但心中暗暗着急，他自己心里清楚自己并没有多少“干货”，感叹某某同学进入了五百强企业，某某同学和他人合伙开了一家小公司，而自己却手足无措，在毕业之际急得像热锅上的蚂蚁。

同学E：在校期间就开始做兼职，包括与自己专业相关的、与自己专业无关的，只要在学习之余能够兼顾的工作，他都尝试过。临近毕业，他心中的想法也越来越清晰。

……

五年后，当时的同学再聚在一起时，大家已悄悄地发生了变化。同学A换过两份工作，现已是一家公司的项目经理；同学B考试失败后就职于一家国有企业；同学C已经不在父母安排的公司上班，正谋划着与朋友合伙创办一家公司；同学D没有来参加同学聚会；同学E经历了一次创业失败，又在另一次创业的路上……

大学生就业问题现在已经上升到国家层面，受就业环境和就业政策的影响，大学生就业每年都有新特点。目前，大学生就业呈现出灵活的特点，第一份职业不再成为一生的“铁饭碗”，私营企业就业占了很大比重，在创业带动就业的趋势下，一些人选择了创业。因此，目前大学生就业的环境还是比较复杂的，需要广大毕业生了解就业的各方面知识，做到胸有成竹，实现顺利就业。

第一节 大学生就业市场

我国就业市场经过近些年的发展，初步形成了以市场为导向、政府宏观调控、毕业生与用人单位双向选择的就业机制，这对我国人力资源的合理配置及优化人才结构起到了积极的作用。

一、就业市场的含义

就业市场是在社会主义市场经济体制下有计划、有组织、有目的地培育和建立起来的，在国家的宏观调控下，以高校为主导的对毕业生资源进行配置的人才市场。就业市场是劳动力市场的重要组成部分，也是毕业生作为劳动力步入社会的初次就业市场。

就业市场是引入市场机制进行毕业生劳动力配置的机制总和。就完整意义来说，就业市场是一个动态的概念。就业市场的主要任务是解决应届高校毕业生的就业问题，即通过市场调节，在特定的时间内使毕业生这一特殊的劳动力资源得到合理的配置。

就业市场的运作需要供需双方在市场中独立自主地进行就业洽谈，遵循公平竞争和公开协商的原则，其中公开协商是前提，它要求就业岗位公开化，凡符合条件的毕业生都可以参与竞争，自主地与用人单位进行就业洽谈。就业市场的运作结果是签订就业协议书，确保就业协议书的法律地位就是保证就业市场正常运作的关键。

二、就业市场的类型

依据表现形式的不同，就业市场可分为有形市场和无形市场两大类。

1. 有形市场

有形市场是指有固定场所、举办时间及特定对象参加，在某一时间内把用人单位与毕业生组织在一起，为双方进行交流和双向选择提供的就业平台。有形市场主要包括高校举办的毕业生就业市场、高校联办的毕业生就业市场、地区性（区域性）的就业市场、企业专场招聘会、行业性毕业生就业市场、分科类毕业生就业市场、分层次的毕业生就业市场、国际性毕业生就业市场及特殊的就业市场等，如图 2-1 所示。

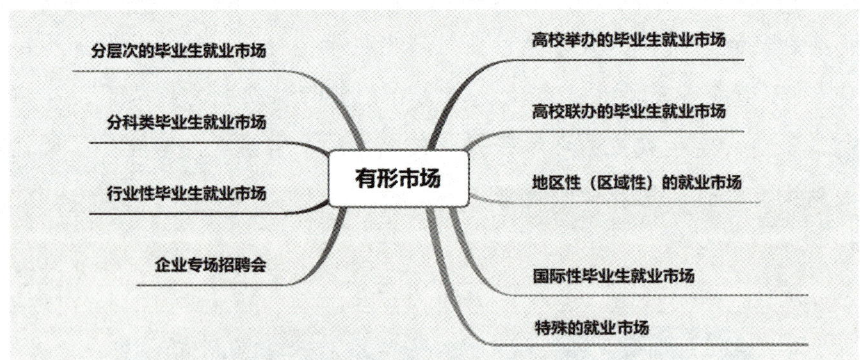

图 2-1　有形市场的类型

（1）高校举办的毕业生就业市场。这种类型的就业市场一般以招聘会、供需见面会等形式呈现，也是主要的就业市场。由高校单独举办的就业市场的优点在于所邀请的用人单位有很强的针对性，往往与高校的专业相结合，高校很容易形成固定的用人单位群体。

（2）高校联办的毕业生就业市场。这种类型的就业市场主要是指由两所或若干所高校联合举办的就业市场。这种类型的就业市场的最大特点是：集中了各高校的资源，强强联合、优势互补，规模大，参会的单位也比较多，涉及的招聘专业也比较齐全，一般来说具有一定的代表性。这种类型的就业市场具有很大的辐射性和影响力，招聘的质量也比较高，能够提高就业市场的效能。

（3）地区性（区域性）的就业市场。这种类型的就业市场主要是指各地方教育主管部门或各人力资源和社会保障部门举办的为本地毕业生就业服务或为本地用人单位招聘服务的就业市场。这种类型的就业市场的最大优点在于能够比较准确地反映这个地区或区域的人才需求趋势。此外，这种类型的就业市场信息量大，毕业生有较多的选择机会，能为用人单位和毕业生节约费用。

（4）企业专场招聘会。这种类型的就业市场主要是指由用人单位单独到高校以招聘本企业所需人才为目的而举办的小型招聘会，时效性强，招聘效果十分明显，尤其为知名企业、跨国公司所推崇。

（5）行业性毕业生就业市场。这种类型的就业市场主要是指由中央部委主管毕业生就业的部门举办的，为本系统、本行业毕业生和用人单位服务的就业市场。

（6）分科类毕业生就业市场。这种类型的就业市场主要是指各省、市的毕业生就业主管部门从用人单位和学校两个方面考虑，从市场细化的角度出发，把理、工、农、医、师范、财经、政法等科类的毕业生分别集中起来，让他们与相应的用人单位见面，进行双向选择。

（7）分层次的毕业生就业市场。这种类型的就业市场主要是指用人单位针对不同学历的毕业生举办的就业市场，包括研究生就业市场、本科生就业市场和专科生就业市场。

（8）国际性毕业生就业市场。改革开放 40 多年来，中国经济与世界经济的联系日益紧密。国际性毕业生就业市场有助于进一步开阔大学生就业的国际化视野，进一步拓宽大学生的就业渠道，有助于培育大学生就业新的增长点。

（9）特殊的就业市场。特殊的就业市场是特殊行业举办的以招聘应届高校毕业生为目的的就业市场。例如，从高校毕业生中选拔公安人员、飞行员、高校教师、外交人员等。

2. 无形市场

无形市场没有固定的场所，由用人单位和毕业生自主选择某种媒介或交互平台进行交流和沟通。随着信息技术的高速发展，高校的无形市场在毕业生就业市场中占据重要地位，作用也越来越大。

无形市场借助高科技手段，利用互联网技术建立起各类就业网站、求职网站、求职APP、求职小程序等，为毕业生就业市场提供了更为广阔的发展空间。大学毕业生需要鉴别求职网站上的虚假信息以免上当受骗等。无形市场凭借信息快速、方便、灵活的特点，帮助用人单位和毕业生打破了时间、区域、场所的限制，提高了就业工作效率，降低了招聘成本，深受大学生和用人单位的欢迎。

李某是武汉某高校的应届毕业生，他的“云招聘”之旅从 2020 年 2 月底开启。

2020 年 2 月下旬，李某正为毕业论文、实习实践和找工作发愁，“担心受疫情影响，不能顺利找到工作”。这时，辅导员在学院的就业群里发了一条消息：“就业指导与服务中心联合智联招聘将于3月6日上午9时开展空中双选会。学生在注册报名、填写简历之后，即可浏览企业招聘信息，并进行简历投递。”

看到双选会中有自己心仪的企业，李某立即报了名。令李某惊喜的是，在软件里输入自己的专业和感兴趣的行业后，软件就会自动推送相关的企业信息。

“我对与建筑有关的公司感兴趣，软件就帮我筛选了中国建筑第三工程局有限公司、中国建筑第七工程局有限公司、中国建筑第八工程局有限公司和中交第二航务工程局有限公司等。”李某说，“报名之后，我立即把简历上传给了这几家公司。之后，大部分公司通知我参加面试。”

3月9日下午2时30分，李某通过在线视频的方式开始他的第七场视频面试。

“请你做一个简单的自我介绍。”面试官在屏幕那端发问。李某整了整衣领，稍作停顿，按照自己事先整理好的思路给出了回答。此后，在大约1 h时间里，李某与面试官交流了公司情况、招聘职位具体信息、职业生涯规划、专业知识与技能、个人性格优缺点及公司薪酬待遇等信息。

因为前期积累了一些经验，这次面试时，他已经“轻车熟路，比较轻松”。面试结束后约3天，李某收到了公司人事部门发来的消息：“面试通过了！”

于是，李某的“云招聘”走到了最后一关：“云签约”。人事部门在就业系统上发起邀约，李某只要点击“同意”，就完成了初步的就业协议签订。一键签约系统让求职者和用人单位均节约了时间成本。李某满意地评价：“还挺快的，效率很高。”至此，李某的求职之旅在云端圆满结束。

请思考：“云面试”需要做哪些准备？

“云面试”是除“云双选”之外，“云招聘”的又一核心要素，它将传统现场面试变为云端面试，通过电话、视频实现求职者与用人单位“隔空对话”。

三、就业市场的特点

就业市场具有专门性、时效性、群体性、区域性等特点，如图2-2所示。

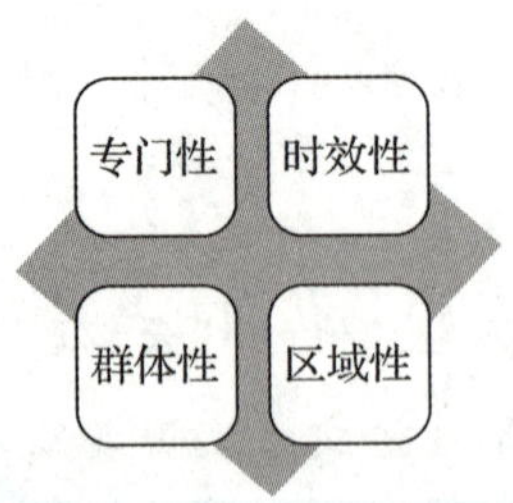

图2-2　就业市场的特点

1. 专门性

大学毕业生均具有较高的专业知识水平、较强的能力、较高的学力，在就业竞争中处于十分有利的地位，具有广阔的就业前景。与一般的劳动力市场相比，大学毕业生就业市场的就业率相对较高。

2. 时效性

大学生就业具有一定的季节性，全国大学生毕业的时间基本一致，要让大多数大学毕业生在此期间就业，任务十分艰巨。我国现行的大学生就业政策规定，毕业生就业必须在有限的时间（2 年）内完成。各级就业主管部门对每年的毕业生就业市场的运行日程都有一个大致的安排，从用人单位去高校招聘到毕业生落实就业单位、签约，以及毕业生未能落实或重新落实就业单位等都有具体的时间规定。如果毕业生在 2 年内不能落实就业单位，就要离开这一市场而转到其他就业市场择业或待业。

3. 群体性

全国每年有上百万名高校毕业生第一次进入社会就业。高校毕业生就业市场的组织主体可以是政府教育部门，也可以是高校。就业市场的就业主体是高校毕业生，这是一个具有高附加值的特殊群体，具有良好的可塑性。但是，大学毕业生学力差别不大，年龄也较集中，因此在就业过程中的竞争会更加激烈。为此，学校及教育主管部门只有精心组织安排、做好各项工作，才能实现大学毕业生的充分就业。

4. 区域性

大学毕业生就业市场的主办者多数是各省市教育部门、高校或行业主管部门，不论谁举办，这些就业市场的用人主体一般是本地区的；同时，这些就业市场是针对本地区的大学毕业生进行服务的，表现出较强的区域性。

根据大学毕业生就业市场的上述特点，毕业生可以从自己的实际出发选择不同的市场就业。市场是变化的，毕业生的就业策略也应该是变化的。当市场需求大时，毕业生可提高期望值，好中选优；当市场需求小时，毕业生应降低期望值，低中选高。当然，劣与优、低与高都是相对的，毕业生可酌情而定。

四、大学生就业市场的现状

1. 从总体来看，我国大学生就业市场处于起步阶段

大学生就业市场是随着社会主义市场经济体制的建立和高校毕业生就业制度改革的深化而逐步建立的。它不但使毕业生资源得到了有效的配置和利用，促进了经济的发展和社会的进步，而且加强了学校与社会的联系，促进了学校的教学改革，调动了大学生学习的积极性。然而，目前我国大学生就业市场的建立还处于起步阶段。虽然政府部门

会定期组织人才市场，高校也会组织校园招聘会，但是要将各种资源更有效地组织起来，建立完善的市场机制，就需要高校或专门的中介组织在大学毕业生与用人单位之间架起一座桥梁。

2. 大学生就业市场管理还不完善

1985 年，中共中央发布了《关于教育体制改革的决定》，开始了我国的毕业生就业制度改革，之后陆续颁布了一些毕业生分配制度改革文件。到 2000 年，教育部取消毕业生派遣证，改用毕业生就业报到证，结束计划分配、派遣就业制度的历史，开始了以市场为导向、政府调控、学校推荐、学生与用人单位双向选择的就业机制。

对毕业生就业工作管理体制，目前国务院明确了中央和地方两级管理，以地方管理为主的高校管理体制，批准建立了高校毕业生就业工作部际联席会议制度，全国毕业生就业工作由教育部归口管理。但对大学生就业市场的各个组成部分、毕业生交换的各个环节，毕业生、用人单位、市场管理方的相互作用、合理制约机制还不是很完善。

3. 大学生就业市场投资主体单一

目前提供高校毕业生就业市场服务的主要有政府部门、高校就业服务部门、毕业生就业公共服务机构。政府部门、毕业生就业公共服务机构都由政府提供经费为毕业生提供公益性服务，而高校就业服务部门由高校提供专项经费为本校毕业生提供免费的校园招聘组织与服务活动。仅仅这两种毕业生就业服务是不能满足日益增长的毕业生就业需要的。因此，专门的就业市场中介组织应运而生，但它需要一定的资金投入，而收益可通过收取相应的服务费用获得。

4. 大学生就业市场服务水平和从业人员素质有待进一步提高

在竞争越来越激烈的形势下，为用人单位提供优质服务，不断稳定、拓展新的就业市场，吸引更多用人单位来招聘是非常重要的。

市场化的就业工作要树立服务意识，增强服务理念；优化服务质量，提高服务水平，对用人单位提供的服务做到程序化、规范化和标准化；在服务工作中不断开拓思路，勇于创新，创造性地开展工作；努力改进工作态度，做到认真负责、积极主动、热情耐心、细致周到、文明礼貌。

第二节 当前大学生的就业形势

一、就业的含义

“就”即“从事”，“业”即“工作”“职业”，就业是指在法定年龄内的有劳动能力和劳动愿望的人们为获取报酬或经营收入而进行的活动。就业包括就业条件（年龄范围）、收入（报酬）、时间（每周工作时长）等因素，因此，满足以下四个条件才能称为就业。

1. 劳动主体年龄

就业主体即劳动者，劳动者必须达到法定就业年龄。如果劳动者没有达到法定年龄，即使从事了有报酬的社会劳动，也不能视为就业。

2. 劳动社会性

劳动者所从事的劳动必须得到社会的认可，才具有社会性。如果劳动者所从事的劳动不具备社会性，就不是就业。例如，从事自家的劳务劳动就不属于就业。

3. 劳动报酬性

劳动报酬性是指所从事的劳动必须有一定的报酬或经济收入，如果所从事的劳动是无偿的，如社会公益劳动，就不能算是就业。

4. 劳动合法化

劳动合法化是指所从事的社会活动必须具有合法性。如果所从事的劳动是违法行为，如制造假冒伪劣商品，虽然这些活动也具有社会性且能获得报酬，但不能将其视为就业。

我国劳动力市场的基本状况

（1）劳动年龄人口日趋减少，不同年龄劳动力供给分化趋势加剧。受生育率持续下降等因素影响，我国的劳动力总规模已过拐点，未来将保持稳步下滑的态势。劳动年龄人口数量从 2012 年开始逐年下降，2013 年减少约 244 万人，2014 年减少约 371 万人，2015 年减少约 487 万人，2016 年减少约 349 万人。2021 年第七次全国人口普查数据显示，15 ~ 59 岁人口约为 89 438 万人，占总人口的比重为 63.35%。我国劳动年龄人口总量进一步减少，总体劳动力供给不足的局面逐步显现，推动劳动力成本继续加快上升，我国的“人口红利期”已步入尾声。

（2）劳动参与率仍处于较高水平，但总体趋于下降。影响劳动力供给的因素除了劳动年龄人口总量外，还包括劳动参与率。长期以来，我国都属于全球劳动参与率较高的国家。不过随着收入水平的提高、社会保障体系的日益完善，以及人口老龄化程度的不断加深，我国劳动年龄人口的劳动参与率正处于逐年下滑的状态。在劳动年龄人口不断减少的大背景下，如果未来劳动参与率继续维持下降势头，那么将加剧劳动力年龄人口下降带来的劳动力供给紧张局面。

（3）农村剩余劳动力转移继续增长，但潜力日趋枯竭。改革开放以来，我国农村地区一直发挥着劳动力蓄水池的作用，为城镇第二、第三产业的发展提供源源不断的劳动力。在劳动年龄人口数量持续下降的背景下，农村剩余劳动力保持增长势头为劳动力市场供需平衡做出了重要贡献。

二、当前我国总体就业形势

就业是关系到经济发展、民生改善和社会稳定的大事，我国历来高度重视就业工作中存在的问题，关注其发展状况。我国是一个人口众多的发展中国家，也是劳动力资源最丰富的国家之一，解决就业问题是一项长期的重大战略任务。当前，国际环境复杂多变，国内经济社会发展也面临一些新情况、新问题，我国经济发展增速趋缓，劳动力供需矛盾仍然突出，就业形势依然严峻，主要面临以下问题。

1. 从结构来看，供需匹配矛盾日益突出

结构性就业矛盾将成为就业领域的主要矛盾，突出表现为招工难与就业难“两难”并存。一方面，企业招工难问题突出，服务员、生产操作工等一线普工常年短缺，技能人才的求人倍率一直保持在 1.5 以上，高技能人才的求人倍率甚至达到 2.5 以上。另一方面，部分劳动者的知识技能不能适应现代产业的发展变化，求职和就业难度加大。

2. 从重点群体来看，青年、大龄劳动者等重点群体就业面临难题

2022 届高校毕业生首破千万人，2023 届再破千万人，2024 年毕业生人数达 1 179 万人，增量增幅均创新高，再加上留学回国人员和往届未就业毕业生，青年就业总量压力持续增大。与此同时，青年的求职择业观念发生了一些新的变化，加剧了供需矛盾。部分大龄劳动者的专业技能、创新能力不能很好地满足市场需要，就业也面临一些突出困难和问题。

3. 从面临的环境来看，不确定、不稳定因素增多

“后疫情时代”，世界经济复苏动力较弱，外部环境更趋严峻复杂，不可避免地会波及我国经济社会的发展，给就业带来较大影响。国内经济发展面临多年未见的需求收缩、供给冲击、预期转弱三重压力，部分行业企业用工需求减少，企业稳岗压力增大。特别是就业容量大的批发零售、住宿餐饮、交通旅游等行业复苏缓慢，恢复招聘需求还有一个过程。

4. 全面、辩证、长远地看，确保当前就业形势稳定也有很多积极因素

我国政府长期坚持采取积极的就业政策，在总体经济“爬坡过坎”的关键阶段，仍然在扩大就业上做出了很大的努力，使得就业工作在整体上取得了较为积极的进展。我

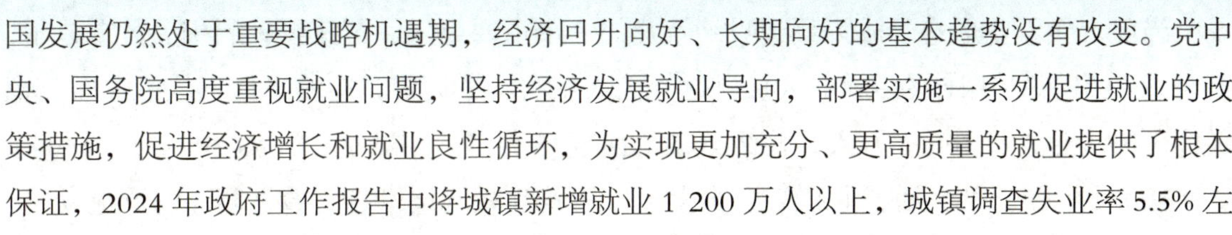

国发展仍然处于重要战略机遇期，经济回升向好、长期向好的基本趋势没有改变。党中央、国务院高度重视就业问题，坚持经济发展就业导向，部署实施一系列促进就业的政策措施，促进经济增长和就业良性循环，为实现更加充分、更高质量的就业提供了根本保证，2024 年政府工作报告中将城镇新增就业 1 200 万人以上，城镇调查失业率 5.5% 左右作为发展目标，显示了党和政府在促进就业方面强有力的信心和决心。

目前，我国已转向高质量发展阶段，新发展格局正在加快构建，为就业的长期稳定创造了良好条件。新一轮科技革命和产业变革深入发展，数字经济、“双创”（大众创业、万众创新）加快发展，新型城镇化、乡村振兴孕育着巨大的发展潜力，新的就业增长点不断涌现。劳动力市场协同性增强，劳动力整体受教育程度上升，社会性流动更加顺畅，为促进就业夯实了人力资源支撑。

课堂互动

通过网络媒体或其他途径了解当前的就业形势，以小组为单位讨论一下自己在当前就业市场中处于怎样的位置，以及需要为将来顺利就业做好哪些准备。

三、新就业形态的发展

1. 就业结构的调整

近年来，随着就业总量的不断扩大，产业结构的优化调整及工业化、城镇化水平的提高，就业结构也发生了巨大变化。国家统计局的数据显示，就业结构调整与社会经济发展优化升级相适应，全社会劳动生产率相应从 2012 年的 8.1 万元 / 人提升到 2021 年的 14.6 万元 / 人，更多劳动者从低生产率部门转入高生产率部门。从就业人口的技术结构来看，技能劳动者占比有所提高，到 2020 年，全国技能劳动者总量已超 2 亿人，占当年就业总人数的 26%，其中高技能人才已超 5 000 万人。

2. 新就业形态蓬勃发展

随着互联网、大数据、云计算等信息技术的广泛应用，新经济、新技术、新产业在我国迅速发展，新就业形态不断涌现。作为稳就业、增收入的一个重要抓手，灵活就业的优势逐渐凸显，符合当前社会经济态势，得到国家的鼓励和支持。2020 年 7 月 28 日，国务院印发实施《国务院办公厅关于支持多渠道灵活就业的意见》（国办发〔2020〕27 号），明确提出“个体经营、非全日制以及新就业形态等灵活多样的就业方式，是劳动者就业增收的重要途径”，清理取消对灵活就业的不合理限制，并从 5 个方面提出 14 条促进保障灵活就业的措施，灵活就业成为稳就业的新引擎。

当前，新就业形态已成为我国吸纳就业的一个重要渠道。国家统计局相关数据显示，截至 2021 年底，中国灵活就业人员已达 2 亿人左右。据调查，有的平台上从事主播及相关岗位的从业人员 160 多万人，较 2020 年增加近 3 倍。

《2023 中国新型灵活就业报告》中指出，随着互联网技术与大数据算法的迅速发展，以及新一代求职者就业观念的转变，越来越多的劳动者选择新型灵活就业。求职总人数中新型灵活就业求职者数量占比不断提高，由 2020 年第 1 季度的 18.6% 上升至 2023 第 1 季度的 23.2%。据阿里研究院预测，2036 年我国新型灵活就业者可能达到 4 亿人的规模。

3. 新就业形态孕育新岗位

就业渠道的多元化带动了就业形式的多样化。与传统工作相比，新就业形态打破了以往“朝九晚五”的工作模式，微商、网络主播、文案写手、数字化管理师、装配式建筑施工员等众多新职业应运而生，“斜杠青年”已成为当下许多青年人的代名词。他们的工作场所和时间不再固定，工作方式更加弹性化，工作内容和薪酬也随着用户需求而发生变化。近年来，人力资源社会保障部已陆续发布 5 批 74 个新职业，包括网约配送员、互联网营销师、电子竞技员在内的新兴职业被正式纳入我国“职业版图”。

新职业的出现改变了人们的生活，也打开了更多就业“风口”，就业渠道不断拓宽，创业创新活跃，吸纳就业人员规模持续扩大，成为助推高质量发展的新赛道，受到年轻人的喜爱和追捧，也给有着更多知识储备和创新活力的大学生就业、创业提供了无限可能。人力资源社会保障部发布数据显示，第三产业从业人员占比从 2012 年的 36% 提升到 2021 年的 48%，三次产业“倒金字塔形”的就业结构逐步形成。同时，随着技术革新与需求升级而产生的新业态、新模式、新产业仍在不断涌现。数据显示，2021 年，以新业态形式出现的平台企业员工数达 623 万人，比上年增长了 4.2%；平台带动的就业人数约 7 800 万人，同比增长 4%。

4. 新就业形态为困难群体提供新的就业机会

大龄失业人员、农民工、残疾人等就业困难群体，文化素质、技能水平普遍较低，或者身体有缺陷，很难在传统劳动力市场上找到工作。而灵活就业具有门槛低、弹性大、不受城乡地域限制等特点，恰恰为他们提供了再就业的机会。例如，快递员、家政护理等服务性岗位，入行门槛较低，稍加培训便可上岗，工作时间也相对灵活，为解决个人就业提供了机会。

一些新生代农民工，虽然没有高学历，没有去过大城市，但是在田间地头一样可以架起手机进行直播带货，成为乡村振兴路上的“新农人”；还有一些残疾人，凭借传统手工技艺，成为网络主播，通过传授手工艺制作技艺、销售手工艺产品，获得一定的经济收入，改善家庭生活。

新就业形态在创造就业机会、促进劳动者就业等方面发挥了积极作用，是当前和今后稳就业、保民生的一个有力支柱与有生力量，具有广阔的发展前景。但同时也应看到，作为就业市场的新兴产物，新就业形态面临着诸如劳动关系难认定、社会保障不完善、维权困难等问题和制度障碍。对于新就业形态，我们既要给予大力支持，又要加强规范，补齐法律短板、完善社会保障制度，切实加强对劳动者合法权益的保护。

近几年，随着国家相关政策的出台，各省市也积极出台相关细则，维护新就业形态劳动者的合法权益。例如，广东省明确，无雇工的个体工商户；依托电子商务、网络约车、网络送餐、快递物流等新业态平台实现就业，且未与新业态平台企业建立劳动关系的新型就业形态从业人员等四类灵活就业人员可在广东省内就业地参加职工基本医疗保险，不受户籍限制。上海市明确要求平台优化算法原则，禁止平台将“最严算法”作为考核要求，遏制“以罚代管”。随着扶持政策的加快落地，创新服务持续发力，各类保障措施不断完善，新就业形态将大量涌现，成为推动数字经济蓬勃发展的重要力量，也必将成为促就业、稳就业的新引擎。

四、大学生面临的就业形势分析

微课
当前大学生就业形势

大学生是国家发展和民族进步的新锐力量，党和政府一直把大学生视为国家事业发展的生力军，始终支持大学生积极投身实现中华民族伟大复兴的中国梦的生动实践中，鼓励大学生在推动社会经济迅速发展的进程中实现自己的职业梦想和人生价值。

我国高度重视大学生就业。大学生就业不仅关系着个人生活的改善、人生尊严和价值的实现，更关系着家庭的希望、百姓的幸福，甚至关系着一个国家的稳定和发展。进入新时代，党和政府一直把大学生就业放在首位，坚持以实现大学生的职业理想、满足大学生的发展需要、维护大学生的就业权益作为大学生就业工作的根本出发点和落脚点，顺应大学生对美好生活的向往和需要，以体面而光荣的劳动就业满足大学生对美好生活的追求。《“十四五”就业促进规划》专设青年就业篇章，国务院办公厅专门印发了相关意见，推出了一系列有针对性的政策举措，千方百计地帮助高校毕业生就业、创业。

1. 新时代大学生的思想和心理特点

当前大学生就业群体基本是“00 后”，互联网的高速发展给大学生带来了新的挑战和机遇，他们也表现出新的特点。作为在信息化、全球化的时代背景下成长和发展起来的新生代力量，大学生的成长过程无不受到科技高速发展的影响，高科技产品（智能手机、移动互联网、可穿戴设备等）如雨后春笋般涌现，带动着社会、经济、军事、教育等领域的全面发展，深刻改变着大学生的传统思维。新时代大学生有着自由、独立的价值观，具有以下特点。

（1）个性意识强，社会责任感相对较弱。新时代大学生思想较为独立，喜欢张扬个性，不轻易趋同别人。但是，过分强调个体的重要性会导致大学生为他人考虑的意识不够，团队意识薄弱。因此，在面对就业的判断和抉择时，个别学生只注意自我的得失；当现实和期望存在巨大落差时，又往往选择频繁跳槽，甚至“裸辞”，给用人单位带来极大压力。

（2）社会经验普遍不足。据调查，52.14% 的大学生将“缺乏社会经验”视为最困扰大学生就业的因素。这也是目前大学生竞争力缺乏的普遍性原因。与其他就业群体相比，缺乏工作经验是大学生的一个明显劣势。大学生对自身劣势的认识及用人单位与大学生之间的契合，从另一个角度反映了大学生自我认识的理性与客观。

（3）竞争意识强，挫折忍耐力弱。国家经济、社会的变革和激烈的竞争让新时代大学生成为激情澎湃、勇于挑战、大胆创新、充满生机与活力的一代人。但不可忽视的是，当前一些大学生从小娇生惯养、缺乏锻炼，适应外界的能力较弱。个别大学生对父母的依赖性非常强，经不了风雨，受不了挫折，特别是吃苦耐劳品质差。

2. 大学生就业的新趋势

一代青年有一代青年的历史机遇，新时代大学生成长于全面深化改革和全方位对外开放的时代，国家发展目标和政策在追求经济发展的同时，更加追求民生，追求以更高就业质量为核心的发展方向。因此，当前大学生的就业观念已经悄然发生了变化。

（1）大学生自主择业的意识基本确立。受互联网思维的影响，新时代大学生在择业时更关注职业发展与自我价值的匹配度、职业与个人兴趣爱好志向的吻合度，不再把工作起薪、工作地点作为求职就业的首选因素。职业发展的广度与行业前景能否最大化地满足自我价值的实现成为新时代大学生对未来将要从事的工作进行价值评价的重要指标。家庭环境的优越和父母的无条件宽容，让这些大学生对好工作有了新的标准和阐释，就业时变得更加挑剔，也更加追求一蹴而就，与传统择业观有着本质的差异。对择业观的调查显示，一部分大学生会选择心仪的职业就业，还有一部分大学生会选择支教、参军入伍或者自主创业，而选择自主创业的大学生的人数呈连续增长趋势。

（2）大学生的就业观念更加务实。面对严峻的就业形势，大学生的危机意识明显增强，形成了较合理的择业就业观念，他们变得更加务实，也更加理智，在就业价值取向方面迈出了一大步。智联招聘发布的《2022 大学生就业力调研报告》显示，55% 的毕业生因经济环境等外部因素影响降低就业期望，仅有 27.2% 的毕业生就业期望升高，65% 的毕业生就业期望的调整受“求职竞争情况”影响，分别有 57.1%、49.4% 的毕业生受“国内经济形势”“产业发展情况”影响。由此可见，面对经济和就业市场的压力，大部分毕业生都有理性预期。

大学生毕业后选择自主创业的仍不多，这是因为，部分大学生无创业团队和社会支持，高校教师对大学生创业教育和引导的经验不足、力度不够，大学生缺乏自主创业的工作环境；大学生自身的创业综合素质、能力等还比较薄弱，创业所必需的意识条件和家庭条件都比较欠缺。

（3）大学生的就业目标多元化、互联网化。当今大学生是伴随着互联网成长起来的新生代，受高科技、互联网思维、信息多元化、经济全球化的影响，他们可以依靠互联网锁定全国乃至全球的就业价值观念、信息和社会发展潮流，加之他们所具有的互联网思维和创新思维，使得他们的行为习惯已互联网化，他们的生活、学习、娱乐等离不开互联网，他们对就业有想法、有主见、有创意，自然而然地形成了就业目标多元化、互联网化的求职倾向。

（4）大学生的就业方式灵活化。新时代是科学技术日新月异、人工智能飞速发展的时代，原有的固定时间、场所、方式、工作内容的就业形式被打破，身处其中的大学生在生活特点、就业方式、思维意识等方面都发生了深刻变化，通过更为多样的、灵活的方式就业成为一个趋势。就整体而言，教育领域仍是灵活就业毕业生相对集中的领域。值得注意的是，选择灵活就业的毕业生中，近三成属于依托互联网平台的新就业形态，主要包括主播、全媒体运营等。大学生在选择工作时，除薪资外，还注重诸如职业发展潜力、职业自由度和舒适度、职业成就感及兴趣爱好等因素。一些大学生会选择自由撰稿、网上翻译等工作；也有大学生利用直播平台直播带货，开展线上营销；还有的大学生选择短视频制作、平面设计等行业自主创业，凭借自己的一技之长及平台广阔的空间，成就创业梦想。

（5）大学生“慢就业”现象日益凸显。所谓“慢就业”，是指一些大学生毕业后既不打算马上就业也不打算继续读书深造，而是暂时选择游学、支教、在家陪父母或者进行创业考察，慢慢考虑人生道路的现象。“慢就业”一词是伴随大学生就业情况应运而生的新时代的产物，与之前的“啃老族”“待业青年”等词汇相比，“慢就业”一词更显中性，更加客观地表述了大学生的就业状况。一些大学生呈现“慢就业”状态，他们不急于一毕业就找工作，更多的是在观望、思考，甚至是在放松身心。在这些“慢就业”的大学生中，既有积极的，也有消极的。但近几年，我国大学生消极就业的情况显现，这将严重阻碍大学生快速步入社会、创造价值，从长远来看，这必然会影响我国的经济发展。

另外，通过比较不同群体的就业创业意愿发现，大学生群体间还存在一定差异：在性别方面，男生比女生对薪酬的要求更高，但不如女生看重就业稳定性，创业意愿高于女生；在学历方面，与专科生相比，本科生对就业形势的判断更为乐观，对就业地、薪酬的要求也更高；在生源地方面，城市学生对就业方向的了解程度要高于农村学生，对就业地、薪酬的要求也更高，农村学生选择毕业后就业的比例更高；在专业方面，师范类、艺术类专业的学生对本专业就业方向更为了解，文史类、管理类、师范类专业的学生希望进政府机关的比例更高，工科类、理科类专业的学生倾向于创业的比例高于其他专业。

第三节 就业政策与应对策略

就业政策是指政府和社会群体为了解决现实社会中劳动者的就业问题而制订和推行的一系列方案及所采取的措施。就业政策是使新生劳动力和失业人员实现就业的政策手段，一般来说，每年的应届毕业生群体都会受到社会的广泛关注。因此大学生应该积极了解国家的相关就业政策，以便在做就业选择的时候能够进行利益的权衡，更好地实现自身的价值。

一、我国大学生就业政策体系

目前，我国已经初步形成了大学生就业的政策体系，据不完全统计，近20年来，国家层面出台的直接涉及大学生就业层面的文件已有上百个。

1. 就业政策体系的结构特点

微课
就业政策解说

大学生就业政策体系的结构特点是政策制定主体的多元化，其制定主体主要包括以下几类。

（1）以国务院、教育部、人力资源社会保障部等为主体的国家机关，其负责制定高等教育的总体发展规划，使高层次人力资源的社会总供给与总需求协调一致；组织研究并指导实施大学生就业政策改革；提供大学生就业信息交流平台和渠道；检查并监测大学生的就业情况等。与此相关的财政部、公安部、国家发展和改革委员会等有关部门，配合教育部做好人才需求预测，并围绕教育部制定的大学生就业政策，制定和实施相关配套与支撑性政策。

（2）省一级的地方政府，含教育厅、人力资源和社会保障厅等，其基本职责是依据上述相关大学生就业政策，因地制宜地制定和实施地方大学生就业政策。

（3）群团组织，如行业性的就业服务机构、工会、共青团等，其主要职责是配合上述大学生就业政策制定主体，制定具有鼓励性、引导性和倡议性的就业政策。

这三类大学生就业政策制定主体分工合作、协同运行，在各自的职能范围内对大学生就业政策体系的构建起着保障作用。

2. 就业政策的主要类型

根据我国的国情，目前大学生就业政策主要有以下几种类型。

（1）就业市场政策。大学生就业市场是在国家有关方针政策的指导下，运用市场机制和必要的宏观调控手段，通过双向选择、自主择业等途径，优化毕业生人力资源配置的一种方式，是利用市场规律调节毕业生人才供求的一种机制。它由毕业生、用人单位及其服务机构、交流洽谈场所、社会保障制度等组成。国家不断出台相关政策法规来维护和支持大学生就业市场。

（2）就业指导政策。就业指导又称“择业指导”或“职业指导”，旨在为求职者选择职业、准备就业，以及在职业中求进步、求发展提供知识、经验和技能的指导。通俗地讲，它是给求职者传递信息，帮助其求职择业，为其与职业结合牵线搭桥当“红娘”。就业指导包括预测就业市场，汇集、传递就业信息，培养劳动技能，组织劳动力市场，以及推荐介绍和组织招聘等与就业有关的综合性社会咨询服务活动。在我国，就业指导还包括就业政策导向和与之相适应的思想工作，就业指导的目的是使无业者有业、有业者敬业、敬业者乐业、乐业者创业。

（3）就业援助政策。就业援助是指就业困难的高校毕业生通过各级政府贯彻落实的促进就业扶持政策或者以就业服务机构为主的有关部门的具体帮助实现就业，以此达到增加家庭劳动收入的目的。例如，对困难家庭的毕业生，高校可以根据情况给予其适当的求职补助；对登记失业的高校毕业生，将其纳入当地失业人员扶持政策体系；等等。

（4）权益维护政策。毕业生权益维护政策是指在就业过程中维护毕业生本人和用人单位权利的一系列原则、规范。对于毕业生本人，主要是维护其平等的就业权；对于用人单位，主要是保护其一系列利益。权益维护政策有利于就业过程的规范化和秩序化，也是对毕业生的保护。作为就业的一个重要主体，毕业生在就业过程中享有多方面的权益，如获取信息权、接受就业指导权、被推荐权、选择单位权、公平待遇权、违约及求偿权等。《中华人民共和国就业促进法》和《中华人民共和国劳动合同法》（简称《劳动合同法》）等为大学生维护自身合法权益提供了法律支持。

（5）招考录用政策。招考录用政策主要指在选拔大学毕业生过程中的一系列关于招考的规定，是国家在大学毕业生录用方面制定的一系列限制性原则和措施。例如，国家公务员招考的相关制度和企事业单位在录用大学生程序上的一系列规范。

（6）宏观调控政策。宏观调控政策是指政府为了促进我国人才结构的平衡而出台的一系列关于大学生到基层、到中小城市企业、到农村、到边远地区等就业的鼓励性措施。

（7）就业准入政策。就业准入政策是指大学生就业获准进入某些职业、专业等的相关政策。《中华人民共和国劳动法》（简称《劳动法》）和《中华人民共和国职业教育法》规定，对从事技术，涉及公共安全、人身健康、生命财产安全等特定职业（工种）的劳动者，必须经过培训并依法取得职业资格，方可就业上岗。实行就业准入的职业范围由人力资源社会保障部确定并向社会发布。

知识点睛

推进构建高质量就业指导服务体系

加强就业教育和观念引导。将就业教育和观念引导作为“三全育人”的重要内容，推动就业教育与思政教育、专业教育深度融合，在专业课教学和实习实践等育人环节强化就业教育引导。深入开展“就业育人”主题教育活动，引导毕业生树立正确的成才观、职业观、就业观，客观看待个人条件和社会需求，从实际出发选择职业和工作岗位，主动投身艰苦地区、重点领域等国家需要的地方建功立业。开展基层就业卓越教师和毕业生推荐，做好先进典型选树和系列宣讲活动。

加强生涯教育和就业指导。强化大学生生涯发展与就业指导课程建设，修订完善课程教学要求。推动各高校以全覆盖、精准化、特色化为目标，将课程建设作为强化就业指导服务的重要内容，作为必修课列入教学计划，给予学时学分保障。持续办好就业指导公益直播课，提供丰富优质课程资源。遴选打造一批优秀就业指导课程和教材。加强高素质专业化教师队伍培养，打造内外互补、专兼结合的就业指导教师队伍。充分运用现代信息技术，探索建立学生成长电子档案，为学生提供个性化、精准化、便捷化的就业指导服务。

办好首届全国大学生职业规划大赛。各地各高校要办好省、校两级赛事，全面提升大赛的覆盖面和实效性。鼓励将大赛内容设计同生涯发展与就业指导课程深度融合，切实增强大学生生涯规划意识，促进就业指导教师提升教学水平。鼓励将大赛与校园招聘和校企人才供需对接深度融合，引入真实职场环境，结合企业招聘要求优化赛事安排，动员更多用人单位参与大赛，帮助更多毕业生通过参赛提升职业规划和就业能力，顺利实现就业。

引导强化就业实习实践。各地各高校要建立完善大学生就业实习管理制度，统筹协调就业实习与教学实习，组织引导大学生利用寒暑假时间积极参与就业实习实践。通过实习实践激发学生求职意愿、明确求职意向，帮助学生增强就业能力、获取就业机会。鼓励地方政府、用人单位与高校深化产学研合作，协同打造一批大学生就业实习基地。

切实维护毕业生就业权益。积极营造平等就业环境，严格落实“三严禁”要求，各类校园招聘活动中不得设置违反国家规定的有关歧视性条款和限制性条件。加强就业安全教育和诚信教育，引导用人单位与高校毕业生及早签订就业协议书或劳动（聘用）合同并如实履约。及时发布求职就业预警信息，帮助毕业生防范求职风险。会同相关部门加强联合监管，依法严厉打击虚假招聘、售卖协议、“黑职介”“培训贷”等违法违规行为。

（资料来源:《教育部关于做好2024届全国普通高校毕业生就业创业工作的通知》）

二、利好大学生的就业政策

近年来，大学生就业问题越来越受到国家的关注，不仅是因为大学生人数逐年增加，还因为大学生是我国经济建设得以稳步提高的基础。在整个职业教育备受关注的当下，国家出台了一系列政策全力支持大学生就业。

1. 职业院校毕业生与普通高校毕业生享受同等落户、就业待遇

2019年1月24日，国务院发布《国家职业教育改革实施方案》，明确表示要积极推动职业院校毕业生在落户、就业、参加机关事业单位招聘、职称评审、职级晋升等方面与普通高校毕业生享受同等待遇，机关和企事业单位招用人员不得歧视职业院校毕业生。

2. 鼓励大学毕业生到城乡基层和边远地区就业

基层就业就是到城乡基层工作。一般来讲，“基层”既包括广大农村，也包括城市街道社区；既涵盖县级以下的党政机关、企事业单位，也包括社会团体、非公有制组织和中小企业；既包括单位就业，也包括自主创业、自谋职业。国家鼓励高校毕业生到基层就业，主要优惠政策有以下几个方面。

（1）对高校毕业生到中西部地区和艰苦边远地区基层单位就业、履行一定服务期限的，按规定给予学费补偿和国家助学贷款代偿。

（2）结合政府购买服务工作的推进，在基层特别是街道（乡镇）、社区（村）购买一批公共管理和社会服务岗位，优先用于吸纳高校毕业生就业。

（3）艰苦边远地区基层机关招录高校毕业生可适当放宽学历、专业等条件，降低开考比例，可设置一定数量的职位面向具有本市、县户籍或在本市、县长期生活的高校毕业生。

（4）艰苦边远地区县乡事业单位公开招聘高校毕业生可适当放宽年龄、学历、专业等条件，可以拿出一定数量岗位面向本县、本市或者周边县市户籍人员（或者生源）招聘；乡镇事业单位招聘本科以上高校毕业生、县级事业单位招聘硕士以上高校毕业生，

以及招聘行业、岗位、脱贫攻坚急需紧缺专业高校毕业生，可以结合实际情况，采取面试、直接考察的方式公开招聘；也可以根据应聘人员报名、专业分布等情况适当降低开考比例，或不设开考比例，划定成绩合格线。

3. 鼓励大学毕业生到中小企业和非公有制企业就业

中小企业和非公有制企业在高新技术产业化与市场化方面具有旺盛的生命力，是拉动国民经济增长的重要力量，也是扩大就业、改善民生的重要支撑。国家鼓励大学毕业生到中小企业和非公有制企业的舞台上施展才华，为打消大学生的就业顾虑，在户档流动、人事代理、社会保险办理和转移接续、职称评定及权益保障等方面出台了相关政策，清理影响就业的制度性障碍和限制，努力为大学生就业创造有利条件。同时，为帮助有技术专长的大学生顺利就业，国家出台相关政策鼓励国有大中型企业特别是创新型企业更多地吸纳大学生，支持困难企业保留大学生技术骨干。承担国家和地方重大科研项目的单位要积极聘用优秀大学生参与科研项目，高校的科研专项可吸收大学生参与研究，并给予政策保障。

4. 鼓励大学毕业生通过自主创业实现就业

前所未有的就业压力呈现在这一代大学生群体面前，具有创新思维与创业激情的大学生开展自主创业是社会发展的内在需求，也是改善就业结构、缓解就业压力的重要途径。国家积极鼓励和支持大学生转变就业观念，通过自主创业来实现自我价值。为激发大学生的创新创业热情，国家将就业政策调整为“以创新创业为主导，支持高校毕业生自主创业和灵活就业”。为了帮助大学生积累经验，国家陆续出台了一系列政策鼓励高校积极开展创业教育和实践活动，建设完善一批大学生创业园和创业孵化基地，优化创业环境；对有创业意愿的大学生提供创业培训，并给予培训补贴；对准备开展创业实践的大学生给予创业指导，并提供“一站式”服务；对已经从事创业活动的大学生给予扶持政策，凡是经营情况符合条件的都给予经济扶持。

小李是××学校的一名2024届大学毕业生，在大一、大二期间，身边的同学奔波于各种招聘会，小李却一点儿也不着急，丝毫不关心找工作的事情。大三第二学期开学后，小李得知身边的同学已经陆续收到Offer，开始焦虑起来，后悔自己没有早做准备，没有了解过自己所学专业的就业形势，错失了很多宝贵的就业机会。

请思考： 造成小李焦虑的原因是什么？如果你是小李，你会如何做？

三、促进大学生就业的应对策略

面对大学毕业生的就业现状和现今的就业形势，社会、学校和学生自身层面都应当积极寻找对策，以促进毕业生顺利就业。

1. 社会层面

（1）加大舆论宣传。引导大学生树立正确的就业观并形成积极的就业心理，实现高质量就业。首先要解决大学生“有业不就”“慢就业”等问题，加强对大学生的职业发展教育指导，鼓励他们“先就业再择业”；其次要改变大学生“等机遇、靠政府、要待遇”的就业心态及“单位就业”“编制就业”等心理，拓展新产业、新业态、新模式领域的就业创业机会，鼓励大学生灵活就业，到急需紧缺的领域就业创业，把择业目光投向基层，“到国家最需要的地方去”；最后要为大学生提供就业心理帮扶咨询、就业心理调适等服务，缓解他们的就业焦虑。

（2）增强精准就业指导、就业见习和创业服务。首先要推动教育供给侧改革，对高校进行与社会对接的职业化、专业化改造，通过实践培养大学生必要的工作技能和职业素养，使学生在工作实践中不断增长知识，提高技能；其次要强化马克思主义劳动观教育，大力弘扬劳模精神、劳动精神、工匠精神，改善大学生的就业观念；最后要注重围绕创新创业、结合学科专业开展教学，提高毕业生的就业能力。

（3）引导劳动力在产业间有序流动。从政策层面为大学生创造流动机会、畅通流动渠道、拓展流动空间。要逐步消除制度性障碍和就业歧视，创造更加公平的就业环境，保障劳动者平等的劳动权利；坚决防止和纠正性别、户籍、年龄等就业歧视，营造公平、公正的就业环境。公共就业服务机构应注重使用现代化信息技术，提供更加畅通的劳动力市场信息，将用人单位和劳动力双方高效地衔接起来，警惕社会资本对招聘录用流程的影响，确保劳动力市场的公开、公平、公正。

2. 学校层面

从职业学校的方面来看，学校应当及时更新观念，以前瞻性的眼光进行教育教学改革，同时从劳动力市场的实际需要出发，适时调整专业设置、教学计划、课程内容和培养模式，突出对学生职业生涯规划的指导，注重对学生综合素质和职业能力的培养。

（1）从实际出发，加强专业建设。学校一方面要进行市场调研和预测，使专业设置与社会需求紧密结合，增强人才培养的针对性；另一方面要加强衔接课程的开发，保证课堂所教授的内容与学生未来的职业方向能结合起来，同时根据区域经济的发展和未来规划进行学校专业建设的结构性调整。

（2）加强校企合作，走工学结合之路。职业学校应通过校企合作、工学结合等途径进一步与企业联合搞好实习实践教学环节，让学生能够在做中学，在学中做，在行动中学习，在体验中提升。这样学生不仅能提前感受企业文化，还提高了自身的实践能力。

（3）引导学生进行职业生涯规划。学校应当帮助学生制定职业生涯规划，让学生正确认识自身的个性特质、现有与潜在的资源优势，帮助他们重新对自己的价值进行定位，使其树立明确的职业发展目标与职业理想。同时学校要教导学生学会运用科学的方法并采取可行的步骤与措施不断增强自身的职业竞争力，以实现自己的职业目标与理想。

（4）培养学生的综合职业能力，提高其职场竞争力。综合职业能力包括学习能力、创新能力、职业道德，以及良好的行为习惯、规则意识、安全意识等。大学生的知识底蕴一般较为薄弱，部分学生综合能力较弱，不能适应当下工作岗位的要求。因此，学校应加大电化教学设备的投入，如增加机房和电子图书阅览室等，引导学生掌握现代化信息技术，这有助于提高大学生的自主学习能力和对信息的处理加工能力，为其顺利就业增加砝码。

3. 学生自身层面

从大学生自身来说，要正确认识自我，不断提高自身的各方面素质，以保证自己在求职择业的过程中立于不败之地。

（1）练就扎实的基本功。具备较高职业素养、较强实践能力的人才一直是企业招聘的重点目标，大学毕业生想在激烈的竞争中占有一席之地，就必须付出努力，认认真真学好每一门课程，练就扎实的基本功，不断丰富自身的专业知识，提高动手操作能力，提升职业素养。

除此之外，大学毕业生还应该涉猎更多其他学科的知识，开阔视野，增长见识，全面提高自身的综合素质。同时要考取本专业的上岗证，并根据自身和岗位需要考取其他专业的上岗证，争取掌握更多技术能力，为将来的就业创造更多更好的条件。

（2）全面、正确地认识自我。大学毕业生在求职的过程中一定要客观地分析自己的兴趣、特长、性格、气质、能力、水平等，了解自己的职业理想及所具备的职业技能，实事求是地进行职业定位。同时要正确地分析就业形势，综合各种因素加以考量，以确立符合自身实际的就业目标。

（3）调整就业心态，适应就业。随着社会经济的发展和就业形势的不断变化，一走出校门就端起“铁饭碗”的时代一去不复返了，每个人都可能面临择业、就业、失业、

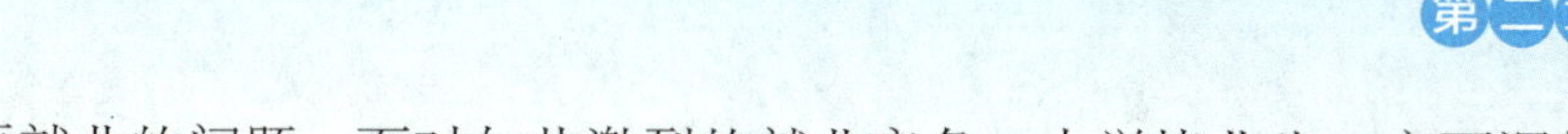

再就业的问题，面对如此激烈的就业竞争，大学毕业生一定要调整好就业心态，努力克服诸如攀比、自卑、从众等不良的就业心理，并且要始终保持学习、进步、锻炼、发展的意识，为把握良好的机遇做好充分的准备。

在当今的就业形势之下，无论学的什么专业，只要专业知识丰富，专业技能突出，综合素质优秀，同时具备艰苦奋斗、吃苦耐劳、努力拼搏的精神，就能在激烈的竞争中争取到展示自己风采的机会，端稳自己手中的职业“饭碗”。

课堂互动

有人说：“现代社会为人们提供了更多的独立发展空间，市场优化资源配置的方式是合理流动。社会上不再有从一而终的职业。大学毕业生不必急于在短时间内找一个固定的‘铁饭碗’。”

你是否认可这样的说法？请和同学们分享你的理由。

实训园地

【实训思考】

1. 在当今竞争激烈的就业市场中，你如何理解“先就业后择业”的观念？
2. 你认为造成当前大学生就业形势严峻的原因有哪些？
3. 针对大学生就业难的问题，你所在的学校有哪些应对措施？
4. 你了解哪些最新的促进就业的政策，哪些政策与你息息相关？

【实训演练】

大学生就业政策速递

通过搜集不同层面推出的促进大学生就业的相关政策，了解当前就业形势与政策，为积极投身就业求职实践做准备。

自由结合，3 ~ 5 人为一组。通过新闻媒体、官网、刊物等多种渠道搜集国家关于促进大学生就业的政策、本地出台的帮扶大学生就业求职的政策，以及所就读学校关于促进大学生就业的举措，将搜集结果填入表 2-1 中。完成后，由各小组派代表进行班级分享，讨论应当如何更好地利用这些支持政策，教师进行补充与讲解。

表 2-1 大学生就业政策汇总

层　面	政策名称	政策内容	政策利用
国家层面			
地方层面			
学校层面			

第三章 就业观与就业心理调适

学习目标

★ 知识目标：了解大学生就业观的常见误区，明确影响大学生就业心理的诸多因素，熟练掌握心理调适的具体方法。

★ 能力目标：建立健康、稳定的就业心态，在求职过程中积极调整心态，学会面对求职挫折和职场压力，培养乐观、坚韧的心理品质，为未来的职业生涯奠定良好的心理素质。

★ 素养目标：形成积极、务实的就业观念，理解并认同个人价值与社会需求相结合的重要性，培养自尊、自信、自律、自强的职业素养，为未来的求职就业奠定良好的心理基础。

案例导航

陕西姑娘邢小颖高职毕业后，以专业第一的成绩，在清华大学担任实践教学指导老师。此前，她的讲课视频在网上播放量过亿。火出圈的她引来更多关注，有人赞叹她“太优秀”，也有人质疑：“高职生教清华学生，真的行吗？”

“宝藏老师”的光环背后，是一条伴随着汗水与泪水的路。2013年11月，以实习老师的身份踏进清华校园时，邢小颖只有19岁。“我和同学们坐了12 h的绿皮火车，第一次来到北京。”那时还是高职生的她，面对与自己年龄差不多的清华大学学生，心里是忐忑的。“万一他们问问题，我答不上来怎么办？”提起那段时光，邢小颖记忆犹新：“压力很大，我讲不好就在厂房里哭，哭完再继续讲。常常结束就是深夜了，看着清华校园的点点灯光，我就想我的路该往哪儿走啊……”她给老家的父母打电话，他们鼓励她：“做事就做好，尽力了就没什么遗憾。”她横下心，把心思全放在备课上。空闲时去蹭课，看有经验的老师傅如何讲；下班后，她就去空荡荡的老厂房教室，把工具想象成学生，和“他们”互动。

第一次独立给学生讲课，邢小颖备课到午夜，躺在床上快睡着时，脑子里想的还是讲课思路。功夫不负有心人，那节课学生的反馈不错，她顺利迈出了第一步。就这样，扎实度过实习期后，刚刚20岁的邢小颖，以专业综合排名第一的成绩，正式被清华大学聘用为实践指导老师。

邢小颖说，与清华大学结缘，源于2011年高考后的那个决定。当时她的成绩无缘本科，是复读还是上专科？邢小颖纠结了一阵子，听说材料专业的毕业生很抢手，便最终选择了陕西工业职业技术学院的材料成型与控制技术专业。没想到上第一节课时，老师十分惊讶：“居然有女生选这个专业？”她很快理解了这种惊讶：原来学材料成型与控制技术是个体力活，铸造经常需要搬砂箱、翻砂，男生都大汗淋漓，对瘦小的她来说更是不小的考验。于是，邢小颖加强体能锻炼，课余时间跑步锻炼，每次实训课总是第一个到，砂箱一箱接一箱，拆了练，练了拆。正是凭借这股不服输的劲，成绩优异、朴实勤奋的邢小颖争取到了去清华大学实习的机会，并通过重重考核顺利入职。

时至今日，邢小颖教过的学生接近三万人，但高职生的身份仍时常为她引来质疑。“有人给我留言，到底是学生教你，还是你教学生？”邢小颖并不急于撕掉“高职生”的标签，“把当下的工作做好”是邢小颖应对挑战与质疑的方式。她的办公桌上放着一本特别的日历，上面写着密密麻麻的待办事项，每完成一项她就做个标记。几年来，她坚持今日事今日毕，从不拖延。每次上课前，她都会认真地将讲课思路整理出来，并反复打磨修改。

在清华大学任教9年，邢小颖完成了一份份成绩单：完成了专升本考试；考取了热加工工艺方面的教师资格证；连续八年获评清华大学基础工业训练中心实践教学特等奖和一等奖。2023年4月，她还获评“清华大学优秀实验技术人员”。每学期的第一堂课上，她都会坦率地告诉学生，自己曾是一名高职生。“别人贴的标签，我无所谓。我知道自己的路怎么走，不管起点高低，努力总会带来希望。”未来，邢小颖将开启新的一程，她正在努力备考研究生，想继续丰富自己，给学生带来更好的课程。

资料来源：马文佳，李娟．“我从高职毕业，当了清华老师”[EB/OL].（2023-05-04）[2024-3-12].https://mp.weixin.qq.com/s/HDVR854N0tF02bhxQJoNKQ.（有改动）

第一节 树立正确的就业观

就业观是人们对就业的根本看法，是个人的世界观、人生观、价值观在就业问题上的反映。大学生就业观是大学生关于就业目标、就业道德、就业评价、就业选择、就业发展等方面比较稳定的基本看法和观点，是大学生世界观、人生观、价值观在就业问题上的具体体现，是高校毕业生走向人才市场寻找工作的先导。就业观在择业过程中起着基础性和全面性的作用。正确的就业观念，必须符合大学生择业的基本原则，使个人愿望与社会需求相结合，并做了统筹考虑。

一、影响大学生就业观的因素

1. 主观因素

（1）就业认知有偏差。一些毕业生自我评价较高，客观上不能全面认识自己，同时缺乏科学认知的方法和手段；还有些毕业生不能充分认识自己的能力特长、兴趣爱好、知识水平、气质性格，只知道一味地追求“我想干什么”，而不明白“我能干什么”，不能把自己摆在合适的位置，求职当然会处处碰壁。大学生对社会的了解存在较多的想象成分，对影响就业的因素认识不足。学生受年龄和阅历的限制，对社会没有全面的了解、实际的体验，因此，在择业的过程中，对就业形势、就业环境、就业政策等缺乏正确、全面的了解。有的学生把社会想象得比较美好，对社会的复杂及影响就业的因素知之甚少，因而其个人的就业期望值往往偏高，脱离了社会的实际需求；有的学生把社会上不利于就业的因素看得太重，并且以点代面，进而认为社会太复杂，就业很困难。学生在就业问题上需要树立自救意识和使命意识，通过创新来推进就业。

（2）就业价值取向失衡。择业观是大学毕业生世界观、人生观、价值观在就业上的反映，它直接影响和决定择业行为的产生和结果。受市场经济的某些负面影响，一些大学生在就业追求上的社会价值观淡化，他们更多地看重职业的个人价值，较少考虑职业的社会价值；更多地考虑自身的利益，较少考虑个人利益和国家利益的结合。在价值目标上注重经济价值，功利主义较突出。个别毕业生在择业时把经济收入因素放在重要的位置，而对未来专业知识的发挥看得较轻，在地域及单位的选择上持较陈旧的就业观。如奉行“稳定高于一切”，看中的是单位姓“公”还是姓“私”，或单位的医疗、养老保障制度。大学生普遍向往经济发达地区，追求安逸舒适的工作环境，不愿去偏远地区、基层单位等，这更加剧了偏远地区人才缺乏的状况。

（3）就业能力不足。个别毕业生“心比天高”，而他们的综合能力又满足不了用人单位的要求。新形势下的人才评价标准一改过去单靠文凭或职称来认定人才的普遍做法，而是把品德、知识、能力与业绩作为衡量人才的主要标准。仅仅拥有知识是远远不够的，大学生还要加强各种能力的培养，如交际能力、组织管理能力、自学能力、运用计算机等现代技术的能力等，只有具备良好的综合能力，才能把所学知识很好地应用到实践中，并在实践中完善自己的知识结构。事实也一再证明，在就业过程中，综合能力强的学生总是备受青睐。

2. 客观因素

（1）政策因素。国家政策是人才资源市场配置的具体准则，也是大学生在就业过程中应遵循的基本规范。第一，国家重大战略决策往往会引起全国范围内政治、经济的重大变化，从而对大学生的就业观产生深刻影响。第二，当前我国正在推进农村城镇化发展和社会主义新农村建设。短时间内城乡二元制结构不会发生根本性转变，在二元制结构依旧存在的情况下，现行人事管理制度中的户籍、编制、各种指标和档案管理等继续发挥作用，与学生就业市场化机制不协调，相对也制约着毕业生的合理、自由流动。人事制度改革的相对滞后对大学生的就业观产生了负面影响，一些难以找到“落户”途径的大学生宁愿选择“待业”或“失业”，也不匆忙就业。

（2）经济因素。大学生就业属于社会资源配置的一种，它由与国家经济体制密切相关的资源配置模式所决定。第一，经济增长速度的影响。社会劳动力需求的总量主要取决于经济增长创造工作岗位的数量，这个数量又取决于经济增长速度和经济结构。第二，产业结构的影响。当前我国的产业结构正进入战略调整的关键时期，对劳动力结构产生了深刻的影响，继而影响着大学生的就业。第三，区域经济发展不平衡的影响。区域经济发展的不平衡状况直接影响毕业生的就业流向，经济发达地区仍然是大学生就业的首选地。第四，经济待遇的影响。经济发展直接影响着大学生就业的职业选择范围。大学生就业时对经济待遇考虑得也越来越多。

（3）用人单位因素。作为市场的需求方，用人单位的选才标准对大学生就业观的影响不言而喻。由于用人单位对高职毕业生的了解不多，名校、英语、计算机、党员、学生干部、社会实践经历等这些约定俗成的“硬指标”成了用人单位招聘人才时的衡量标准，这就导致校园里的学生大部分时间都在“啃”英语和计算机，这样的选才标准自然产生了错误的导向作用。其实，对于用人单位来说，毕业生的综合素质才是选才的根本。除专业素质外，个人的理解能力、社交能力、亲和能力、协作能力、创新能力等也很重要。随着高等教育大众化的发展，高校所提供的各类人才越来越充足，这便造成严重的盲目追求学历现象。事实上，大学提供的各种专业教育仅仅是将来生活的一个基础，技能的培养要在实践中完成。高职毕业生可塑性强，创造能力强，有活力，乐于学习，接受新事物快，只要正确引导，假以时日便会给单位带来效益。

（4）家庭因素。家庭作为长期而权威的影响因素，在个体社会化过程中发挥着特殊的作用。从大学生入学时的专业选择上可以看出，大多数专业志愿都掺杂着家长的意志和愿望，家长的职业现状及其对职业的社会地位、经济地位、发展前途的思考往往影响着子女的就业选择，特别是在今天这种就业渠道还不完善的情况下，父母为子女选择就业岗位的现象仍比较常见。

择业五“忌”

择业是我们大多数毕业生踏入社会要走的第一步。怎样走好这第一步，选择一份既切合自身实际，又称心如意的职业，十分重要。因此，我们在择业时一定要避开择业五“忌”。

一忌仓促上阵。一定要有精神和物质方面的充分准备。思想上，要有自信心；物质上，必需的证件和资料要准备好，应聘被录取后的路费、生活费要提前准备。

二忌眼高手低。要客观认识自己的能力，把握机会，不要这山望着那山高；不要过分强调专业对口，要先就业后择业，先求生存，后求发展。

三忌互相攀比。可能你的朋友、同学或同乡找的单位或公司待遇比你好一些，如果你受攀比心理的影响而放弃现在的机会，结果可能一事无成。

四忌轻信受骗。有的学生由于自身原因，对学校推荐就业的单位不满意，就到不正规的人才市场或职介所去求职，“病急乱投医”，往往上当受骗。

五忌要价过高。如果你有了中意的单位，在工资待遇上不要提出过高的要求，要有长远的发展规划。

二、大学生就业观的误区

就业思想和观念一旦发生偏差，就会成为就业路上的最大障碍，突出表现在以下几个方面。

1. 重物质利益

在当前消费社会的环境影响下，个别学生容易受到物质、利益的诱惑，加上大学期间的花费和毕业后的生活成本，他们觉得工资收入、福利待遇等是就业选择要考虑的首位因素，因此往往选择经济较好，收入较高的发达地区、 线城市，较少考虑中西部欠发达地区或二、三线城市。由于就业选择初期被物质、利益所诱惑，很少考虑个人职业发展的空间及个人的兴趣爱好等因素，所以导致后期面临转型跳槽时问题重重。

2. 不考虑现实

当前的大学生对国家大事和社会热点极其关注。公务员相对稳定的状态让他们羡慕不已，存在跟风报考公务员的现象，导致公务员考试竞争程度异常激烈。从增加自己的就业途径和就业机会的角度来说，报考公务员无可厚非，但有些学生并不考虑自己是否适合从事公务员工作，也缺少公务员工作中行政常识、管理常识和法律常识的积累，即使积极报考了，最后也是"竹篮打水一场空"，不仅浪费了自己的时间和精力，也破坏了自己的就业方向和就业节奏。

3. 盲目效仿他人

如今，大学生可以通过报纸、电视、广播、网络等多种途径了解各种社会信息，但面对海量信息，他们缺少辨别和剖析信息的能力。当前，个别大学生缺少对自身的冷静思考和对个人职业发展的规划，于是看到别人怎么做也跟着怎么做，在职业的选择上缺少个人的见解，常常盲目效仿他人，以他人的评价和选择标准作为参照。

4. 过度依赖学校和家长

当前的一些大学生看起来特立独行，有想法、有个性，可是在求职过程中有较强的依赖心理，缺乏主动性和开拓性，常把目光瞄准可以给自己提供帮助的人，希望依靠学校和家长的努力，获得就业机会。同时，在就业信息的收集和关注上，他们也表现出一定的依赖性，除学校（院）提供的相关就业信息外，对其他渠道的就业信息缺少主动关注和了解，也缺少开拓和探索，在择业方向上缺乏决断能力，经常犹豫观望。

小何是一位名牌大学毕业生，在一场大型招聘会上，他向一家汽车公司申请了机械工程师的岗位。他学的是机械专业，在大学期间各门功课都是优秀，毕业后的五六年时间里从事过医药、空调、摩托车等产品的销售、品质主管等工作，但是没有机械方面的工作经历。招聘者了解他的情况后认为，如果他毕业后从事过机械方面的工作，则正是公司需要的人才，起薪也会很高，但是因为没有这方面的工作经验，公司无法录用他。小何很后悔失去了这么好的就业机会。

请思考：小何没有被汽车公司录用的原因是什么？下一步他应该怎么做？

三、树立正确就业观的方法

1. 树立自信是关键

不盲目攀比学历，注意实际能力的提升。高等职业院校的学生应该把树立自信作为面向社会的关键，不要认为毕业于高等职业院校就比本科学生低一等、矮一截。因为不同层次的学校的培养目标是不一样的，我们应该看到高等职业院校最贴近社会需求的专业设置和特殊人才培养模式的优势。学历固然重要，但社会也需要应用型、技能型、适用型的人才，一些高学历的毕业生的学历优势在某种情况下有可能转变成劣势。所以，高职毕业生应树立信心，不盲目与人攀比学历，而是看重能力的培养与提升，在就业的选择中充分发挥自身的优势。

2. 遵循成才规律

“不积跬步，无以至千里”，任何成功都要从小事、平凡事做起。成才立业是所有大学生的美好追求，但成才不仅仅是对知识和技能的掌握，更要学会如何做“人”。在面对就业竞争时，大学生更应该务实求真、遵循成才规律，立志先从小事、平凡事做起，这不仅能较顺利地适应社会的需求，更能对自己的人生之路起到导向作用。

3. 先就业再择业

目前，不同学历层次（研究生、本科生和专科生）的毕业生在就业形势上表现出非常大的差异和不平衡。树立正确的择业观，“先就业再择业”不失为可行选择。大学生必须对自己的兴趣、心理、能力、价值观等进行调整，把“我想干什么”的一厢情愿转为“我能干什么”的现实定位。在择业中，自信、冷静，勇敢地“推销”自己，扬长避短，重点介绍自己的“闪光点”和与众不同的地方，以赢得择业的最后胜利。

4. 转变就业观念，适应市场需求

近年来，面对日益严峻的就业形势，大学生的就业观念也要做出转变，以适应市场对劳动力的需求。现在我们越来越深刻地感受到就业市场的竞争压力，大学生的期望值也应适时地做调整，比如对收入的预期要现实，不奢望高薪、高福利，不计较单位是何种性质，切合实际地调整就业目标和心理预期。大学生应该适应形势，改变就业观念，树立“先就业后择业”的心态，抱定“可以到任何地方工作”的信念，这样求职的道路就会越来越通畅。思路带来出路，“先就业再择业”是当代大学生就业观念转变后出现的一个新趋势。在人才流动加快的今天，个人在就业选择上的余地也很大，对于急需就业的毕业生来说，把这个选择的时机留给将来是比较现实的。

5. 树立良好的就业择业心态

树立良好的就业择业心态，克服不良就业心理。毕业生能否就业成功与是否具有良好的心理状态有着密切关系。如今，面对严峻的就业形势、众多的竞争对手，如果没有良好的就业择业心态，没有正确的择业技巧和方法是难以成功的。因此，毕业生在就业择业前，一定要有充分的思想准备，树立良好的就业择业心态，克服不良的心理障碍，排除不利的心理干扰，这样才能顺利就业。

第二节 大学生就业心理调适及良好心态培养

求职择业是人生中的重大转折。为了顺利就业和取得职业生涯的成功，大学毕业生除了要做好知识和能力方面的准备外，还应保持积极乐观的就业心态，及时进行心理调适，勇敢地迎接就业挑战。

一、大学生常见的就业心理问题

微课
大学生就业心理障碍

每个人都想在毕业时找到一份满意的工作，找到能充分施展自己才华的舞台。然而竞争是残酷的，结果有时是无情的。大学毕业生就业难，既有社会客观方面的原因，又有大学生本身主观方面的原因。大学生择业时，往往会产生一些不良的就业心理状态，这些不良的心理状态不但严重影响其就业前景，而且对其身心健康也极为不利。下面具体介绍一下大学生常见的就业心理问题。

1. 矛盾心理

部分大学生在求职择业的过程中会遇到各种各样的选择，左右为难，从而产生一些矛盾心理：希望自主择业，但不愿承担风险；渴望竞争，但缺乏竞争的勇气；胸怀远大理想，却不愿正视眼前现实；注重专业能力的发展，又互相攀比、爱慕虚荣；重事业、重才智的发挥，但在实际价值取向上又重物质、重利益；对自我抱有充足的信心，但遇到挫折后又很容易自卑；崇尚个人奋斗、自我实现，同时又有着较强的依赖性。

2. 自卑、退缩心理

一些大学生认为自己是失败的，认为上高等职业院校是迫不得已的选择。因此，他们常常自责、贬低自己，潜意识中还有自卑和压抑的心理，认为毕业之后难以找到理想的工作，甚至对未来悲观失望。还有一些大学生在择业不顺时自我否定，一蹶不振，丧失了应有的自信心。

此外，有些性格内向、有生理或身体缺陷，或综合素质不高、专业方向不太好的学生，在遭受择业挫折后，容易产生强烈的自卑心理。

3. 自负心理

部分大学生眼高手低，择业期望过高，不能摆正自己的位置。对那些待遇一般、生产一线、基层的岗位不屑一顾，对用人单位“横挑鼻子竖挑眼”，甚至“脚踩几只船”，导致错失了一些好的就业机会。

4. 挫折心理

有些大学生由于没有经受过挫折的考验，心理承受能力和自我调节能力较差，情绪波动大，情感较为脆弱，缺乏面对挫折的勇气。他们在择业过程中往往期望一步到位，顺利就业，一旦受到挫折就会产生严重的失落心理，悲观绝望，自惭形秽，对自己和未来失去信心，甚至心灰意冷，决定听天由命，不再主动争取就业机会。

5. 依赖心理

有些大学生由于长期生活在父母和老师的庇护之下，养成了依赖他人的习惯，在择业过程中往往把希望寄托在学校、父母或朋友身上，寄托在“攀关系”“走后门”上，总想着一切由别人操心，自己直接上班就行。殊不知这样做的结果恰恰会让用人单位对其产生缺乏独立生活能力、自我管理意识及工作能力差的印象。

当今社会，机遇与挑战并存，只有在择业之初就树立自信心，放下依赖，勇于竞争，才能在众多求职者中脱颖而出。

6. 盲从心理

部分大学生在择业时容易受他人影响，缺乏主见，人云亦云或者不考虑自身的专业、能力和个性，盲目从众选择热门职业。他们在择业这个人生转折点上没有明确的目标和方向，顺从大势，别人干什么自己就跟着干什么，别人准备多少自荐材料自己也准备多少，别人到哪里参加招聘会自己也跟着去。总之，很少根据自己的实际和需要去做选择和付诸行动。

7. 烦躁、焦虑心理

由于认识评价能力、应试技能等发展得不够成熟，不少大学生在面对各种选择时无所适从，或职业期望过高，不切实际；或希望尽快落实就业单位，急于求成；或幻想无须付出努力就能获得称心如意的工作，而实际往往事与愿违。所以，一些学生便会陷入惶惶不安、烦躁、心神不宁、焦虑紧张的状态。这种状态不但会影响自己的就业，还会影响个人的身心健康。

人要立长志，不能常立志

有句话说得好：“有志者立长志，无志者常立志。”有远见的人总是立长志，他们不因暂时的困难而退缩，他们不被可耻的懒惰所迷惑，他们认准目标奋发努力，他们积极争取从不放弃。虽然还有漫长的路要走，还要经历许多酸苦，但最终他们能拨开层层迷雾，找到自己的归宿。

无大志的人常立志，他们好似有远大的抱负，但总是好高骛远、眼高手低；他们好似有长远的志向，但总是愤世嫉俗，表现出极端的不安现状。一旦遭遇挫折，他们会怀疑、会顾虑，以致放弃最初的梦想，并且会找一个冠冕堂皇的理由让自己心安理得。他们不断地更新目标，又一次次地放弃；他们开始时信心百倍，但往往无法坚持到底。

对于“立长志”和“常立志”，也许我们无法将其分辨得很清晰，但有一点值得注意，那就是要将计划之事坚持执行、贯彻到底。

二、影响大学生就业心理的因素

影响大学生就业心理的因素是多方面的，有社会因素、用人单位因素、学校因素、家庭因素及自身因素等。

1. 社会因素

（1）随着我国社会经济的迅速发展及经济结构的转型与调整，很多以资源和技术为支撑的产业不再具备明显的竞争优势，这些产业对一些专业人才的需求数量明显减少。同时，由于社会经济的发展和物质生活的极大丰富，人们的思想观念日趋多元化，实用主义、拜金主义、消费主义思潮对大学生的影响日益增大。这些都对大学生的择业心理和行为产生了较大影响。

（2）随着科学技术的发展和高新技术的应用，劳动生产率大幅度提高，社会的用工数量，尤其是第一、二产业的就业人口比例逐渐减少，第三产业的比重增加，企业减员增效和农村剩余劳动力的增加，这些都会对大学生的就业心理产生不利影响。

（3）就业体制的改革打破了原有的“包分配、包工作”就业体制，形成了由国家宏观调控、各地政府和学校推荐、大学生和用人单位双向选择的就业模式。这种模式可以极大地调动大学生的就业积极性和主动性，深受大学生的欢迎。但是就业市场有待完善、制度改革不配套、供需信息不畅通、就业不公正等客观现实，导致大学生就业心理受到冲击，部分大学生就业心理失衡，甚至产生各种心理问题。

（4）随着高校的不断扩招，大学生数量持续增加，大量的应届毕业生及往届待就业毕业生涌入就业市场，造成供过于求、人才过剩的现象。加之我国人口众多且分布广泛，不同地域的发展程度差异较大，很多大学生渴望到发达地区工作，即使在发达地区没有找到合适的工作，也不愿意在偏远、贫穷的地方就业，这种供需矛盾对大学生的就业心理产生了冲击。

2. 用人单位因素

（1）用人单位盲目追求高学历，造成博士对硕士、硕士对本科生就业岗位的挤压；或者对大学生应聘者的学历有隐性要求，非“211”“985”的大学生不招。

（2）部分用人单位过分强调应聘者的工作经验，忽略了对应聘者的培养和企业文化的建设，不愿招录缺乏工作经验的大学生。

（3）随着生育政策的全面开放，女性在家庭中承担了更大的责任，导致部分用人单位对女性大学生的招聘更加严格和挑剔，招聘数量也明显少于男性。

这些都会对大学生的就业心理产生不利影响。

3. 学校因素

（1）我国高校就业指导机构有待完善、师资力量有待增强、指导形式单一、就业指导明显落后，导致大学生因就业产生的诸多心理问题缺乏引导和释放的路径；同时，一些高校在职业观、职业生涯规划、诚信教育等方面缺乏对大学生的指导，导致部分大学生面对激烈的竞争压力时不知所措，无法正确地评价自己，从而产生就业心理问题。

（2）高校专业设置不合理，不能较好地满足社会对人才的需求，甚至出现“脱轨”的现象，如部分专业的大学生毕业后根本无法找到对口的就业单位；同时，一些高校盲目开设“热门”专业，大量招收学生，造成该类专业人才过剩。

（3）高校重理论、轻实践的教学模式导致大学生的就业能力、创新能力较差，使大学生面临较大的就业困境，进而导致部分大学生产生就业心理问题。

4. 家庭因素

家庭是大学生最为重要的社会环境之一，对大学生性格、心理的形成具有关键性作用。受国家政策的影响，目前大部分家庭是独生子女家庭，结果产生了家长对子女过度关注、子女对父母过度依赖的现象。这种现象在大学生择业、就业的过程中表现为：家长对子女的选择干涉过多，有的家长甚至直接代替子女参加招聘会、投递简历，或者动用个人社会关系为子女解决就业问题，这便使一些大学生产生了较强的依赖心理，不愿意主动去寻找就业机会。

此外，父母的经济条件、社会关系、就业理念等因素也会极大地影响大学生的就业选择。例如，部分独生子女家庭的大学生的性格相对脆弱、抗挫折能力差、自我意识强烈、吃苦耐劳精神差，这必然影响大学生的就业心理，面对挫折，他们容易出现各类心理问题。再如，一些家长对子女的期望过高，对子女提出不切实际的就业要求，这也在一定程度上增加了大学生就业心理问题出现的概率。

5. 自身因素

大学生存在不良心理问题有来自外部如家庭、社会和学校的原因，也有大学生自身的主观原因。大学生因自身因素影响就业心理的情况有以下几种。

（1）进入知识经济时代后，经济发展的转型使得用人单位对人才的选择更加严苛，但是大学生自身的专业能力和综合素质难以适应这一形势。

（2）大学生社会经验不足，实践动手能力不强，对社会和企业的了解有限，这些都极大地限制了大学生的就业范围和就业思路，使其就业心理及行为表现出很强的盲目性。

（3）在择业就业的过程中遭遇挫折和打击在所难免，部分心理脆弱、抗挫折能力差的大学生极易出现就业心理问题。

（4）部分大学生缺乏对自身的正确认识，就业期望不合理，同时又缺乏及时的调整，进而导致其产生就业心理问题。

（5）学业和就业的冲突也会给大学生带来较大的压力。

（6）大学生的个性特征、自我认同等因素也会直接影响其就业心理。

三、大学生就业心理调适的方法

大学生择业就业的过程是一个自我认识、成长的过程，也是大学生认识和适应社会的过程。在这一过程中，面临挑战、遭遇挫折几乎是每名大学生都会经历的，因此产生不良情绪也是非常常见的。对此，大学生应该正确看待挫折，妥善解决受挫后的心理冲突和困惑，积极应对、适时调整自我的不良情绪。

不论是教师、家长还是大学生本人，都要充分认识到，面对严峻的就业形势，个体产生心理压力是在所难免的。首先，教师和家长要理解大学生产生的心理压力，并及时对其进行疏导。其次，大学生本人要做到以下两方面：一是大学生要接纳自己在心理素质方面的欠缺，对自己紧张、焦虑的情绪不要过于苛责；二是大学生要多进行自我鼓励，掌握自我调适心理的方法，积极主动地调整心态，多和身边的人沟通，释放自己的压力，缓解不满、恐惧、焦虑、嫉妒、犹豫、郁闷等负面情绪，理性应对就业压力，勇敢面对挫折，迎接挑战，迈好进入职场的第一步。

为了使大学生有效调适自己的就业心理，下面介绍几种心理调适的方法。

1. 倾诉法

可以将求职过程中遇到的不愉快的经历、难题、挫折，以及内心的不快、痛苦等向自己信赖的朋友、师长、父母、亲属等倾诉。过分压抑自己的情绪，只会适得其反，此时选择向第三者倾诉可以获得积极的效果。同时，倾诉的过程也是一个自我梳理和自我剖析的过程。在倾诉的过程中，语言的整理、事件的回放，能够使自己重新整理思路，认识到自己的不足，并豁然开朗。

此外，第三者的倾听、劝导、分析、建议对问题的解决、情绪的改善能够起到积极的甚至立竿见影的效果，进而使大学生发现自己所经历的压力和挫折其他人也经历过或正在经历，这些并不是自己所独有的难题。倾诉法有利于释放心理压力，有利于在择业就业的过程中获得新认知、新办法、新勇气。

2. 转移法

被挫折压得喘不过气时，不妨抛开眼前的问题，将注意力放到自己感兴趣或擅长的事情上，从而使自己从消极的情绪中走出来。例如，可以听音乐，轻松舒缓的音乐可以有效消除疲劳、调节情绪；可以逛街，欣赏琳琅满目的商品有利于释放内心的压力；可以休闲放松一下，如看书、看电影，或者暂时忘掉一切好好地睡一觉；可以参加体育活动或集体活动，在运动中或在集体氛围中尽情地释放自己，将烦恼暂且抛至脑后；可以做自己擅长的事情，如画画、唱歌、打篮球等，在自己擅长的事情上重拾信心和勇气，调整自己的心理状态。

3. 替代法

多次努力后仍无法实现自己的求职目标时，可以寻求新的目标来替代当前的目标。例如，有的大学生的目标是去世界 500 强企业工作，求职失败后可以考虑先去中国 500 强企业；有的大学生想当公务员，求职失败后可以考虑先进一家事业单位或者进一个专业对口的企业。总的来说，挫折为大学生提供了反思自我、重新认识自我及评价自我的机会，大学生可以从中看到自己的优势和劣势，进而扬长避短。寻找替代目标并为之努力是正视现实的表现。

需要注意的是，大学生在选择职业时确定的职位目标不宜太过狭窄，应该像填志愿一样有第一、第二、第三志愿，这样在碰壁后能立刻投身于下一个应聘计划。同时，一次求职失败后，要以更加积极主动的态度投入下一次的求职准备中。

4. 角色扮演法

角色扮演法是心理学领域公认的应用广泛而且有效的方法，它是将自己暂时置身于他人的社会位置，并按这一位置所要求的态度和方式行事，以增进人们对他人社会角色和自身原有社会角色的理解的一种心理调适方法。

将角色扮演法用于大学生择业就业过程的主要目的在于锻炼大学生应对挫折的能力。角色扮演活动可以由教师指导完成，也可以由大学生结对完成。例如，教师可以通过设定积极向上的故事情节，请某位大学生扮演其中遭遇挫折最后积极渡过难关的角色；或者介绍一些知名人士的求职经历，让大学生在角色扮演的过程中体验知名人士在求职过程中曾经遇到的挫折，以便大学生能够更好地理解他人面对挫折时采取的积极态度，体验他人在挫折情境中内心情感的转换。总的来说，通过角色扮演活动，可以使大学生在不知不觉中掌握并增强抗挫折的能力。

5. 激励法

激励法可以分为自我激励法和他人激励法两种。自我激励法主要是指用生活中的哲理、榜样的事迹或明智的思想观念来激励自己，同各种消极情绪做斗争，从而勇敢地面对下一次机会。例如，可以在床头、书桌、手机上贴自我鼓励的标签，如“失败是成功之母”或其他名人名言等。他人激励法是指有意识地多与积极向上的同学、朋友沟通，被他人乐观开朗、不畏艰难的积极情绪所感染，通过榜样的力量，鼓起勇气面对挑战。

6. 松弛法

松弛法是一种放松身心、对抗紧张情绪的有效办法。常用的松弛法有以下两种。

（1）呼吸放松法。呼吸放松法又叫“调息放松法”，该方法不仅简单易学，而且非常有效，可以在任何场所进行。呼吸放松法的关键是将“胸式呼吸”变成“腹式慢呼吸”，具体做法是：在座位上舒服地坐好，身体后靠并伸直，将右掌轻轻置于肚脐上，掌心向上，五指并拢，然后开始长长地、慢慢地吸气，吸气时胀腹，气沉丹田时保持两秒，之后再轻轻地、慢慢地将气呼出。

当大学生因就业问题产生不良情绪或者消极就业心理时，可以通过呼吸放松法舒缓情绪。

（2）想象放松法。想象放松法是通过想象一些舒缓、愉悦的情景来达到身心放松的目的。在进行想象放松时，要尽量运用各种感官，观其形、听其声、嗅其味、触其柔，犹如身临其境。例如，可以想象独自在森林中漫步，脚踩在柔软的草地上，阵阵花香扑面而来，这时渐渐舒展全身，慢慢地做深呼吸，就可以感到无比的轻松舒坦。

此外，还有音乐放松法、肌肉放松法等，这里不再过多介绍。需要注意的是，大学生在求职过程中一旦自我调节失去作用，就要及时寻求心理咨询师或专业心理咨询人员的帮助，从而及时解决心理的矛盾和冲突。

课堂互动

下列自尊量表可以测试你的自尊水平，仔细阅读以下各题，按符合的程度为自己评定分数：括号中 1 表示“非常符合”计 1 分、2 表示“符合”计 2 分、3 表示“不符合”计 3 分、4 表示“很不符合”计 4 分；带“*”的题目反向计分。

1. 我感到我是一个有价值的人，至少与其他人在同一水平上。（1，2，3，4）
2. 我感到我有许多好的品质。（1，2，3，4）
3. *归根到底，我仍然觉得自己是一个失败者。（1，2，3，4）
4. 我能像大多数人一样把事情做好。（1，2，3，4）
5. *我时常以为自己一无是处。（1，2，3，4）
6. *我感到自己值得自豪的地方不太多。（1，2，3，4）
7. 总的来说，我对自己是满意的。（1，2，3，4）
8. 我希望我能为自己赢得更多尊重。（1，2，3，4）

9. 我对自己持肯定态度。 (1, 2, 3, 4)

做完题目后，把你的得分加起来，看看是多少。总分范围是9 ~ 36分，得分越低，自尊程度越高。

四、培养良好就业心态的方法

大学生在就业过程中难免会因遇到挫折和冲突而产生困惑，甚至一些心理障碍，这些心理障碍会严重影响大学生的择业和就业，这就要求大学生在就业过程中要做好心理准备、学会自我调适、克服心理障碍，以积极健康的心态去面对求职竞争。

1. 适应市场，制定合理的择业方案

目前大学生就业实行的是双向选择的择业模式，就业过程已经充分市场化，但部分大学生对于市场缺乏认知，竞争意识和风险意识不足，在择业时可能会遭受失败，怨天尤人。因此，大学生要想顺利就业，首先必须认清自己的实际情况，充分了解当前的就业形势，以此来调整自己的就业期待值。这并不意味着要放弃自己所有的标准和原则，对用人单位不加选择，而是要在已有的职业生涯规划和职业发展观念基础上重新确立自己的人生坐标，树立长远的职业发展观念，打破一次就业定终身的观念。

2. 客观评价自己，走出心理误区

大学生择业过程中存在的许多心理问题都与不能正确认识和评价自我有关。择业时，必须对自己的实力和就业期望做出客观的分析，要清楚自己喜欢什么样的职业，需要什么样的职业，适合什么样的职业。要使自己的职业选择与社会需求相适应，与自身发展相吻合，要客观地评价自己，正确地认识自我，改正缺点、弥补不足，从失败中汲取教训，在困惑中冷静思考，在实践中总结经验，把握好机遇，积极寻找成功就业的机会。

3. 积极参与竞争，坦然面对挫折

双向选择的就业制度为大学生和用人单位提供了双向选择的机会，大学生应当珍惜求职机会，同时要有竞争意识，要敢于竞争，并在竞争中寻找自己的位置，实现自己的抱负和人生理想。在遇到失败、挫折时，要保持冷静客观的心态，认真分析失败的原因，是主观努力不够，还是客观条件不足，要敢于面对现实，把挫折看成锻炼意志、增强能力、提高心理素质的一种考验。只有积极参与竞争，坦然面对挫折，才能更好地抓住宝贵的就业机会。

4. 调整心态，完善人格

积极的心态是一种进取的心态，消极的心态是一种保守的心态。大学生在求职过程中偶尔出现消极心态是十分正常的，没有必要过度担心和恐慌。当然，对于不良的心态

要学会主动及时地调整，必要时可以寻求教师的帮助。成功者与失败者的不同就在于前者总能用积极的心态支配和掌控人生，他们始终用积极的思考、乐观的精神和坚强的意志控制自己；而失败者总是受制于压力、困难及疑虑，其结果只能是失败。

大学生应充分发挥自我教育的力量，通过参加丰富多彩的社会实践活动了解自我人格的不足，从而有针对性地进行弥补，使自己的人格更加健全。

5. 积极寻求心理帮助

情绪波动的大学生往往只是当局者迷，心理咨询的作用就是帮助他们看到自己阳光的一面，看到自己有能力的一面。心理咨询工作在绝大多数情况下并不是替咨询者做出决策，而是让他们看到别人在面对困难时是怎么做的，有哪些可供借鉴的经验，从而培养其独立解决困难的能力。其实每个人在不同的人生阶段都可能出现不同程度的心理问题，及时寻求比较专业的心理咨询的帮助对调动当事人的潜在能力，协助当事人采取有效方法解决困难、面对挫折，有着十分重要的意义。

小黄从初中开始就喜欢玩电子游戏，后来发展为沉迷网络游戏。中学毕业后，小黄毅然选择了某大学计算机网络技术专业，以满足自己上网的愿望。接触了网络技术专业后小黄才知道该专业并非整天上网，好在自己对网络感兴趣，因此对这一专业还比较满意。在教师的引导下，小黄掌握了计算机网络知识，并逐渐成为网站建设和网页设计高手。毕业后，小黄进了一家网络公司，不满足于现状的他继续钻研网络知识，并渐渐成为公司的业务骨干。

请思考：小黄的故事与就业心态有何联系？结合个人经历，谈谈你是如何看待沉迷网络游戏与就业之间的关系的。

【实训思考】

1. 请自我评估影响你就业观的主要因素。

2. 正确的就业观包含哪些方面的内容？

3. 面对即将到来的就业，你是否出现过心理问题，你是如何应对这些心理问题的？

4. 在当前复杂的就业形势下，你认为应如何培养良好的就业心态？

【实训演练】

职业挫折归因训练

1. 每个人在求职就业的过程中都会有失败的经历，哪些失败的经历让你印象深刻？（如求职结果不理想，专业技能总比别人学得慢，处理不好职业与日常生活之间的关系，面试时不受招聘人员的青睐……）

2. 结合归因因素及归因维度（见表 3-1），试分析自己遭受职业挫折的原因是外在的还是内在的、是稳定的还是不稳定的。你觉得哪些原因可控，哪些原因不可控？

表 3-1 归因因素及归因维度

归因因素	归因维度					
	稳定性		因素来源		可控性	
	稳定	不稳定	内在	外在	可控	不可控
能力	√		√			√
努力		√	√		√	
工作难度	√			√		√
运气		√		√		√
身心状况		√	√			√
其他		√		√		√

3. 结合表 3-1 中填写的内容，查找有关挫折归因的理论知识。

4. 试一试：查找资料，了解不同的归因方式对个人就业心态和具体行动的影响。

5. 想一想：在就业求职的过程中，你遇到过或可能遇到哪些失败？你的归因方式积极吗？根据所学知识，把不正确的认识写下来；给自己确定一个改变归因方式的小计划，看看自己身上会发生怎样的变化。

第四章 就业信息与求职实践

学习目标

★ 知识目标：了解就业信息的内容及搜集就业信息的渠道与原则，掌握整理就业信息的方法。

★ 能力目标：能够撰写符合规范的求职材料，掌握求职笔试、面试的技巧，从容地参加笔试和面试。

★ 素养目标：了解求职礼仪与口才的基本作用和要求，认识到大方得体的职场礼仪对于进入职场的重要性，全面提高综合素质，助力个人成长。

案例导航

应届毕业生小林到一家外资公司应聘，他顺利通过了笔试和前两轮面试，这天是最后一轮面试了。小林前面有5名面试者，他们先后沮丧地走出面试室，从他们的表情可以看出面试情况不大理想。

小林进入面试室前敲了敲门，得到允许后进入，坐在人事经理邓经理对面。邓经理问了几个问题后，突然将小林的简历递给小林并说："你的专业与所申请的职位不对口。"

小林一愣，招聘启事上明明写了"专业不限"，而且自己的简历也通过了筛选。他接过简历，看着邓经理的眼睛，认真地回答道："公司里有很多专业人员，如果进入公司，我学得会很快。同时，当下最抢手的是复合型人才，而且外行的灵感也许能超过内行，因为他们没有思维定式，没有被条条框框束缚。"

邓经理皱了皱眉头，紧接着他一连指出小林身上好几点不足，比如工作经验不够丰富、性格内向、不善与人沟通等。邓经理指出的问题很准确，他几乎一眼看透了小林。面对邓经理表示面试就此结束的冷漠表情，小林不卑不亢地说："您说得很对，我身上有很多缺点，但也有很多优点，即便不能得到这份工作，在以后的日子里，我也会在发扬自己优点的同时努力去弥补自己的不足。当然，我还是非常期待能在贵公司谋得一个职位。"

说完，小林准备起身离开，不料邓经理却热情地伸出了手："恭喜你，年轻人，你用你的自信通过了我们最关键的一轮面试。"原来邓经理的步步紧逼是他面试的一种方式。前面5名应聘者就是因为禁不住接二连三的否定导致情绪低落沮丧而被淘汰的。

第一节 就业信息的准备

一、就业信息的概念

微课
大学生应关注的就业信息

择业的成功不仅取决于整个社会的经济情况和个人的专业、体力及能力，还取决于个人对机遇的把握，会选择职业的人首先是会搜集信息的人。就业竞争在一定程度上就是拥有信息量的竞争，谁掌握的信息越多，谁的就业视野就越开阔，谁就越能在竞争中争得主动权。因此，大学生必须利用各种渠道，广泛、全面、准确地搜集与择业有关的各种信息，为择业做好充分的准备。在竞争日趋激烈的就业环境中，即使实力再强的大学生，如果不能获得相当"数量"和"质量"的信息，就会在无形中丧失优势。就业信息的形式、内容及其传播的途径多种多样、纷繁复杂，想要科学、有效地获取所需的信息绝非易事。就业信息具有其固有的一些特点，就业信息的内容又包括方方面面，因此大学生在获取就业信息时一定要切实把握就业信息的特点，掌握获取就业信息的方法，从各个方面获取较完备的就业信息，全面了解就业信息的内容，合理使用有价值的就业信息。

就业信息是指大学生在择业的准备阶段事先不知道，然而经过加工整理能被其接收并成为其选择所从事的职业或工作岗位的有价值的消息、资料、情报等的总和。就业信息有广义和狭义之分。广义的就业信息是指大学生接收的各种有关职业信息和从中所学的知识（因为对将来就业有价值），而狭义的就业信息是指大学生在毕业前夕获得的对就业、择业有价值的信息。此外，就业信息也可以分为外部就业信息和内部就业信息。外部就业信息是指大学生通过各种途径获取的关于用人单位的性质、需求等信息，内部就业信息是大学生对自身情况的了解、分析和评估的结果。对用人单位的信息多掌握一点儿，求职的选择机会就多一点儿；对用人单位多了解一点儿，求职成功的希望就多一点儿。了解和掌握的用人单位的信息量越大，判断准确率就越高；反之，判断准确率就越低。可见，大学生能否很好地搜集、分析和活用用人单位信息，是对大学所学知识和能力的一次不同寻常的检验。值得注意的是，大学生往往对外部就业信息的搜集、处理、利用比较重视，却常常忽视内部就业信息。但在现实求职过程中，内部就业信息起着至关重要的作用，因为只有认真了解自身内部的就业信息，才能为更好地运用外部就业信息打下基础。所以，在择业的准备过程中，大学生不应忽视来自自身的信息。试想，一个连自己都不了解的人怎么可能寻得适合自己的职业呢？

小张是某电力院校2019届的优秀毕业生，各方面的条件都比较好，但一直到毕业都没有签到一个合适的单位。他后来总结，造成如此后果的原因可能在于以下几点：他做出判断所依据的有些信息是上一届毕业生的信息；有些信息只是一些传说，例如，风传效益好的某单位要来招聘，但后来根本没来；对信息的搜集只局限于学校内或本市范围内。

请思考：小张的就业经历带给你怎样的思考？

二、就业信息的内容

1. 有关大学生就业的政策与法律法规信息

在我国，从宏观角度来看，大学生就业是受政府引导的行为。为了推动我国大学生就业的市场化过程，使人才配置更加合理，同时使之更符合我国人才发展战略的要求，国家不断完善大学生就业政策，各省、自治区、直辖市也会根据本地社会经济的发展状况调整相关的人才政策。对这些关系到大学生就业的政策，大学毕业生都必须及时了解和掌握，避免择业的盲目性。例如，从国家层面，2023年12月，《教育部关于做好2024届全国普通高校毕业生就业创业工作的通知》明确提出，鼓励中小企业更多吸纳高校毕业生，引导更多毕业生到民营企业、中小企业就业；支持灵活就业和自主创业，引导毕业生发挥专业所长，在创意经济、数字经济、平台经济等多领域灵活就业，配合有关部门落实灵活就业社会保障政策，切实维护高校毕业生合法权益；鼓励各地健全支持激励体系，出台更多地方优惠政策，吸引更多毕业生到中西部地区、东北地区、艰苦边远地区和基层一线就业创业等。

2. 当年国内的就业形势

人才如同市场上的商品。大学生择业是大学毕业生将自己置于市场中参与市场竞争、接受市场挑选的过程。瞬息万变是市场的一大特征，人才市场的总供给与总需求的关系，以及细分市场的供求关系永远处于不断变化中。永久的“王牌专业”、长期不变的“肥缺”在现实中是不存在的，它们总是因时而异、因情而变。近年来，我国高校持续扩招，大学毕业生人数逐年增加，又为变化中的人才市场增添了变数，使人才市场的竞争日趋激烈。因此，大学生在择业时要审时度势，了解和掌握当年的就业形势，在客观认识和评价自身条件的基础上，更为准确地进行自我定位，及时调整就业期望值和择业的策略与方向，做到准确、恰当、有保障地就业，而不是总停留在某一时期或某一阶段的就业环境中。俗话说“识时务者为俊杰”，认清形势，适应形势，才能在纷繁复杂的人才市场中找到可行的路子，实现自己的就业目标。

3. 用人单位的招聘信息

计划经济时代，由政府指令来决定大学生的就业去向和岗位，而在市场经济条件下，大学生作为一种资源，其配置是由市场机制来决定的，大学生的就业去向主要是由他们所掌握的就业信息来引导的。因此，对大学生来说，掌握用人单位的信息就是把握住了求职生命线。用人单位信息包括单位的性质、企业文化、发展现状及趋势、招聘的岗位及要求、所提供的待遇、招聘的时间和方式等内容。了解和把握这些信息是求职者选择面试和攻关单位的前提与基础。大学生要想提高中聘的概率与就业的质量，一要广泛地捕捉用人单位信息，二要了解和掌握用人单位详细、准确而深层次的信息。总之，对用人单位的信息掌握得越广泛、越详细、越准确、越深入，择业的机会就越多，成功的可能性就越大。

4. 大学生自身的情况和需求（内部就业信息）

大学生自身的情况和需求主要指大学生要对自己的基本情况有全面的了解，包括自己的兴趣、爱好、职业锚、价值观、家庭情况等，是大学生对自身情况的了解、分析和评估的综合结果。大学生只有在全面了解内部就业信息的基础上才能正确地处理外部就业信息。

三、搜集就业信息的渠道与原则

信息是一种有效的资源，及时、有效地掌握信息在知识经济时代的今天显得更加重要。在激烈的人才竞争中，谁能获得更多、更有效的就业信息，谁就能赢得就业主动权。随着大学生就业模式的改变、就业市场的形成与完善及政府对就业工作的积极推动，各种就业机构和信息媒体不断涌现，为就业信息的交流和畅通创造了条件。

1. 搜集就业信息的渠道

对大学毕业生而言，搜集就业信息的渠道归纳起来通常有以下七种。

（1）学校就业工作主管部门。目前，各个学校都设立了大学生就业指导中心（毕业生就业指导办公室），并建立了一套完整的以市场为导向的就业工作机制，为高校毕业生和用人单位架构起一座信息沟通的桥梁。大学生就业指导中心（毕业生就业指导办公室）作为就业信息中心，一方面与上级就业主管部门，各省、自治区、直辖市的就业机构进行广泛的沟通，及时了解就业政策和就业制度；另一方面与用人单位进行合作，了解用人单位用人需求、发布毕业生求职信息，有些大学生就业指导中心（毕业生就业指导办公室）还发挥了促成用人单位在高校建立人才培养基地并实行订单式培养模式的职能。

可以说，学校就业工作主管部门既是用人单位选择人才最可信赖的窗口，又是大学生获取就业信息最可靠的途径，它所提供的信息具有可靠性、权威性、可信度和专业对口性。此外，大学生就业指导中心（毕业生就业指导办公室）还肩负着举办校园人才交流会的重任，为大学生和用人单位提供了一个有效的可操作平台，其所提供的就业信息可供全校毕业生共享。

除此之外，校园招聘会也是学校就业工作主管部门为毕业生提供的重要就业途径。校园招聘会包括大型校园招聘会和小型专场招聘会两种形式。参加的招聘单位都是针对本校学生的层次及专业来招聘的。这类招聘会针对性相对较强，是大学生了解信息、成功择业的难得机会。

（2）各级政府毕业生就业管理机构。就业管理机构主要指教育部，国家大学生就业指导与服务中心，各省、自治区、直辖市的毕业生就业指导中心或人力资源和社会保障局与教育局。它们的职能是多方面的，在就业信息方面的作用主要是制定、发布国家和各地区的就业政策与法规，尤其是吸纳大学生的一些优惠政策及户籍政策。此外大部分毕业生就业管理机构也负责汇集就业信息和召开毕业生招聘会，为大学生提供就业服务。

（3）人才服务机构和招聘会。各级政府人事部门开办了专为各类流动人才和求职人员提供服务的专门机构。为了做好大学毕业生就业工作，每年各地区、各行业及各高校都要举办规模大小不等的大学毕业生与用人单位的“双选会”和招聘会，由此形成了不同行业、不同层面的人才需求信息，并为大学毕业生创造了一个比较直接的交流平台，容易使用人单位和大学毕业生产生共鸣，这是大学毕业生最直接的择业途径。但是，由于大型人才交流会参与的供需方数量都比较大，大学毕业生可以多方面选择用人单位，单位也可以广泛地与大量的毕业生进行洽谈，这就增加了用人单位与大学毕业生双向选择的不确定性，导致用人单位不容易找到自己满意的人才，所以近年来这种大型“双选会”、招聘会的受欢迎程度已不如从前。

由高校自主举办的招聘会，由于每次招聘会的用人单位相对较少，对毕业生的情况比较容易把握，双方的信息也较为可靠，加上校方的严密组织和周到服务，用人单位容易挑选到自己需要的人才，所以成为一种受企业重视的人才交流方式。

（4）猎头公司或人才服务公司。所谓猎头公司，是指通过获取不同层次的人才资源，专门为大型企业服务或者通过掌握用人单位需求信息来有偿推荐人才的一种中介服务公司。另外，还有一些专门从事人才资源搜索和人才资源管理工作的服务公司。它按照用人单位的需求招聘人才。这些人才被选定后即到预先确定的用人单位工作，但劳资管理、档案管理、社会福利及后勤管理等方面全部由该人力资源管理公司负责。这是一种人才服务方式，对用人单位来说减少了人才管理环节，使其可以集中精力从事生产经营，同时能满足其对人才的季节性需求。当生产缩减时，用人单位可以将从岗位上削减下来的人才退回人力资源管理公司，减少用人单位的劳动力成本开支和这部分劳动力管理的成本。因此，这种人才服务方式的优势是显而易见的，它可能成为一些企业特别是生产具有季节性的企业的一种用工方式。随着大学生就业的市场化以及受利益的驱动，会有越来越多的中介服务机构（职业介绍所）出现并涉足大学毕业生就业服务。它们通过各种途径掌握大量的职业需求信息，是我国劳动力市场和人才市场的重要载体。但由于我国劳动力市场还不太规范，一些中介公司为了经济利益会发布一些虚假信息以骗取钱财，大学毕业生一定要识别真伪，以免上当受骗。

（5）家人、亲戚和朋友。在找工作过程中，家人、亲戚和朋友也是一种可以开发的资源，而且是一种相对可靠的重要资源。通过他们了解社会需求信息，针对性会更强。从自己的家长、兄弟姐妹、亲戚、朋友等处获取的信息往往比较准确、直接。况且，他们对用人单位和求职者双方的情况都比较了解。一般来讲，用人单位在向社会发布招聘信息后会收到大量内容相差无几的应聘函。面对如此众多的陌生人，用人单位很难分辨出哪一个更强。所以，在求职中如果有熟人帮助推荐，也许更有效。而且有些用人单位愿意录用经人介绍和推荐进来的求职者，这种应聘方式成功率是比较高的。如果能把这些资源全部开发，那么就业机会就会多很多。

利用这种渠道通常可以采用以下步骤：首先，列出所有认识且愿意帮助你的人的名单，包括老师、同学、亲戚、父母、朋友、邻居及跟他们有联系的相关人员等；其次，从上述名单中遴选出已参加工作并能够帮助你就业的人，然后设法与他们取得联系，在确认可能的情况后给他们寄发履历表；最后，经常与他们保持联系，并及时了解和处理信息，跟踪求职进展状况。当然大学生不能把社会关系网作为唯一的择业信息渠道而产生依赖感，更不能为了达到目的而做出有违法纪的事情。

（6）网络。信息时代，互联网的作用日益显著。现在招聘网站已成体系，它不仅提供的信息量大，而且信息发布及时，还具有互动性强、所需费用低等特点，为大学生与用人单位创造了一个无限的交流空间，网上求职已成为大学生求职的一种时尚。虽然在网上找工作也存在很多弊端，如遭遇虚假信息等，但是供需双方可在网上交流、沟通，而且成本相对较低，非常方便，因此，通过网络求职被越来越多的大学生所接受和采用。目前我国专门从事人才信息服务的网站很多，其他非人才信息服务的网站也有人才信息服务的职能，大学生可以根据需要浏览。

（7）社会实践与毕业实习。为了方便大学生择业，高校的毕业实习一般安排在大学生即将毕业的学期。毕业生通过毕业实习、到企业参观访问、参加社会服务等社会实践活动，不仅能将自己所学的知识直接应用于生产、为社会服务，还可以开阔视野。一方面，有利于大学生了解用人单位、与实习单位进行信息沟通，是毕业生择业的一个很好的机会。另一方面，有利于用人单位了解大学生。大学生对单位的了解或单位对大学生的了解都会比别的需求信息更具有含金量。因此，大学生在参加社会实践和毕业实习时，应该力求做到将单位的选择与就业挂钩。同时，大学生要注意在实习过程中兢兢业业，最大限度地发挥自己的才能。如果大学生的毕业设计能为用人单位解决技术难题，那么，择业成功的机会就很大。每年毕业的大学生中有不少人是通过毕业实习找到工作单位的。

对上面介绍的 7 种搜集就业信息的渠道，大学生可以根据自己的实际情况加以选择，如果没有其他特别可靠的渠道，可以通过这几种渠道尝试着推销自己。

小胡是外省的大学毕业生，农村出生的他深知毕业后如果想留在学校所在城市就业，需要长期的准备和不懈的努力。于是，他从大一开始就申请到校就业指导中心勤工助学，在那里获悉了国家、学校所在城市近年和当年的毕业生就业政策，自己所学专业近年的就业率，本市经常招聘本专业毕业生的单位及这些单位的用人特点和学长学姐对这些单位的评价等。细心的小胡还专门准备了一个小本子，分门别类地详细记录了就业政策，心仪的用人单位的地址、人事部门联系电话及重要领导、负责人等，并根据这些信息适时调整自己的学习和就业计划。经过不懈的努力，小胡终于抓住了去某单位实习的机会，并在实习结束后顺利留在该单位，同时解决了自己的档案和户口问题，最终实现了自己的愿望。

请思考：小胡的就业经历给了你怎样的启发？

2. 搜集就业信息的原则

（1）行业优先。行业优先指在获取信息时注意行业特点。看重行业的大学生在获取信息时应以自己所倾向选择的某个行业为主，围绕选定的行业获取相关的企业、行业现状及发展前景等信息。

（2）地域优先。地域优先指获取信息的方向注重地域特性。看重地域的大学生在获取信息时要以自己所倾向就业的地域为主；在以地域为主要参考搜集信息时，想到什么地方就业，就重点搜集该地方的就业信息。

（3）志趣优先。志趣优先指大学生获取信息的侧重点是自己的特长和爱好等主观意志、自我感受。例如，有的大学生希望从事技术工作，有的大学生想从事管理工作，有的大学生希望创业经商，那么他们在搜集就业信息时就会关注不同的信息内容。

（4）满足需要优先。不管搜集什么样的信息，所搜集到的信息都必须能够满足大学生就业择业的需要。

（5）搜集就业信息力求做到早、快、广和实。在搜集就业信息时，大学生需要把握四点。一是早，即要把握就业信息的动态性与时效性，对周边的就业信息要敏感，尽可能先于别人尤其是竞争对手了解用人单位的招聘概况。二是快，即主动出击，果断取舍。在信息面前没有永远的优势，谁行动得早，谁就占有主动权；谁优柔寡断、犹豫不决，谁就可能被别人捷足先登。也就是说，尽早掌握就业信息并主动出击可以减少竞争对手，同时让用人单位感到你先于别人对本单位有信任感和忠诚度。三是广，即拓宽就业渠道，获取各个方面、不同层次、多个领域的需求信息，不局限于某一类企业或某一地区、某一行业的就业信息，争取更大的择业空间。四是实，即对信息的搜集要具体，不能囫囵吞枣、模棱两可。

四、选取适合自身条件的求职信息的方法

1. 筛选就业信息

搜集就业信息是为了求职择业。大学毕业生在搜集就业信息后，应结合自己的实际情况，对搜集的就业信息进行分析和筛选，以便充分利用手中的就业信息，避免求职心切、时间紧而导致人力、财力和精力的无谓浪费。大学毕业生应对通过各种渠道和途径获取的就业信息进行筛选处理，有目的、有针对性地进行整理和分析，使需求信息具有准确性、科学性和有效性。在筛选就业信息时，大学毕业生应注意以下几点。

（1）善于鉴别。大学生求职者应保持冷静的心态。事实上，很多求职陷阱都存在破绽。例如，以某种名义向求职者索取钱财是明显的可疑行为，但是由于人在本能上有趋利避害的心理，往往在此时不容易保持冷静，产生一种侥幸心理，认为或许付出几百元

就能获得一个职位。

大学生如果想通过中介获取就业岗位，最好通过政府开办的职业介绍机构或知名的营利性职业介绍机构求职。营利性的职业介绍机构同时具有营业执照、职业介绍许可证或人才中介服务许可证、收费许可证等证照。在面试之前，最好能先了解中介机构的资质和规模。如果发现其规模很小，就需要提高警惕。如果需支付费用，一定要索要发票或收据，并留意发票上财务专用章的单位名称与机构实际名称是否一致。

通过多种途径获得的需求信息可能会显得杂乱无章、真假难辨，这就需要进行科学的鉴别，学会识别真伪，将过时、虚假的信息剔除，确保信息的真实可靠。要从不同的角度正视和澄清疑点，全面了解信息的内容，尽可能掌握更多的情况，避免上当受骗。

（2）把握重点。对有用信息要按重要程度排序，分清主次，这样可以避免自己在求职过程中走弯路，因为将时间花在一般信息上会错过机遇。信息并不是个人所独有的，它具有明显的时效性，谁赢得了时间，谁就可能抢占主动，捷足先登。

（3）了解透彻。对重要的信息，要注意寻根究底，争取对所掌握的信息状况有清楚的认识，有些情况还需要从多方面做深入了解。毕业生如果能详细掌握这些材料，就能在随后的应聘过程中占据主动，让招聘者在情感上首先接纳自己。

（4）适合自己。信息是否有价值，关键看它是否适合自己，这是筛选信息的核心所在。好高骛远、盲目从众、迷失自我都是筛选信息的大忌。如果不顾自己的爱好和专长，一味考虑就业待遇和地点，那么即使侥幸在求职中取得"成功"，也会在以后的工作中逐渐暴露出问题。

2. 求证就业信息

对那些已经筛选过的信息，还要做一些求证工作，以验证自己对这些就业信息的真实性、时效性和价值性的初步推断。例如，可以通过电话咨询、网上查询、实地访问等方式了解用人单位各方面的情况，还可以通过对该用人单位比较熟悉的亲朋好友或学长学姐等了解有关情况，以此来修正和补充有关的就业信息。

3. 归类就业信息

通常就业信息经筛选和求证后仍纷繁复杂，不管是查询还是利用这些就业信息，都不太方便，因此还需要对所有信息加以归类。不妨以就业信息的各种属性为依据，分门别类地加以整理，如按政策、趋势、岗位信息等分别归类。例如，对与就业有关的岗位信息，可以根据自己的就业意向，按其行业、薪资、前景、兴趣、离家远近等进行归类整理，必要时可赋予各岗位信息不同的分值，最好能做成相应的数据库。通过归类，我们可以详细分析各种就业信息并进行比较，帮助我们最后做出决定。

4. 利用就业信息

大学生只有充分利用那些可用信息帮助自己顺利完成求职择业，才算达到了搜集信息的目的。在求职过程中，大学生应学会利用手中的就业信息，及时出击，全面提高，互通有无，在有限的时间内找到一份令自己满意的工作。

（1）及时运用有价值的信息选择适合自己的工作。搜集和筛选信息的最终目的就是选用。大学生要将职业的要求与自己已经具备的条件进行对照，选择适合自己的最佳职位，即达到入职的最佳匹配。当发现有适合自己的工作时，一定要及时主动出击，全力以赴，以免错失良机，遗憾终生。

（2）根据筛选出来的信息要求对照自身条件，发现不足，主动调整自己的知识结构，提高就业能力。例如，大学生发现自己哪方面课程知识不足，就主动去学习；发现自己哪些方面的技能欠缺，就马上去参加训练，主动学习和掌握相关的知识与技能，以弥补自己的不足。

（3）及时输出对他人有用的信息。有些信息对自己不一定有用，但对他人也许有使用价值，应当及时拿出来与他人沟通交流，通过与他人的沟通也许能从中获取对自己有用的信息。只有充分利用这些可靠的信息，才算达到千方百计搜集和筛选信息的目的。

对大学毕业生来说，应适当了解以下非常重要的信息：国家当年关于毕业生就业的政策、外地生源留在某个城市关于户籍和居住证方面的政策、市场上应届毕业生的就业行情、需要自己所学专业毕业生的用人单位、当年毕业生在市场上的起薪和合理的薪资期望等。找到这些信息集中的传播渠道，有助于第一时间获取有效信息。当找到有效信息最集中的传播渠道后，还需要用某种形式将这些信息保留下来以备长期浏览，或经常保持关注。例如，把某个网站加入自己的收藏夹，或者准备一个专门的笔记本将信息抄录下来等。找到想要的就业信息之后要对其进行分析和利用，使它们最终产生价值。

机遇转瞬即逝，要尽量在最短的时间内接收到新鲜有效的信息，千万不要等它们过期失效了才后悔。当然，促成某个决定或行动需要长期的信息积累和准备。

2019 年 6 月，张 × 从湖南某职业学院毕业。因为所学专业并非热门，不太容易就业，所以他决定采用“漫天撒网”的办法投递简历。他把自己精心设计制作的求职信和个人简历通过网站进行了投递。

时间一天天过去了，他没有收到任何一家用人单位的面试通知，为此他十分沮丧。

又过了一段时间，终于有一家用人单位给他发来了热情洋溢的邀请函，欢迎他到基层就业，可他对该用人单位提供的工作环境、待遇不满意。

张 × 非常苦恼，到学校就业指导中心向老师求教。学校就业指导中心的老师耐心地为他讲解，一个人积极主动的精神是值得肯定的，但找工作一定要有明确的目标，千万不能盲目行事，必须根据自己的实际情况和对方的需求有的放矢地投送材料，求职需要做的第一件事情就是积极搜集就业信息，对其进行筛选后再联系相关用人单位参加应聘。

在老师的耐心指导下，张 × 很快改变了策略，重新制作了 10 份应聘材料，在广泛搜集用人需求信息的基础上，根据自己的实际情况和兴趣爱好，有选择、有重点地参加了几场招聘会。他总共投出去 9 份应聘材料，收到 5 家用人单位的面试通知，最后他参加了 3 家用人单位的面试，并与其中一家用人单位正式签约。

请思考：张 × 的求职经历对你有什么启发？遇到类似的情况你会如何解决？

五、就业信息的真假辨别

（一）常见的就业信息陷阱类型

如前所述，现在社会上的就业信息来源很广，但泥沙俱下、鱼目混珠，很多信息是虚假、无效或无价值的，其中有些信息可以说就是信息陷阱。有些人受利益驱使，有意设计骗局，制造就业信息陷阱。大学生缺乏社会阅历，在应聘过程中容易吃亏上当。以下是几种常见的就业信息陷阱类型，大学生在求职时要提高警惕。

1. 骗财类就业信息陷阱

这是最常见的就业信息陷阱。一些单位或个人打着招聘的旗号，收取高额报名费、介绍费、培训费、考试费、体检费、工装费、上岗押金等，或者要求求职者必须购买一定数量的公司产品。他们还经常扣押求职者的身份证、毕业证，以便日后进行要挟。骗子常采用以下几种方式进行欺诈。

（1）有的中介公司以介绍职业为名骗取职业介绍费。他们手上没有较好的工作岗位，有的根本就没有工作岗位，只从报纸或网上抄录一些招聘信息来欺骗求职者，以骗取介绍费。

（2）没人及格的考试。有些单位打着招工考试之名收取考试费。实际上即使题目全答对了还是通不过，钱也不退还。

（3）招而不聘的岗位。有些单位其实不需要人，也没有办理劳动用工手续，但仍然长期对外招聘，当然求职者要交报名费、产品押金等。一些求职者在发现上当后要求退

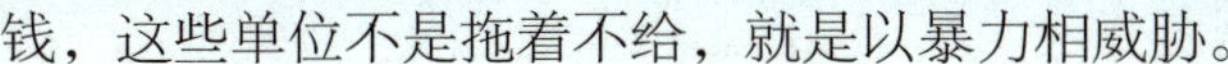

钱，这些单位不是拖着不给，就是以暴力相威胁。

（4）子虚乌有的单位。有些不法人员到处张贴“招聘启事”，或在媒体上刊登虚假广告，然后临时在写字楼租一间（套）办公室，挂上“经理室”“财务室”或“人事部”的牌子，进行虚假招聘，向求职者收取名目繁多的各种费用，待求职者再去时已是人去房空。

（5）抵押陷阱。有的单位在录用求职者之后还要求将求职者的身份证、毕业证作为抵押物，还有的单位收取一定的押金。一旦求职者上班后发现单位的真实情况想要离开，要么被扣除押金，要么需花费一定的金钱换取身份证或毕业证等。

（6）试用陷阱。有些单位在招聘人员时规定了 3 ～ 6 个月的试用期，但往往在试用期即将结束时便以各种理由炒求职者“鱿鱼”。这样，求职者白白成为几个月的廉价甚至免费劳动力。

上述种种方式只是形形色色的骗财类就业信息陷阱中的一部分。其实，就业是一种双向选择的过程。在求职之初，无论是求职者还是用人单位，都没有为对方提供任何具体的服务，根本不应涉及费用。因此，但凡看到需交费的这类招聘信息，就应多加警惕。如果是正规职业中介，在收取费用时必须有正规发票，至于收取押金或将身份证、毕业证作为抵押物的做法，更是一种违法行为。因为相关法律早就明确规定，任何企业在招聘员工时都不得以任何理由、任何形式收取求职者的押金，或者以身份证、毕业证等做抵押。

2. 骗色类就业信息陷阱

这类就业信息陷阱主要针对女生，但近年来也有男生上当受骗的案件。有些不法分子刊登虚假招聘广告，广告内容多强调只招女生，且对专业、能力没有具体要求，然后将求职者约到僻静处面试，实施不法行为。因此，大学生尤其是女性大学生，一定要避免到僻静或私人场所去面试。

3. 骗知识产权类就业信息陷阱

一些单位或个人以考试或试用的名义要求大学生根据设想写一篇文字材料，或拿出一套设计方案、计算机程序等，或要求大学生为其介绍客户、推销产品等，然后找出种种理由加以推脱，从而将大学生的劳动成果据为己有。

4. 合同陷阱

实习协议、就业协议或劳动合同本来应该成为保护毕业生合法权益的护身符，但有些单位针对应届毕业生涉世不深、社会阅历缺乏等特点，在与毕业生签订上述文件时采取欺诈、胁迫等手段设置陷阱，使本来平等协商的合同成了所谓的“暗箱合同”“霸王合同”。

某年十一期间，辽宁某大学生小张给某品牌电视机当临时促销员。上岗前，她与用人单位签了一份合同，合同上写明“每天工资 100 元”，但合同最后还有一句话：最终解释权归本公司所有。签完合同，仅有的一份合同还被公司收回了。

小张觉得心里没底，便追问负责人：“工作时间是下午 3 点到晚上 8 点，算一天吗？”对方回答：“就按一天算，这么大的公司还能骗你吗？”于是，从 9 月 28 日到 10 月 2 日，小张做了 5 天促销员。

11 月 4 日，小张去领工资时，工资竟从每天 100 元降到每天 50 元。小张等人找公司负责人理论，对方却拿着合同说：“一天工资 100 元，是从早上 8 点到晚上 8 点。你们的工作时间只有半天，工资当然打对折。”小张等人想反驳，无奈“最终解释权归本公司所有”。

请思考：如果你是小张，你会怎么做？

《劳动法》第十七条明确规定：“订立和变更劳动合同，应当遵循平等自愿、协商一致的原则，不得违反法律、行政法规的规定。”

（二）避免和处理就业信息陷阱

1. 避免就业信息陷阱

（1）通过正规渠道获取招聘信息。如前所述，不同渠道获得的就业信息，其真实度是不同的。对那些真实度不高的信息，如网上的信息、街上乱贴的小广告等，毕业生一定要擦亮眼睛，仔细辨别。有些企业在招聘启事中称自己是“某绩优大厂商”“某上市公司”等，但其对自身的业务描述含糊其词、遮遮掩掩，连企业名称都不敢公开，其真实度可想而知。因此，到这类企业求职前，最好先打听清楚该企业的背景。

（2）通过正规职业介绍机构（简称职介机构）找工作。正规的职介机构具有合法经营资格，受政府的严格管理，收费必须开具有效的票据。非正规的职介机构常打着职业介绍所的幌子，介绍工作是虚，骗取钱财是实。一旦将钱财骗到手，他们就会用种种借口将求职者支走，或者假戏真做，把交了报名费的求职者带到一个临时串通好的单位做根本无用的工作，迫使求职者知难而退。

（3）不要交纳如面试费等费用，凡是遇到要求交纳由招聘单位收取的某种费用的时候，都要提高警惕。

（4）不要被职位光环所迷惑。职位的名称只是一种称呼而已，弄清楚具体的职位内容才是最重要的。有许多企业在招聘中将岗位“包装”得十分精美，求职者上岗后才发现原来所谓的“销售经理”“客户总监”不过是拉拉广告、跑跑直销，甚至陪客户喝酒而已。

（5）想方设法加强对用人单位的了解，以免误入骗子设下的陷阱。要加强对劳动法规和大学生就业政策的学习。在求职前或求职过程中，应主动加强对相关政策法规的学习，提高自己的法律意识，懂得在必要时用法律武器保护自己的合法权益。例如，如果知道“任何招聘单位以任何名义向求职者收取抵押金、风险金、报名费、培训费等都属于非法行为”这一规定，遇此情况就应该拒交。

（6）加强自我保护意识，防止个人资料外泄。在求职过程中常会发生一些求职者个人资料外泄的情况，如经常有些莫名其妙的电话打到求职者家里，有的求职者手机上会出现一些奇怪的短信息，有时候电子邮箱会塞满垃圾邮件，更有甚者将女性的照片放到色情网站上。这些都提醒广大毕业生在求职时要注意保护自己，防止个人资料被一些不法分子利用。

2. 处理就业信息陷阱

对于因职介机构责任造成求职不成或职介机构收取一定职介费用后搬迁消失的情况，如果是正规职介机构，可向劳动管理部门投诉；如果是无证职介机构，可向公安部门报案，由公安部门查实，若其行为触犯刑法，则依法追究其刑事责任，未触犯刑法的可移交相关劳动管理部门处罚。对那些没有证照或证照不全的职介机构，应及时向相关的劳动管理部门投诉，劳动管理部门可以根据有关管理条例规定对其进行处罚。

用人单位在面试或录用时收取培训费、押金、保证金、担保金等费用的，其行为违反了《劳动法》的相关规定。遇到这类情况可及时向劳动管理部门反映情况请求查处，要求退还所交费用。如果被虚假招聘信息欺骗，原来承诺的待遇、报酬与实际情况严重不符，可以向劳动管理部门提出申诉，请劳动管理部门根据有关管理条例规定对相关单位进行处罚，并按规定要求其赔偿自己的损失。

用人单位假借招聘之名行利用廉价劳动力之实的，其行为已构成欺诈，同样违反了《劳动法》的有关规定。如果其行为触犯刑法，就应由相关部门追究其刑事责任。

王芳想从事主播工作，此前她在招聘网站上看到一家传媒公司发布的高薪招聘网络主播的信息，于是投递了简历。在面试过程中，该公司声称，在签订主播协议后根据每月的直播收益即可获得提成，每月轻松过万元。但为了让声音“锦上添花”，公司要求她先交纳直播专业声卡设备押金，每台 4 000 元，直播满一年便可将设备押金退还。直播满一个月后，王芳的薪资并未到账，且公司连续数月以各种理由判定王芳的直播不符合要求，不能拿到薪资，王芳遂向警方报案。

经过调查取证，警方将相关涉案嫌疑人抓获。嫌疑人孙某于2017年年中成立该公司，与女友霍某商定在网络平台上发布高薪招聘网络主播的虚假信息，诱使求职者交纳直播设备押金数千至数万元不等，再要求求职者签订自动离职不退设备押金的协议，然后以各种理由逼迫求职者自动离职。

在孙某公司内，经理每招聘到一名求职者提成100元，如果求职者交纳设备押金，就可提成1 500元；业务员每吸引一名求职者前来面试提成50元，如果求职者交纳设备押金则提成200元。公司声称价值4 000元的专业声卡设备实际是孙某花300元在网上所购的。

请思考：在求职过程中，如何避免这类情况发生？

六、撰写就业信息报告

大学毕业生对就业信息进行搜集、筛选之后，最好能够形成一份就业信息报告。

大学毕业生在撰写就业信息报告时要对每类适合自己的就业信息进行分析。一般来说，就业信息报告中的内容应该涉及以下几个方面。

1. 职业内涵

职业内涵从宏观来看包括职业名称、职业性质、职业内容、职业前景等，具体到每个应聘单位来说则包括工作环境、工作地点、待遇福利等。除介绍上述内容外，就业信息报告中还应介绍这份职业或具体工作能满足自己哪些需要，为接下来根据具体的求职岗位撰写求职材料及做其他准备打下基础。

2. 人职匹配

在撰写就业信息报告时，要对自己进行一定的评估与分析，重点分析所求岗位与自己的个性、能力等是否匹配。

3. 准入资格

用人单位对求职者的学历、职业资格等的明确要求，类似“准入资格”。分析准入资格，一是对自己的提醒，二是一种对相关能力高要求的体现。

4. 招聘数量

招聘数量即本地区所需的人才量或某职业的供需状况、具体用人单位的需求岗位及其数量。

5. 招聘手续

招聘手续一般包括招聘时间、招聘地点、招聘方式、联系方式等内容。

第二节 求职材料的准备

求职材料也被称为自荐材料，是求职者个人信息的集中体现和求职时用来自我推介的书面材料，一般包括自荐信、个人简历、相关证书等。用人单位可以从求职材料中全面了解求职者的学习情况、工作经历、专业特长等，也可以从中了解求职者的文字表达能力、逻辑思维能力等。因而，求职材料在大学毕业生择业的过程中起着举足轻重的作用。为了全面地展示自己，大学毕业生应当了解求职材料的组成，掌握制作求职材料的相关常识和要旨，做好求职材料的准备工作，以便适应求职过程中不同单位和不同情况的要求，为顺利走上工作岗位打下良好的基础。

一、求职材料的撰写原则

对于大学生来说，求职材料如同自己的脸面，清楚地展现着自己的特点，是通过面试最有效的“护照”。因此，撰写求职材料并不是简单地从网上下载一套模板，然后照葫芦画瓢做一份即可。不重视求职材料的撰写既是对自己的不负责，也是对用人单位的不尊重。要想撰写一份合格并出彩的求职材料，需要遵循以下几个基本原则。

1. 个性化原则

个性化原则是指制作求职材料必须立足自身，根据自身的特点体现出独创性，以吸引用人单位。一般来说，好的用人单位会有很多求职者，千篇一律的求职材料很容易使用人单位产生视觉疲劳。要想让自己从众多求职者中脱颖而出，就要在求职材料上下功夫，以引起用人单位的注意。因此，大学生应该精心设计、制作自己的求职材料，以赢得用人单位的关注。要制作个性化的求职材料，一是要把自己的核心竞争力凸显出来，二是要把学习本专业的主要课程及最大收获描述出来，三是求职材料的设计要与目标岗位相吻合。需要注意的是，一味追求个性，把求职材料设计、制作得过分花哨、另类也是不合适的。

2. 针对性原则

针对性原则是指一定要根据用人单位的具体情况和招聘要求有针对性地撰写求职材料。不同的用人单位因其特有的企业文化、单位性质、职位特征等，对求职者的要求有所不同，如有的用人单位注重团队合作精神，有的用人单位注重实干进取精神等。因此，在撰写求职材料时，应根据自身的优点和缺点扬长避短，突出自己的某些特点，把自己的优势转化为用人单位所需要的能力。如果为了省事，只准备一份求职材料，复制后投递给不同类型的用人单位，效果一般都不太理想。

3. 准确性和规范性原则

准确性原则是指求职材料中涉及的有关数据、概念、结论等一定要准确无误，对自己的评价一定要把握尺度、叙述得当，尽量不要使用“我觉得”“我想”等带有强烈个人主观色彩的文字，尽量不用“十分”“很”之类的修饰词。此外，还要避免出现错误的词语搭配，免得贻笑大方。规范性原则主要是指在撰写求职材料时要避免出现错别字、书面排版混乱等方面的问题。求职材料撰写完成后一定要通读几遍，或者请同学、教师帮忙检查，确保没有问题之后再将其投递给用人单位。

4. 真实性原则

一些大学生为赢得用人单位的青睐，不惜伪造获奖证书、学习成绩、社会经历等，以此来装扮自己。这些“注水”现象已经引起用人单位的警惕。用人单位一旦发现求职者的求职材料有“注水”的情况，会毫不犹豫地拒绝求职者。本来求职者“装扮”自己的求职材料是为了找到一份好工作，结果却事与愿违，这样便得不偿失了。因此，大学生在撰写求职材料时一定要确保材料的真实性。当然，这并不是要求大学生把自己所有的实际情况都列出来，而要重点选择与应聘职位相关的能力、技能进行介绍。如提到个人某方面的能力，而你并没有这方面的真实工作经历时，可以通过描述自己在校期间经历过或处理过的某些事情来展现这一能力。

小许刚开始制作求职简历的时候参考了网上许多简历模板，按照模板制作了自己的简历，简历投递出去后大多石沉大海。后来，他改变策略，认真思考了自己的优势，最自信的能力是什么，最能给别人留下深刻印象的能力又是什么。最后他总结出自己有以下特点：领导能力强，具有团队合作精神，作为团队领导参加过很多活动；写作、演讲能力强，获得过很多奖项；学习成绩优异，多次拿到奖学金。针对这几点，他写了简洁的自我评价，重点突出这几个方面的优势。为了吸引招聘人员的注意，他将自我评价放在简历的第二栏（第一栏是个人资料），紧接着就是所获奖项，然后是其他社会实践活动和技能，让招聘人员一开始就看到自己的优点，从而大大增加了简历投递的成功率。可见，好“广告”的作用真的不容小觑。有针对性的简历往往能获得用人单位的关注。将自我评价放到靠前的位置，可以使用人单位在第一时间对求职者有所了解，增加求职成功的概率。

请思考：你认为一份合格的求职简历中应该包含哪些方面的内容？其中哪些内容更为重要？

二、求职材料的封面设计

封面是求职材料的“脸面”，封面设计既要美观、有个性，又要突出主要内容，不可过于花哨，成功的封面设计会给用人单位留下良好的第一印象。

封面的内容一般包括“自荐信”或“求职简历”等字样、学校名称（可附上学校的标志性图案及校徽）、专业名称、个人姓名、联系地址（附上邮编）、联系电话、电子邮箱、求职意向（如应聘行业、职业）等。另外，发送求职材料时建议使用职业化邮件发送，这样显得更为正式。

封面上的内容应该把自己最关键的主体信息呈现出来，确保用人单位能及时联系到自己。为了避免单调，可以在封面上设计一些简单的图案。有的求职者把应聘企业的logo醒目地放在封面上，充分表达自己对企业的了解和热爱，这样更容易打动招聘人员。但切不可把图案当成封面的主体，否则会喧宾夺主。此外，求职材料的封面还要符合自己的目标职位风格。

三、自荐信的撰写

自荐信是一种针对特定用人单位的介绍性、自我推荐性的信件，它通过对求职意向和自身能力的概述，引起对方的重视和兴趣。自荐信的写作质量直接关系到大学生择业的成败。一般来说，招聘人员打开求职材料，首先看到的便是自荐信。正是有了自荐信，招聘人员才会对简历上所写的经历与成绩等感兴趣。因此，自荐信被称为大学生求职的“敲门砖”。

1. 自荐信的内容

从结构上来讲，自荐信一般由开头部分、主体部分和结尾部分组成。

（1）开头部分。开头部分包括称呼和引言。称呼要求严肃谨慎，要有礼貌，既不能随随便便，又不能过分亲昵，以免给人以唐突之感。一般不直呼“某某同志”，而是称呼其职务、职称或官衔。若不清楚对方身份，可用“尊敬的领导”一语代替。称呼后的问候语一般应为“您好”而非“你好”，更不能用“您们好”。引言的作用有两点：一是吸引招聘人员看完求职材料，二是引导对方进入求职者所设计的主题而不使其感到突然。所以，开头虽然简单，要写好却不容易。引言部分力求简洁，开宗明义，自报家门，直截了当地说明求职意图，使自荐信的主旨明确、醒目。切忌客套问候，离题万里，让对方产生厌恶情绪。

（2）主体部分。主体部分是自荐信的重点，其形式多样，要注意简洁而有针对性地概括简历的内容，突出自己的特点，使招聘人员感觉你各方面的情况与他们的招聘条件相符。一般来说，主体部分先简述个人的基本情况，写明求职的理由及目标，注意合乎情理、合乎实际，做到充足、可信。接着要重点突出自己的主要成绩、特长、优势，表明自己适合所应聘的岗位，可以多提一些有代表性的工作经历，使之具有吸引力。最后表明自己诚恳的求职态度和敬业精神，并附带说明自己对未来的设想等。注意不要复述简历中的内容，而要将其作为对简历的引介和提升，可挑选简历中的一两点突出之处，或是对受简历格式限制而没能在简历中体现之作做更详细的说明。

（3）结尾部分。结尾部分主要是进一步强调求职愿望，可以恰当地表达求职的迫切心情，恳请用人单位考虑自己的求职请求，表达期望得到用人单位的认可及接纳的心情。最后要写上礼节性的致敬语，落款要写清姓名和日期。

自荐信格式示例

尊敬的领导：

您好！非常感谢您在百忙之中阅读我的自荐信，为即将参加工作的我打开了一扇通往成功的希望之门！

我是 ×× 学院 ×× 专业即将毕业的一名学生。获悉贵公司要招聘会计人员，我对会计这个工作岗位抱有极大的兴趣，并且一心想向会计方向发展，十分乐意为贵公司的发展尽一份微薄之力。很荣幸有机会向您呈上我的个人资料。

三年的大学生活我并没有荒废，我将所有的精力都用在了学习上。在刚开始学习财务管理知识时，我深刻体会到会计职业极强的专业性，这个职业是我想为之奋斗一生的。会计需要专业的知识和技能及认真负责的态度，这些都与我的性格极其相符。我还通过了初级职称的考试。

在三年的大学生活里，我认真对待学习，专业课成绩平均在 85 分以上，思想品德良好，在校期间为了充实自己的大学生活，我取得了全国计算机一级证书，通过了大学英语六级考试。

生活中的风雨让我拥有了吃苦耐劳的精神、诚实守信的品格，我深知对待账目是不能马虎大意的，更不能做假账，要对本职工作认真负责。我的性格属于中向型，我富有上进心，做事认真，吃苦耐劳，遇事冷静，具备一定的沟通协调能力、团队合作能力、抗压能力。

"良禽择木而栖，贤臣择主而事。"尊敬的领导，雄鹰展翅急需一方天空，良马驰骋尚待一方路径。贵公司所开创的业绩和远大的开拓前景令我仰慕已久。我会用自己勤勉的汗水与同人一道为贵公司的锦绣前程奋斗不息，奉献我的热忱和才智！我真诚地希望成为其中一员。期待您的佳音。

此致

敬礼

求职人：××

××××年××月××日

2. 自荐信的撰写技巧

撰写自荐信要讲究技巧，这样写出的自荐信才能引起招聘人员的兴趣，有助于求职成功。

（1）态度真诚、摆正位置。诚实是每个用人单位、每个招聘人员都非常重视的品质。自荐信应该实事求是、扬长避短。在自荐信中，对自己的优点应充分展示，但绝不能说大话、假话，也不能有过多的套话，不能让人感觉你是在自我吹嘘。最好的办法是用事实和成绩恰如其分地介绍自己，不要用华而不实的辞藻。例如，可以说明自己从事过什么工作、担任过什么职务、组织过什么活动、取得过什么成绩，让招聘人员从事实中看到你的组织能力、管理能力，而不要出现“有很强的组织能力”之类的空洞的自我表扬的言辞。又如，可以介绍自己利用业余时间进修了什么课程，取得了哪些证书，但不要使用“有远大的理想”“好学上进”之类的语言，要让招聘人员从摆出的事实中得出结论。

（2）富有个性、有的放矢。写自荐信的一个重要目的是吸引对方，使对方感兴趣。在开头应尽量避免客套话、空话，可用一句简单的“您好”直接切入主题。自荐信要针对具体用人单位的具体岗位及其情况而写，自荐信中最好有对该用人单位和相关岗位的描述，虽然这可能是该用人单位招聘信息中说过的情况，但会让对方产生亲切感。不少人事经理反映，现在的自荐信最常见的问题是“千人一面”。的确，网络给求职者提供了更多的方便，但面对互联网上成千上万的职位，有些求职者采用“天女散花”的方式发自荐信，事实上命中率很低，结果“广种薄收”，甚至“广种无收”。自荐信的核心部分是自己胜任工作的条件，这并非多多益善，而是要有针对性，有的放矢。所以，在动笔之前要着眼于现实，对用人单位的情况有所了解，根据事实与成绩，有针对性地介绍和突出自己的特长。

（3）整洁美观、言简意赅。自荐信整洁美观很容易引起用人单位对求职者的好感，相反，如果字迹潦草、龙飞凤舞，则会给用人单位留下不好的印象。现在很多大学生的自荐信是打印出来的，如果自己的毛笔字或钢笔字写得很好，建议工工整整地书写一份，这样能给人以亲切感，同时也向用人单位展示了自己的特长。此外，不管是打印还是手写，都应注意言简意赅。撰写自荐信时应先打草稿，反复推敲——意思是否清楚，用词是否恰当，内容是否简练完整。

（4）表达准确、流畅真诚。撰写自荐信时要注意把握语言表达的方式和分寸。如果写得一手好字，就要认真地写，并在署名后注明“亲笔敬上”等；如果字写得不好，可以用打印机打印。书写时最好使用钢笔、签字笔，不能使用红笔和铅笔。书写完毕后要仔细检查几遍，避免出现错别字、错句，以免使用人单位对自己的能力产生怀疑。

（5）文字简练、重点突出。自荐信要简洁明快、清楚准确。简洁是指用尽量少的文字表达尽量丰富的内容；准确是指用词恰当、表意精确，即自荐信中固定的内容要叙述准确，一些提法要符合规范和实际。撰写自荐信时要重点突出，对自己的知识、技能、特长、个性和经验要有所取舍，应当主要写自己从事某工作的条件和潜力，与职位无关的内容不要写。例如，应聘档案管理员岗位时，在自荐信中就不应写“活泼好动、性格开朗、能歌善舞”等特点，因为这些特点与档案管理工作的要求不太符合，容易使用人单位认为你不适合这个岗位。

课堂互动

假如你学的是国际商务专业，准备去一家农产品出口贸易公司应聘销售的职位，请根据自己的基本情况撰写一封自荐信。

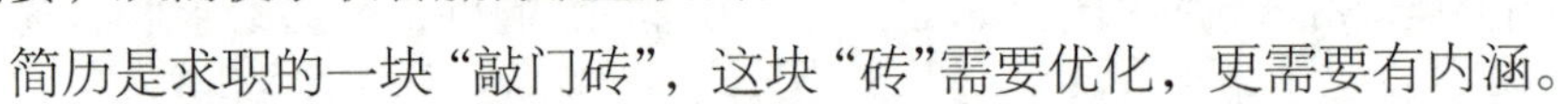

四、个人简历的撰写

图文
受欢迎的简历的五大特征

个人简历可以说是求职材料的核心内容。成功的个人简历就是一件营销武器，它可以向用人单位证明求职者能够解决其问题或者满足其特定需要，从而使求职者赢得就业机会。

简历是求职的一块“敲门砖”，这块“砖”需要优化，更需要有内涵。

1. 个人简历的内容

个人简历一般包括以下几个方面的内容。

（1）个人信息。个人信息包括姓名、性别、出生年月、籍贯、政治面貌、婚姻状况、身体状况、兴趣爱好、性格及联系方式等。通常来说，个人信息应相对详细，但是也没有必要画蛇添足，一项内容要素用一两个关键词简明扼要地说明一下即可。

（2）求职意向。这部分主要表明本人对哪些行业、岗位感兴趣及相关要求，语气要坚定有力，不要让人产生怀疑。

（3）教育背景。这部分要列出毕业学校、所学专业、主要课程成绩、外语和计算机等级等。如果自己成绩比较优秀，不妨加以说明。对于所学课程，要有重点、有针对性地将与所谋求的职位有关的科目、专业知识列出，无须面面俱到。

（4）奖励和荣誉。这部分可以列出的奖励和荣誉包括三好学生、优秀团员、优秀学生干部及奖学金等。这一项在简历中将是非常醒目的部分。

（5）工作（实习）经历。在这部分要重点突出两项内容，即职责和结果（在过去的经历中承担了哪些职责，做了哪些工作，结果如何，有什么收获），主要表现大学阶段所承担的社会工作、担任的职务等。

（6）本人的能力、性格评价。这部分要尽可能使自己的专长、兴趣、性格与所谋求的职业特点、要求相吻合。例如，可以写上长跑和骑行之类的爱好，因为它能告诉用人单位你有坚强的毅力和严格的纪律意识。

2. 个人简历的撰写要求

撰写个人简历应当做到以下几点。

（1）书面整洁，格式美观。个人简历一定要注意书面整洁和格式美观，要便于阅读，从而给用人单位留下良好的印象。为此，个人简历应打印出来，需要强调的部分可以采用粗体字，但是不要用太多花哨的字体或斜体字，因为它们会分散对方对重点信息的注意力。如果是影印本，效果会更好。在投递之前，一定要再次认真检查一下个人简历。

（2）内容真实，评价客观。对个人简历最基本的要求就是真实。诚实地记录和描述能够使招聘人员对求职者产生信任感，诚实是用人单位对求职者最基本的要求。个人简历中通常会涉及对自己的评价，自我评价应当力求客观公正，行文中所表现出的语气应当谦虚诚恳。总体来说，既不能妄自尊大，也不能妄自菲薄，分寸的把握非常重要。要特别注意避免夸夸其谈，适当坦言自己在经验等方面的某些不足，反而更能赢得好感。写个人简历时不可以撒谎、不可以掺假，但可以进行优化处理。优化不等于掺假，优化的目的是突出强项，忽略弱项。

（3）详略得当，重点突出。个人简历就是求职者推销自己的广告，广告最主要的目的就是用自己的独特之处吸引别人的目光。对于不同的用人单位、不同的职位、不同的要求，应当事先进行必要的分析，有针对性地准备个人简历。要把最有价值的内容放在个人简历中，无关痛痒的内容不需要浪费篇幅，语言要平实、客观和精练，不宜出现太感性的描述。要根据用人单位和职位的要求，巧妙地突出自己的优势，给人留下鲜明深刻的印象，但注意不能简单重复。自己的优势与能力是整份简历的点睛之笔，也是最能表现个性的地方，应当深思熟虑、不落俗套、有说服力，而又合乎情理。

（4）构思巧妙，不拘一格。要组织好个人简历的结构，不能在个人简历中出现重复的内容。在结构严谨的前提下，要使自己的个人简历富有创造性，使招聘人员产生强烈的阅读兴趣。个人简历的版式设计也是一个非常重要的因素，是真正的“第一印象”。标识要明显，段落不要过长，字体大小适中，排版端庄美观，疏密得当。还要注意版面不要太花哨，最好用类似公函的风格，这能体现出求职者的基本职业素养。

（5）文字简洁，用词准确。许多人以为个人简历篇幅越长越好，篇幅越长，说明经历越丰富，能力越强。实际并非如此，一份个人简历只能得到一个招聘人员几十秒的关注，过于繁杂的内容只会起到相反的效果。因此，个人简历写作要惜墨如金，避免出现过长的段落；要多用动词，省略第一人称“我”。个人简历用词力求精确，阐述自己的技巧、能力、经验时要尽可能准确，不夸大也不误导，所写的内容应与自己的实际能力及工作水平相符。不要使用拗口的语句和生僻的字词，更不要有病句、错别字。

3. 撰写个人简历需要注意的问题

撰写一份合格的个人简历需要注意以下问题。

（1）精心设计。撰写个人简历前需要用较多的时间进行思考和斟酌，而不是简单地提笔就写，需要审视自我，了解用人单位，了解应聘的岗位和用人单位的需要。一般情况下，一份个人简历以一两页的篇幅为好，繁忙的招聘人员往往会对页数过多的求职材料感到不耐烦。起草个人简历时，初稿可以写得长点，把所有相关的内容都写上，然后进行删改，仔细推敲每一个词、每一部分内容，把有用的内容留下并用最简洁的语言表达出来。

（2）有的放矢。在撰写个人简历之前，得先站在用人单位的角度想一想：用人单位每个月支付薪酬招聘员工的目的是什么？搞清楚这个根本问题之后，才能够做到有的放矢。个人简历中要写出自己的特点、特长、特别的经历。针对要应聘的职位，强调自己满足用人单位需要的技术、能力、资质、成就，以及能够给用人单位带来什么样的利益。所选经历应为最近五年内发生的，且应该与应聘职位相关，独特的经历也应该尽量保留。

（3）扬长避短。个人简历中的内容，必须实事求是，绝不能虚构。但这并不是说，要把所有关于你的事情都写在个人简历中。个人简历的主要作用是让用人单位了解你胜任某项工作的资格，因此，与之无关的、对自身不利的内容完全可以忽略。

个人简历的作用是推销自己、表现自己，自己的特长、能力等尽量在简历中表现出来，让用人单位从中发现你的价值。切忌过于谦卑，不好意思向别人陈述自己的优点和成绩，如果不说清楚你能够做什么，那谁会知道你是一个有用的人才呢？因此，在个人简历中，不仅要列举你所从事过的工作，更应该强调你的专业技能和已取得的成果。

（4）其他要求。要仔细检查个人简历，杜绝出现别字、语法和标点符号方面的低级错误，最好让文笔比较好的朋友帮你检查一遍。当局者迷，旁人比你更容易检查出错误。

4. 求职简历的投递技巧

（1）招聘期间向目标单位的人力资源部门投递个人简历。目标单位对外招聘人才都会贴出招聘启事，而负责招聘工作的一般是人力资源部门。投递个人简历的时间要处于目标单位招聘的期限内，因为人力资源部门每天有很多工作要忙，如果不是在招聘期限内，人力资源部门基本上是不收个人简历的，求职者贸然投递，可能引起对方的反感。

（2）在现场招聘会上投递个人简历。招聘会是一个非常好的求职平台，不过在招聘会上很少有人求职成功，主要是因为招聘会上所招的岗位很有限。要么求职者自己不满意，要么竞争太大。在招聘会上，求职者可以多准备几份个人简历，可以是统一的，也可以是有针对性的，然后投递给不同的用人单位。

（3）在网上投递个人简历。在网上投递个人简历是一个非常有效的方式，很多求职者都喜欢采用这种方法。网络渠道所投的个人简历是电子版，如果个人简历使用的是下载的模板，一定要记得更改姓名。

（4）利用手机 APP 投递个人简历。手机 APP 投递个人简历是一种十分便捷且高效的方式，能够随时随地获取求职信息，目前市场上运用较广泛的求职 APP 有智联招聘、前程无忧、58 同城、BOSS 直聘等。

求职简历制作技巧

1. 具有明确的职业定位及求职目标，强调核心竞争力

求职前应明确自己的职业定位及求职目标，同时对用人单位的背景、业务范围、企业文化进行前期了解，将自己在教育背景、经验或技能等方面能够吸引用人单位的核心优势凸显出来。在教育背景、社团或工作经验、荣誉、特殊技能、参加的活动与训练等方面，强调自己有符合用人单位需要的优点、成就与能力等。

2. 简洁明了，以“数”服人

在制作个人简历时，可通过表格、粗体字及副标题等形式，让招聘人员快速、清楚地了解自己的情况，在每个要点前加着重号。对取得的成绩，最好用具体的数字来佐证；将获得的奖励与荣誉悉数列举出来，并将证书复印件放在附件中。

3. 重点突出近几年的经历

个人简历的重点为个人资料、优势简介、学历背景、社团经验与经历、荣誉、特殊技能与训练、参与过的社会活动等。这些经历一般是指在大学期间的经历。有的大学生为了多列举材料，把自己高中时候的经历和成绩也列举出来，这样无法突出自己的专业特点，会让自己的简历变得华而不实。

4. 个性化的自荐信

在个人简历的前面附上一份自荐信（一页为宜），表达自己对用人单位某一具体职位的兴趣，然后简单地介绍自己的学历背景与工作经验，并简单地列出职业生涯乃至人生规划的重点。这样可以让招聘人员在浏览简历时快速了解你，并记住你的优势及你对自己职业生涯的定位与思考。

5. 强化未来目标与人生规划

求职者个人的职业生涯规划与用人单位的发展方向是否相符，是用人单位在招聘时非常关心和重视的内容。越来越多的用人单位不仅重视求职者的经历，更重视求职者是否有明确的职业生涯规划，对自己是否有明确的定位。

课堂互动

请在 10 min 内从同学的个人简历中挑出 5 ~ 10 个不妥之处。

请从给定的个人简历中挑出 5 ~ 8 个不妥之处，时间为 5 min。和同伴讨论为何不妥，时间为 10 min。

教师结合个人简历的要素及制作要求进行讲解，时间为 10 min。

这个练习是为了让大家检验一下自己对个人简历的评审能力，帮助大家明确个人简历的要素，提高制作个人简历的水平。同时，使大家明白写完个人简历并非大功告成，完成后还要进行仔细的修改，因为有错别字或语法错误的个人简历，最容易被刷下来。

第三节 求职笔试与面试

笔试是用人单位采用书面形式对求职者的基础知识、专业知识、文字表达能力和书写态度等综合能力的一次有据可查的测试。笔试是一种常用的考核方法，通常用于一些专业技术要求很强和对录用人员素质要求很高的大型企事业单位，如一些涉外部门、专业公司及国家机关等。大学毕业生对笔试并不陌生，但应注意择业过程中的笔试和学校考试的不同之处，有针对性地做好笔试准备，掌握笔试的答题技巧。

面试是在特定的场景下，以面试官对求职者面对面交谈与观察为主要手段，由表及里地了解求职者的知识、能力、经验等有关素质的活动。面试是所有用人单位招聘人才都会设置的一个环节，毕竟“百闻不如一见”。用人单位通过面试，可对求职者形成最直接的印象和评价，从而决定是否录用。

不论是刚刚踏入社会想一展身手的职场新人，还是希望另谋高就的努力进取者，要想为自己觅得一份称心如意的工作，不但要有真才实学，而且要在笔试和面试中向用人单位展示自己，推销自己。这就要求求职者做好求职笔试和面试准备，掌握笔试和面试的技巧。只有这样，才能在较短的考核过程中，从众多候选者中脱颖而出，让用人单位认可自己，从而应聘成功。

一、笔试的特点

笔试是用以考核求职者特定的知识、专业技术水平和文字运用能力的一种书面考试形式。笔试具有以下几个显著特点。

1. 客观性

客观性是笔试最显著的特点。试题依据一定的内容和客观标准拟制；试卷可以密封，主考人与被测者不必直接接触；评卷依据客观尺度，人为干扰因素少，具有较强的区别功能；试卷可以保存备查，较好地体现了客观、公平、公正原则。

2. 广博性

笔试的试卷内容涵盖面广、容量大，一份笔试试卷常常可以出几十道乃至上百道不同类型的试题，因而通过笔试可以测试出求职者的基础知识的深度与广度，测试的信度和效度都比较高。

3. 经济性

笔试可针对大批求职者在同一时间、不同空间实施，测评效率高，可以高效地对一定数量的求职者进行考核。

总之，采用笔试的方法，求职者的机会均等而且相对客观，这是其他方法难以做到的。

二、笔试的常见类型

笔试的常见类型有以下几种。

1. 专业能力测试

专业能力测试旨在检验求职者担任某一职务时能否达到所要求的专业知识水平和相关的实际能力。

对于一名合格的大学毕业生，用人单位只要看学习成绩单就可大致了解其知识能力情况，通常可免去笔试。但也有一些用人单位需要通过笔试的方式对求职的大学毕业生进行专业知识的再考核。

这类笔试一般针对研发型和技术类岗位，笔试题目主要涉及工作需要的技术性问题，专业性比较强。外资企业、外贸企业、科研机构、国家机关招聘时常采用这类笔试。例如，在招聘时金融部门要考查有关的金融知识，新闻机关要考查新闻写作。

2. 智商测试

智商测试旨在考查求职者是否具有不断接收新知识的能力。这类测试多被外资企业尤其是著名跨国公司采用，它们对大学毕业生所学的专业一般没有特别要求，但对大学毕业生的素质要求较高。在它们看来，专业能力可以通过公司的培训获得，有无专业训练背景不是最重要的，关键是是否具有不断接收新知识的学习能力。

智商测试并不神秘，题目形式主要有两类。一类是图形识别，如给出四种图形，让求职者指出其相似点或不同点，这类题目在一些面向中小学生的智力游戏中很常见，一些面向大众的杂志偶尔也刊登。另一类是算术题，主要测试大学毕业生对数字的敏感程度，以及基本的计算能力。例如，给定一组数据，让求职者根据不同的要求求解，其难度一般不超过中学生的计算水平。这类测试多用于会计师、审计师等职业的招聘中。

3. 心理测试

心理测试一般是用人单位事先编制好标准化量表或问卷，面试时要求求职者完成，然后根据求职者完成的数量和质量来判定其心理水平或个性差异。这种测试常用于某些特殊的用人单位，用以测试求职者的态度、兴趣、动机、智力水平、反应速度和个性等。用人单位通过职业心理测试选聘工作人员的直接原因在于，它可以降低特殊行业员工的淘汰率和训练成本，便于用人单位量才录用员工，量才配置人员，从而达到人尽其才、提高工作效率的目的。这类测试常见于跨国公司、外资企业的招聘中。

4. 综合能力测试

用人单位在采用笔试的方式时，可能只进行单一的专业能力测试，也可能进行综合能力测试，对求职者的专业知识技能、可迁移技能和自我管理技能等进行全方位的考查。综合能力测试兼有智商测试的要求，但程度更高，主要内容有：简单的数理分析能力；对知识域的考查，主要包括一些常识性的问题和时事方面的内容；语言理解和表达能力。这类测试常见于外资企业、科研机构、国家机关、跨国公司的招聘中。

例如，国家公务员录用考试的笔试科目包括公共科目和专业科目。公共科目包括“行政职业能力测验”和“申论”。“行政职业能力测验”主要测试应试人员常识判断、言语理解及表述、数量关系、判断推理、资料分析等方面的能力；“申论”则是测试应试人员综合分析及文字表达方面的能力。专业科目是指部分要求有专业科目考试的岗位要考查的科目。

一些笔试题型的优缺点

目前，各单位招聘中笔试的题型主要有七种：选择题、是非题、匹配题、填空题、简答题、回答题、小论文，每种题型都有它的优缺点。比如小论文，它需要求职者以长篇的文章表达自己对某一问题的看法，展现自己的知识、才能和观念等。其有下列优点：易于编制试题，能测试求职者的书面表达能力，易于观察求职者的推理能力、创造能力及材料概括能力；同时它也存在下列缺点：评分缺乏客观的标准，命题范围欠广博，不能测出求职者的记忆能力。其他笔试题型（如选择题、是非题、匹配题等）的优点为：评分公正、抽样较广、免除模棱两可及取巧的答案，可以测出求职者的记忆力，试卷易于评阅；但也存在下列缺点：不能测出求职者的推理能力、创造能力及语言组织能力，试题不易编制，答案可以猜测，有时甚至可以通过掷骰子的方式来碰运气。

三、笔试前的准备

笔试前要做好以下准备。

1. 知识准备

笔试前尽量多了解笔试的范围和重点，有针对性地进行复习准备。用人单位的笔试重点一般是常用的基础知识，所以不要把复习重点放在偏题、怪题上，要把基础知识掌握好，在实际运用方面下功夫。有些课程内容时间久了容易被遗忘，复习有助于快速回忆并巩固知识点。例如，应聘 Java 软件工程师的大学毕业生应该在笔试前复习 Java 编程、数据库等方面的知识。可以在互联网上搜索相关的笔试题，训练自己的发散思维；也可以通过高校论坛等媒介与他人进行信息交流，向参加过相关笔试的人请教经验。

2. 良好的身心准备

研究表明，适度的紧张对考场发挥是有帮助的，但完全不紧张或过度紧张对考试无益甚至会起阻碍作用，因此求职者在保持适度紧张的同时，不要过分担忧考试结果，要以积极坦然的心态去迎接考试。良好的身体状态是考试的重要保障。求职者考试前要保证充足的睡眠，这样考试时才能精力充沛；考前不要吃得太饱或太杂，以免引起身体不适，降低大脑的工作效率，影响正常水平的发挥。

3. 考场相关准备

参加笔试前要仔细阅读考场注意事项，携带好个人证件（如身份证、准考证、学生证等）、文具（如笔、小刀、橡皮等）等必备材料。要服从考场安排，遵守考场规则，禁止作弊等不良行为，考试结果有时并不是最重要的，但诚信在任何时候都是最重要的。

四、笔试的答题技巧

虽然良好的笔试成绩来自平时的扎实学习，但掌握一定的答题技巧能使自己获得更好的成绩。

1. 把握时间，先易后难

答题时要注意时间，拿到试卷后，首先浏览一遍，了解题目的数量和难易程度，以便掌握答题的速度；然后根据先易后难的顺序答题，避免因为思考难题耽误太多时间而导致会答的题没有时间做。在遇到较大的综合题或论述题时，应先列提纲，再逐条论述。

2. 认真审题，仔细答题

审题要认真，要把握题目的主旨，做到举一反三；答题要层次分明、脉络清晰、简明扼要。例如，对于案例分析题，一要注意不身置其境，要以第三者的视角进行客观分析；二要恰当选择合适的理论或原理作为论点；三要理论结合实际，有理有据；四要结论明确，切中“要害”；五要紧扣案例，以点带面。

3. 卷面整洁，字迹清晰

用人单位往往通过卷面了解求职者的态度、行事风格。对于字迹工整、答题一丝不苟的求职者，招聘人员会认为其态度认真、处事严谨；相反，对于字迹潦草甚至字迹难以辨认的求职者，招聘人员会对其态度和一贯行事风格产生怀疑。因此答题时应以正楷体书写，字迹清晰，尽量少做修改。

4. 认真检查，注意细节

试卷答完后要进行一次全面检查，特别注意不要漏题、跑题。注意纠正错别字、语法不通、词不达意等错误。

五、面试的主要内容

面试，从狭义上说，就是用人单位为求职者举行的当面考试。它一般是由用人单位在确定的时间、地点，由面试官对求职者进行的面对面的考核。从广义上来说，面试也是用人单位与求职者之间的交流，因为面试为双方提供了一个双向选择的机会，能使用人单位和求职者之间相互了解，以便双方更准确地做出聘用与否、受聘与否的决定。

面试主要考查求职者的以下素质。

1. 仪表风度

仪表风度是指一个人的体形、外貌、衣着、举止、精神状态等，能在一定程度上反映一个人的内在素养。有些职位，如国家公务员、教师、公关人员、企业经理等，对仪表风度的要求较高。研究表明，仪表端庄、衣着整洁、举止文明的人，一般做事有规矩，注意自我约束，责任心强。

2. 专业知识

面试过程中，面试官通常会提问一些与招聘岗位相关的专业问题，以考查求职者所掌握的专业知识的深度、广度及其专业知识和技能水平是否符合职位要求，以此作为对专业知识笔试的补充。这种考查往往更具灵活性和深度，招聘人员所提的问题也更接近空缺岗位对专业知识的需求。

3. 工作经历与实践经验

面试过程中，面试官一般会根据求职者的个人简历或求职登记表进行相关的提问，以此来了解求职者的有关背景及过去的工作情况，以补充、证实求职者所具有的实践经验。面试官通过对求职者工作经历与实践经验的了解，可以考查其责任感、主动性、思维力、口头表达能力及遇事的理智状况等。

4. 口头表达能力

通过面试可以了解求职者的口头表达能力，即看求职者能否将自己的思想、观点、意见或建议顺畅地用语言表达出来。考查的具体内容包括：表达的逻辑性、准确性、感染力，普通话是否标准等。

5. 反应能力与应变能力

通过面试可以看出求职者对面试官所提出的问题理解是否准确及回答是否迅速等，从而考查其理解能力及反应能力。此外，还可以看出求职者对突发问题的反映是否机智敏捷、回答是否恰当，对意外事件的处理是否妥当等，考查求职者的应变能力。

6. 综合分析能力

面试过程中，面试官可以通过提出的问题考查求职者能否通过分析抓住本质，并且说理透彻、分析全面、条理清晰，以此来考查求职者的综合分析能力。

7. 自我控制能力与情绪稳定性

面试过程中，面试官可以通过压力式面试来观察求职者在面对让人激动、愤怒的事情时的反应和处理方式，以考查求职者的自我控制能力和情绪稳定性。自我控制能力好的人一般在被上级批评指责，或遇到工作压力、个人利益受损的情况时，能够克制、容忍，理智地对待，不会因情绪波动而影响工作，在工作中比较有耐心和韧劲。

知识点睛

求职面试中的言语禁忌

（1）忌问“你们要不要外地人”“你们要不要女性”“你们要招聘多少人”“你们对学历和工作经验的要求能不能放宽些”等问题。

（2）忌说“我与你们这儿的 ×× 相熟”“我与你们单位的 ×× 领导是好朋友”“我与你们公司的 ×× 是同学”等。

（3）忌面试一开始就问“你们的待遇怎么样”“你们一个月能发多少薪水”。

（4）忌不假思索地回答“我不同意”“我不赞成”。

（5）忌直说“我合适……岗位，不合适去干……”“我适合当管理人员，不适合在一线工作”。

（6）忌害怕说“我不懂”“我不了解”，坦率承认自己的不足之处，反而会赢得面试官的信任和好感。

（7）忌不敢说“您问的是不是这样一个问题……”，应将问题复述一遍，确认其内容，回答时才能有的放矢，不致南辕北辙。

（8）忌说“我从没失败过”“我可以胜任所有工作”，这种说法显然是在自夸，会令人生厌。

六、面试的主要类型

1. 按照面试标准化程度分

按照面试标准化程度分，面试可分为结构化面试、非结构化面试和半结构化面试。

（1）结构化面试是指面试题目、实施程序、结果评定、考官构成等方面在统一明确的规范下进行的面试。它依据预先确定的程序和题目进行，过程严密、层次分明、评价维度确定，面试官根据事先拟好的谈话提纲逐项向求职者提问，求职者针对问题进行回答。在这种面试中，面试官控制着面试的全过程，主导着谈话内容以便获得他想要的答案。结构化面试往往有标准化的评分表和详细的评分标准。

典型的结构化面试一般由自我介绍、背景陈述、交流讨论和结束阶段四部分构成。用人单位会根据岗位的特点确定面试的具体内容模块、测评流程、安排和要求，如面试要达到的目的、职位的具体要求等。目前，公务员和外企使用此类面试方式比较多。采用这种面试方式的目的在于去除偏见，帮助面试官做出客观的决定，评估求职者的工作能力及其能否胜任该岗位工作。所有的求职者都被问相同的问题，以便面试官评价求职者。如果你在面试结束时还没有传达出重要的信息，在被问及是否有其他问题或者有没有其他事情时，一定要抓住这个展示自己重要资质的机会。

（2）非结构化面试是指对与面试有关的因素不做任何限定的面试，即通常没有任何规范的随意性面试。面试中没有事先规定的框架结构，也不采用有确定答案的固定问题。在面试中所提的问题及谈话时所采用的方式都由面试官自由决定，谈话层次交错，具有很大的偶然性，如聊天式的提问方式。这种面试能给谈话双方充分的自由，面试官可以针对求职者的特点进行有区别的提问。这对富有经验的面试官来说是一种有效的、简便的方法。非结构化面试类似人们日常非正式的交谈，除非面试官的个人素质极高，否则很难保证面试的效果。

（3）半结构化面试是指只对面试的部分因素有统一要求的面试，如规定有统一的程序和评价标准，但面试题目可以根据实际情况随意变化。半结构化面试是介于结构化面试与非结构化面试之间的一种面试形式，结合了两者的优点，有效避免了单一方法的不足。

2. 按照面试内容与要求分

按照面试内容与要求分，面试可分为问题式面试、情境式面试、压力式面试、综合式面试和无领导小组讨论。

（1）问题式面试是指由面试官按照事先拟订的提纲对求职者提出一个问题或者一项计划，请求职者予以回答或解决。其目的在于观察求职者在特殊环境中的表现，考核其知识储备与业务能力，判断其解决问题的能力，从而获得有关求职者的第一手资料。

（2）情境式面试是指由面试官事先创设一个情境，提出一个问题或一项计划，要求求职者扮演某一角色并进入角色情境去处理各种事务、解决各种问题和矛盾。其目的是观察求职者在特殊情况下的表现，以判断其分析问题、解决问题的能力及应变能力。

（3）压力式面试是指由面试官有意识地对求职者施加压力，针对某一问题进行一连串的发问，不仅详细，而且追根究底，直至求职者无法回答；甚至有意识地刺激求职者，观察求职者在突如其来的压力下能否做出恰当的反应，以此评判求职者的机智程度、临场应变能力和心理承受能力。

求职者回答问题时若结结巴巴、无言以对，或怒形于色、据理力争，那就掉进了对方所设的圈套。遇到此种情况，要头脑冷静，明白对方是在“做戏”，不必与对方较劲。

（4）综合式面试是指由面试官通过多种方式综合考查求职者多方面才能的面试。例如，用英语同求职者对话，以考查其英语水平及口语表达能力；让求职者写一段文字，以考查其字迹是否工整、表达是否流畅，同时考查其临场发挥能力；让求职者分析一段文章，以考查其分析、归纳、表达的能力；也许还会要求求职者现场用计算机进行一些演示或文档处理，甚至进行软件设计，以考查其计算机操作能力；等等。现在，很多用人单位在面试过程中增加了问卷测试的环节，此环节往往采用书面的素质测试卷，让求职者在规定的时间内、在毫无准备的状态下完成问卷，其目的是了解求职者的综合素质。

（5）无领导小组讨论是采用情景模拟的方式对求职者进行集体面试，一般是让一定数目的求职者组成一组（8 ~ 10人），在规定时间内对与工作有关的问题进行讨论，求职者自主形成三类角色：组织者、时间控制者及记录者、参与者。讨论过程中不指定谁是领导，也不指定求职者的位置，由求职者自行安排。面试官不参与讨论，只是对每名求职者在讨论中的表现进行观察（可以通过专门的摄像设备进行观察），观察求职者的组织协调能力、口头表达能力、说服能力等能否达到岗位的要求，以及求职者的自信程度、进取心、情绪稳定性、反应灵活性等个性特点是否符合岗位的团体气氛等，对求职者的各个考查要素进行评分，从而对其能力、素质水平做出判断，并由此来综合分析求职者之间的差别。

以上是面试类型的大致划分，在实际面试过程中，用人单位可能采取任意一种，或综合采用多种面试方式，也可能就某一方面的问题对求职者进行更广泛、更深刻的考查，无论采用哪种面试方式其目的都是选拔优秀的求职者。

七、面试前的准备

1. 面试前的思想准备

（1)充分了解用人单位。对用人单位的性质、地址、业务范围、经营业绩、发展前景，以及应聘岗位、所需的专业知识和技能等要有全面的了解。单位的性质不同，对求职者面试的侧重点就不同，如公务员面试的内容和要求与企业相差很大。公务员面试侧重于时事、政治、经济、管理、服务意识等方面；企业面试更看重专业水平、工作能力、是否适合企业的发展等。同时，求职者还应该通过熟人、朋友或有关部门了解当天对自己进行面试的面试官的有关情况及面试的方式，以及面试时间安排，收集对自己面试有利的信息。

（2）使自己的能力与用人单位的招聘岗位要求相符。求职者参加面试前应对自己的能力、特长、个性、兴趣、爱好、人生目标、择业倾向有清醒的认识。认真阅读收集到的所有信息并牢记它们，参加面试时，尽量展示自己与工作要求相适应的能力。

（3）模拟提出问题。面试前不经过角色模拟，便无法达到最佳的效果。一些负责招聘的人事主管提出，求职者应当乐意提出问题，这样面试官才能知道求职者的水平和想了解的问题。

（4）对可能遇到的问题进行准备。这项准备有助于求职者认清自己的真正想法，有助于在面试现场清晰地进行自我表达。

（5）练习处理对面试不利的事情。每个人都会有受挫经历，都曾经犯过错，可将其作为一段可供学习的经历加以陈述，并思考如何处理会更好，这样以后面试时再遇到类似情况就知道如何应对了。记住，务必用积极的事情抵消消极的事情，最好不要说有损自己形象的话。

2. 面试前的心理准备

面试就像一场考试，在测试每个人的能力的同时，也在测试每个人的心理素质和临场发挥能力。因此，要想面试成功，需要做到以下两点。

（1）要充满信心。“海阔凭鱼跃，天高任鸟飞”，保持良好的状态、快乐的心情，对面试大有好处。

（2）要抓住面试官的心理。了解面试官注重哪些方面，提前做好准备。面试官可能先评价求职者的衣着、外表、仪态及行为举止，也可能对求职者的专业知识、口才、谈话技巧进行整体性的考核，还可能从面谈中了解求职者的性格及人际关系，并在谈话过程中了解求职者的情绪状况、人格成熟度、工作理想、是否有抱负及上进心等。

3. 面试前的知识及材料准备

要熟知与应聘岗位相关的专业知识、业务技能等。准备当天可能用到的个人资料或作品，准备一份求职材料，携带相关证件，以供面试官查阅。

4. 面试前的体能及仪表准备

面试前要保证充足的睡眠和愉快的心情，以保持良好的精神状态。面试前还应注意修饰自己的仪表，使穿着打扮等与年龄、身份、个性、应聘的岗位等相协调。

5. 确认交通路线

接到面试通知后，要提前确认面试地点，查找好交通路线，以免面试迟到。一般面试通知上会标有交通路线，要搞清楚究竟在何处上下车、换乘。要留出充裕的时间去搭乘或转换车辆，包括一些意外情况都应考虑在内。

有一家公司准备招聘一名既懂业务又头脑灵活并且看问题全面的总经理助理，招聘信息发出后仅仅一天时间，应聘材料便如雪片般飞来。在公司人事经理斟酌挑选后，近 30 人被通知参加笔试。

笔试试题如下。

综合能力测试题（限时 2 min 答完），请认真阅读试卷。

（1）在试卷的左上角写上姓名。

（2）写出三种热带植物的名称。

（3）写出三座中国历史文化名城。

（4）写出三座外国历史文化名城。

……

不少求职者匆忙扫了一眼试卷后，便马上动笔写起来，现场的气氛因紧张而显得有些凝重。时间到，除四五个人答完交卷外，其他人还在忙着答题。人事经理宣布考试结束，未按时交试卷的一律淘汰，现场顿时炸开了锅，未交卷的求职者纷纷抱怨时间太短，人事经理面带微笑地说："请诸位再仔细看看试题。"众人仔细一看，只见后面的试题是这样的——

……

（14）写出三句常用的歇后语。

（15）如果阁下看完了题目，请只做第一题。

请思考：结合材料，你认为在参加面试时最应当具备的能力是什么？

八、面试的技巧

1. 面试应答技巧

（1）确认问题，切忌答非所问。面试过程中，面试官提出的问题过大，以致求职者不知从何答起，或求职者不明白问题的含意等是常有的事。若遇到这种情况，求职者可将问题复述一遍，或向面试官提问，以确认其内容，这样才能做到有的放矢，不至于答非所问。

（2）保持最佳状态，思考后再回答问题。

（3）把握重点，保持条理清晰。一般情况下，回答问题时要结论在前，议论在后，先将中心意思表达清楚，再做叙述。

（4）讲清原委，避免抽象。面试官提问是为了了解求职者的具体情况，因此，求职者切不可简单地仅以"是"或"否"作答，有的需要解释原因，有的则需要说明程度。

（5）冷静对待，宠辱不惊。面试中，有时面试官会故意挑衅，令人难堪。这不是"不怀好意"，而是一种提问战术，故意提出不礼貌或令人难堪的问题，旨在给求职者施加压力，考查求职者的适应能力和应变能力。求职者若不顾一切反唇相讥、恶语相对，那就大错特错了。

（6）要"知之为知之，不知为不知"，切忌不懂装懂。面试时常会遇到一些不熟悉、曾经熟悉但现在忘了或根本就不懂的问题。面对这种情况，回避问题是失策，牵强附会更是拙劣，坦率地承认自己的不足之处，反倒会赢得面试官的信任和好感。

2. 面试谈话技巧

微课
面试交谈技巧

（1）留意对方的反应。交谈过程中很重要的一点是把握谈话的气氛和时机，这就需要求职者随时注意观察对方的反应。如果对方表现出对某个话题已失去兴趣，求职者应该尽快将话题收住。

（2）谈话应顺其自然。不要误解话题，不要过于固执，不要独占话题，不要插话，不要奉承，不要浪费口舌。

（3）有良好的语言习惯。求职者面试时不仅要表达流畅，用词得当，还要发音清晰、语调得体、声音自然、音量适中、语速适宜。

3. 面试结束技巧

（1）适时告辞。面试快结束时面试官会说一些暗示性的话语，如“谢谢你对我们公司的关注”“谢谢你对我们招聘工作的关心，我们做出决定后会通知你”等，以此来提示求职者面试结束了，这时求职者应当主动告辞。

（2）礼貌道别。面试结束时的礼节往往也是用人单位考查求职者的一个重要方面，因此不要在面试结束前就表现出浮躁不安、急于离去的样子。此外，道别时应感谢对方花时间同自己面谈，如果有其他工作人员接待过自己，也应向他们致谢告辞。

行思之窗

国际经贸专业毕业的小高在找工作之初，向很多家单位投了简历，但只有一家单位给了他面试机会，其招聘岗位是跨境电商运营。作为一名普通的大学毕业生，小高没有电子商务的相关理论知识和实践经验，能力受到面试官的质疑，加上回答问题时，没有控制好语速，手势过多，条理不清，给面试官留下了不太好的印象。面试官问他英语口语如何，小高迟疑了一下，坦诚地说：“还可以，但是仍然需要加强。”此话一出，面试官便露出迟疑的表情，接着又问：“假如我们接到一个外国客户的订单，接下来该怎么办？”面对这个从来没有思考过的问题，小高不知道该怎么回答。

请思考：为什么面对面试官的问题小高不能给出令人满意的答案？

第四节 求职礼仪与口才

一、求职礼仪的重要性

礼仪是个人素质的一种外在表现形式，良好的礼仪是取得面试成功的法宝，讲礼貌的求职者自然会受到用人单位的欢迎。礼仪包括诸多方面，在面试中具有举足轻重的地位，客观反映了一个人的文化素质和内涵修养。

礼仪素养是指一个人在展现自我、待人接物等方面的能力和素质，是一个人走向社会的名片，也是一个人取得事业成功的桥梁。它是一种相对稳定的心理品质，是知识积淀和内化的结果，具有理性的特征；同时，它又是潜在的，是通过人的仪表言行等外在形态表现出来的，相对持久地影响着人对待外界和自身的态度。可以说，人的礼仪素养表现为人对社会、对他人、对自身的态度。

求职过程中的礼仪素养包括很多细小的方面。比如，为了避免迟到，最好提前到达面试地点，这是面试礼仪的最起码的要求；进入面试单位时要表现得不卑不亢，用“您好”“谢谢”等文明礼貌用语表现自己的素养；面试时要表现得彬彬有礼，言谈举止要表现出对面试官的尊重，但也要注意避免过分殷勤或过分谦卑，以免适得其反；面试结束后，无论是否被录取，都应保持风度，真诚地向面试官致谢。为了加深面试官对自己的印象，增加求职成功的概率，可以在面试后的两三天内，给面试官发一封邮件表示感谢，这也许会为你赢得一个面试成功的机会。

着装的 TPO 原则

TPO 是英文 Time、Place、Occasion 3 个单词首字母的缩写。T 代表时间，P 代表地点，O 代表场合。着装的 TPO 原则是世界通行的基本的着装打扮原则，它要求人们的着装展现和谐与美感，要与时间、地点、场合相协调，给人留下良好的印象。因此，在着装方面应注意以下问题。

（1）着装应与自身条件相适应。选择服装首先应该与自己的年龄、身份、体形、肤色、性格和谐统一。例如，身材较胖、颈粗脸圆者宜穿深色、V 型领、大 U 型领服装，不宜穿浅色、高领服装；身材纤瘦、颈细脸小者宜穿浅色、高领或圆领服装；方脸者宜穿小圆领或翻领服装。

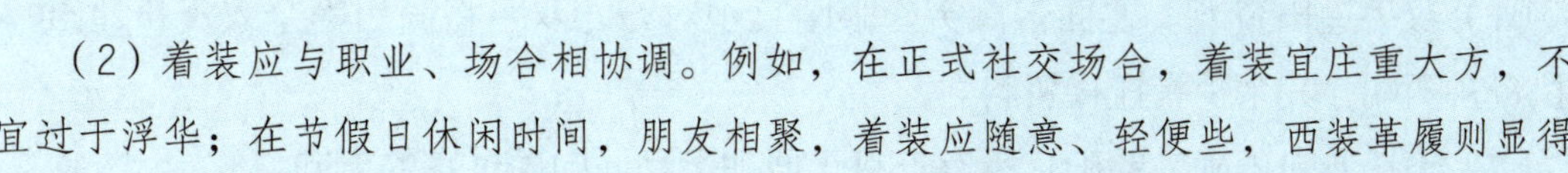

（2）着装应与职业、场合相协调。例如，在正式社交场合，着装宜庄重大方，不宜过于浮华；在节假日休闲时间，朋友相聚，着装应随意、轻便些，西装革履则显得拘谨而不适宜。

二、求职礼仪的要求

下面给求职者提出几点具体的求职面试时的礼仪建议。

1. 遵守时间

提前 10 ~ 15 min 到达面试地点，这样可以表达自己的诚意，使对方对你产生信任感；同时也可有时间调整自己的心态，做一些简单的仪表准备，以免仓促上阵，手忙脚乱。要想做到这一点，一定要牢记面试的时间、地点，最好能提前去一趟，一来可以观察、熟悉环境；二来便于掌握路途往返时间，以免迟到。如果迟到了，肯定会给面试官留下不好的印象，甚至会丧失面试的机会。

2. 注意出入礼节

（1）敲门。在任何情况下都要注意进门前先敲门。敲几下合适呢？答案是 3 下，而且敲门时一定要有力度，速度切忌过快或者过慢。研究表明，间隔 0.3 ~ 0.5 s 敲 3 下是最好的敲门频率。不妨先练习一下，让父母、朋友或是同学听一听，做到以大家都认为很舒服的力度和方式敲门。

进门后不要随手将门关上，而应转过身正对着门，用手轻轻将门合上。见到面试官应主动致意，称呼要得体。在面试官没有请你坐下时，切勿急于落座。面试官请你坐下时，应道声“谢谢”。切忌大大咧咧、左顾右盼、满不在乎，以免引起面试官的反感。离开时应询问“还有什么要问的吗”，得到否定回答后应微笑着起立，并将座椅轻轻推至原位置，感谢用人单位给你面试的机会，并说“再见”。

（2）稳健的行姿。其具体要求为头正、肩平、躯挺、步位直、步速平稳。

① 身体与行走的轨迹都应保持直线。求职者走进面试房间及在房间内行走时，上身要挺直，收腹挺胸，背部、腰部挺直，头部要端正，不要摇头晃脑。

② 行走要协调。手臂摆动幅度以 30° 为宜，千万不要因为紧张而出现同手同脚的状况。

③ 行走要平稳。求职者起步时重心应前倾，行走时重心落在前脚掌，不要摇晃肩膀，走路要有节奏感，适宜的节奏感能给人以沉稳之感。

3. 注意递交资料礼仪

求职者递交资料时要注意以下几点。

（1）双手递出资料。要面带微笑、眼睛直视对方，双手将简历等个人资料递出，拇指执资料两端，其余手指托稳资料。

（2）确认方向正确。要确认所有资料正面朝上且面向面试官的方向。

4. 注意面试姿势

（1）坐姿。端正坐姿的具体要求是：坐得端正稳重、自然亲切、文雅自如，身体的重心放在椅子的前 2/3 处，双腿自然并拢，双手叠放于膝盖上，腰部挺直，身体微向前倾。坐时既不可坐得太浅，也不能坐得太深。坐得太浅显得不自信，容易使自己紧张，导致注意力不集中；坐得太深，则显得傲慢无理。端正的坐姿，会让人觉得此人精神振奋、朝气蓬勃。

（2）站姿。标准站姿的基本要求是：站立端正、自然、稳重、亲切、精神饱满。

① 方向。身体正对着面试官站立。

② 目光。不摇头晃脑、东张西望，目光要保持平视或低于水平视线。

③ 上身。挺胸收腹，双肩自然放松端平。

④ 双手。女生双臂自然下垂，置于裤子或裙子的中缝处；或将双手自然叠放于小腹前，右手叠在左手上。男生双臂自然下垂，置于身体两侧；或右手轻握左手的腕部，左手握拳，放在小腹前，或者置于身后。

⑤ 双脚。女生两腿并拢，双脚呈“丁”字形站立；或并立站立。男生脚跟并拢，脚呈“V”字形分开，两脚尖间距约一个拳头的宽度；或双脚平行分开，与肩同宽。

5. 注意小动作

在面试时还应该注意避免一些下意识的小动作，如坐着时双腿叉开，不停地摇晃；或跷着二郎腿，不停地抖动；或讲话时摇头晃脑，用手掩口；或用手不停地抓后脑勺；或边说话边整理头发；或不停地玩弄随身携带的小物件；等等。这些小动作会使面试官分心，很可能引起面试官的反感，认为你或是缺乏教养，或是坏习惯太多，不利于面试成功。

6. 注意眼神交流

与面试官交谈时目光要自然，不要一直紧盯着对方，更不能漫不经心地四处张望，避免目光游离。游离、善变的目光会让面试官认为你不老实。可以和面试官保持一定程度的目光交流，可以将目光放在对方的鼻梁部位，这样既能显示自己对对方所谈话题感兴趣，又可以避免双方对视的尴尬。如果有多名面试官在场，说话的时候一定要经常用目光扫视所有面试官，以示尊重。

面试中微笑的作用

面试时，很多人因为内向、紧张而不苟言笑。微笑被称为“世界语”，在社交活动中微笑被广泛应用。动人的微笑有助于你找到工作。戴尔·卡耐基（Dale Carnegie）曾经说过：“一个人脸上的表情比他身上的穿着更重要。”在面试过程中即使被面试官问倒，也要保持镇定，报以歉意的微笑。要学会微笑、善于微笑，微笑不仅是个人自信的表现，更是对他人热情与尊重的表达。

在使用微笑语时要注意以下几点。第一，掌握微笑的时机。表现自然、发自内心，在该微笑的时候微笑，不可故作笑颜、假意奉承。第二，掌握微笑的尺度，练习微笑技巧。不可无节制地放声大笑，也不要抑制、遮掩地笑。只有符合礼仪规范的微笑，才会使人感到亲切自然，对人产生吸引力。

三、面试口才的重要性

如果说礼仪是求职者的第一张名片，那么口才就是第二张名片，它是求职者对自身能力、素质的综合发挥，以及对自身知识的综合调动。求职面试时，如何在较短的时间内成功地推荐自己，让用人单位赏识自己，其关键因素就在于求职者的说话才能，即口才。

从某种意义上说，口才是一种力量，是一种无形的生产力。在求职面试过程中，口才的重要性不容小觑。在找工作的过程中每个人都会经历面试，而面试不仅是求职者间知识、能力的较量，也是口才的较量。一般而言，从小学到大学大家都在用笔答题，而面试“考场”除了考查一个人的知识结构外，还希望从求职者的言谈中读出其性格、气质和潜力。这时，口才的重要性便凸显出来。良好的口才能够帮助求职者清晰准确地表达自己的观点和想法，与面试官进行更有效的沟通；能帮助求职者更好地展示自己的能力；能帮助求职者提高自身的说服力和影响力，从而使其在面试中脱颖而出，获得面试成功。

因此，每位求职者，无论自觉也好，不自觉也好，主动也好，被动也好，都必须正视这样一个现实：必须尽快使自己具有较好的口才，迅速提高自身的竞争力，这样才能在求职过程中，以及今后的工作、生活中脱颖而出，成为一个强者、一个成功者、一个胜利者。

四、面试常见问题的回答技巧

尽管不同的用人单位面试的程序和模式会有所区别，面试官的风格各异，求职者的专业特长也不尽相同，但有些共性问题大多数面试官在面试时会提及。下面对大学生求职面试过程中经常遇到的问题进行分析，以期帮助大家提前进行准备。

1. 你最喜欢的大学课程是什么

分析：有的求职者会本着实事求是的原则告诉对方："我最喜欢创意产业设计""我最喜欢企业营销"等。其实，面对这类问题，最好回答与自己应聘的职位相关的课程。例如，应聘程序员职位，可以回答"计算机系统""C 语言程序设计"等课程，以此说明你所学的专业对工作有帮助。

2. 你参加过哪些社会实践活动

分析：这一问题主要考查的是求职者对工作的胜任能力。所有用人单位对有着一定工作经验的毕业生（无论参与过什么工作）都较为看好，回答这个问题时可尽量说出所有打工或兼职的经验，甚至曾义务帮助学校、其他团体或亲朋好友的经验也可适当介绍，最好能具体说明工作内容及担任此职位的时间，并进一步说明你在此职位上所从事的工作，若有实际的成果可一起说明。

3. 你有哪些优点

分析：这一问题旨在考查求职者能否客观分析自己，以及求职者的表达与组织能力如何。除个人说法外，加上亲朋好友或师长的观点可增加说服力，避免抽象的陈述，最好以具体的体验及自我反省为主，以使内容更具吸引力。面试之前，应先了解自己拟应聘的岗位的职责和素质要求，有的岗位要求求职者具有的素质是"独立工作能力强"，有的是"具有团结协作精神"，有的是"成熟稳重"，有的则是"具有开拓进取精神"，等等，在回答时就要视具体情况把自己的优点告诉面试官。

4. 你有哪些缺点

分析：对于这一问题，回答时的态度比回答的内容更重要。对即将走上工作岗位的大学毕业生来说，有些普遍性的缺点是无法掩盖的，如缺乏实践经验、社会阅历较浅等。对这些缺点要坦然承认，实事求是地回答，并表示自己弥补缺点的决心，如"我相信自己会很快适应，迅速成长起来""我会在工作中不断学习，丰富自己的知识储备"等。这样可化不利为有利，提高求职成功率。

每个人都难免有这样或那样的个性方面的缺点和不足。用人单位不会信任一个自称没有缺点的人，也不会欣赏一个不敢承认自己的缺点的人，因此回答此问题时，求职者不能说自己没有缺点，也不要把明显的优点说成缺点，如"我的性子比较急，总是第一时间完成工作"，这往往并不能让对方满意。回答这个问题时可以讲一两个不太严重的缺点，如"我经常忽略一些小事""我有时有点固执"等，然后重点说明今后如何克服这些缺点。

5. 谈你的一次失败经历

分析：回答这个问题时千万不能说："我一直都很顺利，没有失败过。"也许你真的没经历过失败，但面试官不会因此认为你能力、才干过人。"失败乃成功之母"，有时失败经历也是一种可遇而不可求的财富。一些大公司，甚至会最早淘汰那些没有体验过失败的求职者。他们可能担心有一日你遇到挫折和失败时，会因缺乏承受能力，无法从挫折和失败中迅速走出来，所以一般都不愿等你到了他们公司才经受这种锻炼。恰当的回答是，说出一次不太严重的失败经历，然后强调你因此得到了很好的锻炼和成长。

6. 你的老师、朋友对你的评价如何

分析：这个问题考查的是求职者的交际能力、是否容易相处等。回答时既应真诚得体，又需扬长避短。

7. 你为什么应聘我们公司

分析：回答这个问题，求职者需要对面试单位有更多的了解，能让对方感受到你应试的决心与信心。回答问题时可以参考上一节中关于面试前的准备的知识，注意展示你对公司的兴趣及对该岗位的认识，客观地说一说你对公司的印象，以及自己的专业知识、职业技能、个人素质等与该岗位的契合度，还可以介绍一下你能为公司做出哪些贡献等。

8. 你如何规划自己未来的事业

分析：这个问题非常重要，同时也十分常见，考查的是求职者的工作动机。通过这一问题的回答，面试官可以知道你的职业规划与公司的目标是否一致，你能否努力、踏实地把工作长久地干下去。

很多没有经验的求职者会落入这个问题的圈套，回答"管理阶层"，因为他们以为可以以此来表明自己的雄心壮志。其实这会引发一系列大多数应届大学毕业生无法回答的问题：管理阶层的定义是什么？经理的基本责任是什么？想做什么领域的经理？

回答这一问题时，可以先说明你要发展或进取的专业方向，并表明你脚踏实地的工作态度。如："我的事业计划是勇于进取，所做的事情必须能将我的精力与专业知识融入我所在行业与我的工作单位所需要的地方。我希望在今后几年中，自己能成长为一名专业人士，了解自己的公司、所在的行业，接受更大的挑战同时能抓住机会。到那时，我未来的发展目标应该会清晰地显露出来。"类似这样的应答会使你脱颖而出。

9. 你有何业余爱好

分析：这个问题看似简单，但往往有更深一层的含义——你的业余爱好是否有助于你的工作，你的娱乐活动是否会干扰你的正常工作。如果回答你没有爱好，那么面试官可能认为你是一个缺乏情趣和格调的人。但过于倾心在业余生活上的人，会有耽于吃喝玩乐，不务正业的嫌疑。在回答这类问题时，既要显示自己的情调与修养，又要展现自

已的事业心，以此为原则说明实际情况即可。可以这么回答："我平时喜欢游泳，疲劳时这是一种很好的放松方式。"

"说说你自己"问题回答技巧

面试官有时会问一些"很大"的题目，比如"说说你自己"，至于说"你自己"什么，并没有限定，但他要的答案并不是"你自己"的全部，因此，你必须"大"题"小"作，不要没选择、没目的地回答。一般说来，"大"题"小"作的技巧是，围绕你应聘的职位来谈。以"说说你自己"为例，"小"到介绍自己与应聘岗位相关的知识、技能、经验即可，面试官如果有兴趣了解你的其他情况，他会主动发问的。这样的问题往往出现在面试开始时，旨在让你先打开话匣子，因此，你必须有意识地把话题拉到你的能力、优点、学识、经验等方面来，不能错过这个展示自我的机会。

五、解除困境的语言技巧

面对激烈的市场竞争，用人单位对人才的素质要求越来越高。不仅要求求职者具有基本的业务能力和素质，还要求其能从容地面对各种困难，妥善地解决棘手的问题。因此常别出心裁地出一些富有挑战性的偏题、难题、怪题，有意"刁难"求职者，通过"察言观色"考查每一位求职者的品质、潜能、创造性、快速反应能力及特殊情况下的应变能力等。面对这类问题，最重要的是透过现象看本质，弄清出题者的本意，才能比较圆满地回答问题。下面列举一些常见的刁难问题并试作分析。

1."你是学计算机专业的，肯定对人工智能很了解，请你谈谈目前人工智能发展的趋势。"

分析：其实这个问题有一个"陷阱"。如果回答"好的。……"，就等于你承认自己是这方面的专家。讲得好，是理所当然；讲得不好，就是你故意卖弄。对这种问题，最好预设前提，可以这么回答："不，我了解的不多，作为计算机专业的毕业生，我可以谈一点儿个人粗浅的认识……"这样一来，谈得不好，也没太大关系；谈得好，反而让人觉得你很谦虚。

2."你明天要去旅游，机票已经订好，公司突然要求你去加班，你会怎么办？"

分析：有不少求职者会不假思索地回答"我肯定会选择明天去加班"，以此来表示对工作的认真负责。如果这样回答，肯定不会让面试官满意，面试官会认为你是在喊口号。遇到这类问题，最好根据具体情况作答。可以这样回答："我会先问一下这项工作是不是非常重要，是不是对公司的业绩影响很大，是不是非得我来完成，其他同事可不可以代替我完成这项工作，如果不可以，我只能将机票退了，去加班。”

3.“如果我们公司录用你，你能保证长期在岗，不跳槽吗？”

分析：公司都喜欢具有稳定性的员工，如果回答“会跳槽”，那么公司肯定不会录用你。如果回答“我不会跳槽”，又容易给人造成你能力不强的错觉或不诚实的感觉。有一位求职者是这样回答的：“前几天我看到一篇文章，标题是《流行跳槽的年代，我不跳槽》。文章中的主人公找到了自己满意的工作，有能发挥自己才能的环境和丰厚的收入，所以选择不跳槽。我很赞同他的做法。就我的求职愿望而言，我想找一份对口的、自己满意的工作，我将为它献上我全部的心血。”他的回答巧妙而得体。

4.“你的学历太低，达不到我们公司的要求”“你的经验不够丰富，我们公司需要经验丰富的人”

分析：面试官这样说很可能是在故意给你施加压力，想考查你的自我控制能力、情绪稳定性，以及你是否足够自信。因此遇到这类情况要顶住压力，迅速调整自己的心态，沉着、自信地回答面试官。

针对“你的学历太低，达不到我们公司的要求”，可以这样回答：“我不否认，但是……”把你的实践经验、专业技能等方面的优势展示出来，这样一来就可以避开学历的问题。此外，还可以告诉面试官，你很愿意在公司的支持下通过进修提升学历。

针对“你的经验不够丰富，我们公司需要经验丰富的人”，可以这样回答：“对于刚刚走出大学校门的我来说，在工作经验上的确是欠缺的，但是我的专业知识扎实，而且我相信我一定能凭借勤奋弥补这方面的不足。”

作为世界著名的奢侈品集团，酩悦·轩尼诗－路易·威登集团旗下有50多个品牌，如轩尼诗、迪奥、路易威登等。这天，该集团到某校招聘。

A女士的面试时间在下午。针对该企业的特点，A女士认为穿非常正式的西装不合适，于是她选择了一条黑色的中式裙子，并化了淡妆。

A女士提前5 min到达面试地点。面试A女士的是路易威登亚太区的业务发展部经理B女士。B女士是法国人，看上去很有涵养。她首先给A女士介绍了集团，并给了A女士一份集团简介。A女士还没来得及看，B女士的问题就接踵而来。其提出的问题都是围绕A女士的简历和申请的职位展开的，其中大部分问题是关于零售方面的，包括经营大众消费品和经营奢侈品有何不同等。B女士还问了关于A女士性格、兴趣等方面的问题，以考查其是否适合集团的文化。

面试接近尾声，看起来B女士对A女士很满意，“good”“nice”这样的字眼说了很多次。

最后B女士问A女士关于薪水的问题。第一轮面试时，公司就问你薪水要求，其实是一个很好的信号，说明对你很感兴趣，有意邀请你加入。但当时，A女士对回答这类问题没有经验，便不假思索地告诉了对方自己的期望值。不料对方立即大声回答：“Impossible！ Too high!（不可能！太高了！）”A女士看到B女士的反应这么强烈，吓了一跳，急忙解释了原因。但是对方的笑容已经消失了，眼睛里的距离感也逐渐加强——显然A女士的回答太直接了。

请思考：A女士的这次面试败在了哪里？若你是A女士，你会如何做？

六、提问的语言技巧

面试快要结束时，面试官经常会问：“你有什么问题要问吗？”不少求职者为了表示“谦恭”，会非常爽快地回答“没有”，其实对于这种回答面试官往往不太满意。面试过程中，求职者绝不是被动的受审者，只能回答面试官的问题，实际上是可以向面试官提问的。据有关调查显示，90%的用人单位在面试时，希望求职者能提问，因为他们从提问中可以看出求职者的水平。

求职者要珍惜提问的机会，不仅要敢于提问，还要善于提问。例如，如果求职者对应聘岗位的有关能力要求或相关情况不太清楚，可以通过提问进一步了解，如“请问贵公司需要什么样的人来担任此职位呢”“不知该职位对计算机能力和英语水平有什么要求”等，类似的提问，不仅能展现求职者对应聘工作的热情，还能加深面试官对自己的印象。但是，有些提问可能会引起面试官的不快，如一见面就问“这个职位一个月的薪水是多少”等。因此，求职者在提问时应遵循以下基本原则。

1. 注意提问的范围

有的求职者会问“贵公司的规模有多大？”“贵公司是合资企业，请问董事会成员里中外方各有几位？”“贵公司未来五年的发展规划是什么？”诸如此类的问题。提出这类问题的求职者没有摆正自己的位置，提出的问题超出了求职者可以提问的范围，会使面试官反感。

一般来说，求职者所提问题要与所应聘职位有关。该职位所需人员的知识结构、能力结构与素质要求等都在可问之列，如“这项工作的具体职责是什么”“这个职位的合适人选应具有哪些素质”“担任这一职位者要进行培训吗”“要做好这份工作，我还要做出哪些努力”等。

2. 注意提问的时机

面试时，有的问题可以在一开始就提出，有的可以在谈话过程中提出，有的则应在快结束时提出。例如，关于工资待遇问题、录用情况，如果求职者想问的话，就不能操之过急。要注意把不同的问题安排在面试的不同阶段提出。毫无目的地乱提问不利于面试成功。

3. 注意提问的方式和语气

有的问题，可以直截了当地提出来；有些问题，则应委婉、含蓄地提出，且要注意提问的语气。如想了解工资待遇等问题，不能直接问“你们打算给我开多少工资？”这样的语气很不礼貌，好像是在谈判，很容易引起面试官的反感。可以委婉地问：“贵公司有什么奖惩制度？”或者根据自己的条件如实说出自己的薪酬期望值。提问时，一定要注意语气，要给对方一种诚挚、被尊重的感觉。

4. 注意提问的深度

面试官是希望求职者提问的，借此可以考查求职者的知识水平、思维方式、价值观等。因此，求职者不可信口开河，提一些肤浅的、幼稚可笑的问题，而应提一些有水平、有深度的问题，以展现自己的实力。

【实训思考】

1. 大学生收集就业信息的途径有哪些？
2. 简述撰写求职材料的原则。
3. 你认为在面试过程中面试官最看重的是什么？
4. 请列举出一两条面试时提问的语言技巧。

【实训演练】

模拟求职面试

模拟求职面试的目的是使学生增强求职意识，提高求职技能，提升就业竞争力，掌握个人简历制作技巧、面试流程等，从而以最佳的状态参加面试。

一、组织形式和准备事项

（1）组织形式。在教室模拟企业招聘全过程。

（2）准备事项。桌子、椅子、个人简历、面试问题、其他道具。

二、面试流程

（1）创设面试情境，如某中学拟招聘一名英语教师，男女不限，薪酬面议，有经验者从优。

（2）邀请学长或者教师担任面试官，学生事先准备好自己的简历，依次应聘。

（3）在面试过程中回答面试官提出的各种问题，结束后由面试官点评。面试问题如下（仅供参考）。

谈谈你自己（请介绍一下你自己）。

你了解我们学校吗？为什么想应聘这个职位？

请你用 2 min 时间描述一下自己的优势和不足。

说说你曾做过的最满意的一件事。

你的适应能力如何？

你周围的人是如何评价你的？

你希望得到的薪酬是多少？

你想找一份长期的工作还是临时的工作？

你给自己制订的五年工作目标是什么？

你能为我们学校带来什么？

三、面试结果讨论

面试官对模拟求职面试进行点评，评选出录用者，其他同学也可以参与评议，最后由教师总结。

第五章 就业基本权益的保护

学习目标

* 知识目标：熟知常见的就业陷阱，了解就业陷阱防范策略，明确劳动合同与就业协议的区别。
* 能力目标：掌握签订就业协议书的原则和步骤，了解签订就业协议书时的注意事项；掌握劳动合同的主体、内容及签订劳动合同时的注意事项。
* 素养目标：熟知大学生就业权利的相关内容，提高规则意识和防范意识，能够运用法律武器处理劳动争议，维护自身的合法权益。

案例导航

某大学应届毕业生小梁在招聘网站上看到某贸易公司销售职位的招聘信息，该职位的要求是“男性，20～28岁，身体健康、性格开朗”。由于觉得这家企业条件不错，所以身为女性的小梁向这家限招男性的公司投了简历。几天过去了，小梁一直没有收到来自该公司的任何回复，一心想找到工作的她决定给这家公司打电话询问一下招聘情况。电话中，她着重向对方介绍了自己在大学期间兼职销售的工作经历。然而，该公司人事部的工作人员一再强调该职位只招男性，尽管小梁很优秀，但就该公司的文化来说，这个职位并不需要女性，当即拒绝了小梁。

对此，小梁百思不得其解：难道该公司因为不爱招女性，就可以违反法律规定，在招聘过程中带有性别歧视吗？于是，小梁向该公司所在地的人力资源和社会保障局投诉了这家贸易公司，要求该公司删除招聘信息中有关只招男性的规定，并保证在以后的招聘中不再歧视女性，同时向她本人赔礼道歉。

接到小梁的投诉后，当地人力资源和社会保障局劳动监察大队对此展开了调查。在了解事实后，劳动监察大队对小梁的投诉进行了处理。最终，该公司愿意纠正错误的性别歧视行为，承诺不会再出现类似的情况，并承诺在其公司首页、招聘网站发布的相关招聘信息位置页，连续 2 周刊登道歉信向小梁道歉。同时，该公司同意支付小梁在投诉过程中所花费的快递费、电话费、交通费等共计 600 元，并象征性地赔偿小梁精神损失费 1 元。对于这个结果，小梁表示满意。

近年来，遭遇性别歧视的求职者较多，但到相关部门投诉的人少之又少。小梁的维权行为为广大学生点亮了明灯。大学生应该掌握与就业相关的法律知识，在应聘求职过程中遇到侵害自身权益的情况时，要拿起法律武器为自己维权。

第一节 就业权利、义务及权益保护

从学校步入社会是人生中的一个重大转折，对于初入职场的大学毕业生来说，外面的世界既充满诱惑，又危机四伏。此时，不要再把自己当成一个需要被人保护的大学生，而要把自己打造成一个具备法律意识和了解法律知识，能够在自己的合法权益受到侵害时拿起法律武器维权的年轻人。

大学毕业生既要了解自己将来在就业和择业方面的权利和义务，又要知道可以通过哪些途径来保护自己的合法权益。这样才能在自身合法权益得不到保障甚至受到侵害时知道如何通过正当的渠道和方式来依法维护自身合法权益。

一、毕业生就业的基本权利

毕业生在就业时主要享有以下基本权利。

1. 自主择业权

《劳动法》第三条规定："劳动者享有平等就业和选择职业的权利。"毕业生在国家就业方针、政策指导下通过"双向选择，自主择业"的方式就业。只要符合国家有关就业的方针、政策，毕业生就可以自主选择用人单位，根据自己的兴趣爱好和能力来选择自己将要从事的职业。任何单位或个人不得干涉，更不可将个人意志强加于毕业生。

2. 公平待遇权

《劳动法》第十二条规定："劳动者就业，不因民族、种族、性别、宗教信仰不同而受

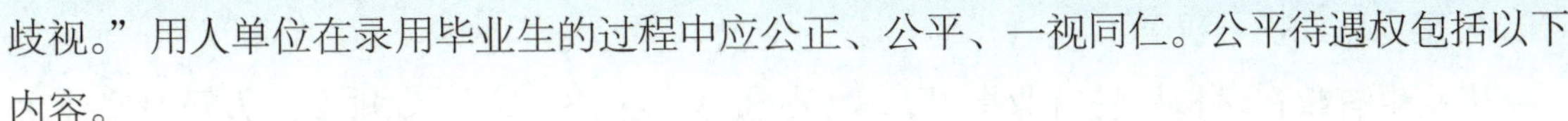

歧视。”用人单位在录用毕业生的过程中应公正、公平、一视同仁。公平待遇权包括以下内容。

（1）毕业生享有被学校公正、平等推荐的权利。学校在毕业生就业工作中的一个重要职责就是向用人单位推荐毕业生。毕业生享有的被推荐权包含以下三个方面的内容。

第一，如实推荐，即学校在推荐毕业生时应实事求是，根据毕业生本人的实际情况向用人单位进行介绍、推荐，不能故意贬低或随意捧高毕业生的在校表现。

第二，公正推荐，即学校在推荐毕业生时应做到公平、公正，应给每位毕业生就业推荐的机会，不能厚此薄彼。公正推荐是学校的基本责任，也是毕业生享有的最基本的权益。

第三，择优推荐，即学校根据毕业生的在校表现，在公开、公正的基础上，还应择优推荐，用人单位录用毕业生时也应坚持择优标准，真正实现优生优用、人尽其才。

毕业生在就业过程中只能凭自身高水平的综合素质来取胜，这样才能调动广大毕业生和在校生的学习积极性。

（2）毕业生享有被用人单位公平录用的权利。用人单位在录用毕业生时，应坚持择优标准，真正实现优生先录、尊重知识、尊重人才；应做到公开、公正、公平，不得歧视女性毕业生，不得歧视少数民族毕业生；用人单位招用人员，除国家规定的不适合女性的工种或岗位外，不得以性别为由拒绝录用女性毕业生或提高对女性毕业生的录用标准，在工资方面应贯彻同工同酬的原则。

（3）毕业生享有公平竞争的权利。公平竞争是市场体制存在和运行的必要条件，作为就业主体，毕业生享有公平参与竞争的权利。这里的公平是指竞争机会平等、竞争起点平等。竞争主体要自觉遵守毕业生就业的相关法律、法规和政策，制裁非法竞争和不正当竞争，规范竞争行为。公平竞争是自主择业的前提，是毕业生在择业过程中享有的一项基本权利。当前，毕业生的公平待遇权受到冲击，这也最为毕业生所担忧。由于各项配套措施滞后，完全开放的公平的就业市场尚未真正形成，用人单位录用毕业生过程中还存在不同程度的不公平、不公正的现象，如性别歧视仍然是困扰女性毕业生就业的一大问题。公平待遇权是所有毕业生最迫切需要得到和维护的权益。

3. 信息知情权

毕业生有全面、真实获取用人单位信息的权利。在双向选择过程中，毕业生有权向用人单位了解具体的工作内容、工作环境、薪酬待遇、发展前景等情况，从而做出适合自身条件的选择；用人单位有义务向毕业生和学校如实介绍本单位的真实情况，并提供相应的资料。

4. 接受就业指导权

毕业生有权在学校接受就业指导，学校应成立专门的部门，安排专门人员对毕业生进行就业指导，包括向毕业生宣传国家关于毕业生就业的有关方针、政策，对毕业生进行择业技巧的指导，引导毕业生根据国家、社会的需要，结合个人实际情况进行择业，使毕业生通过接受就业指导准确进行自我定位、合理择业。当然，随着毕业生就业完全市场化，毕业生将由在学校接受就业指导转为主动到社会上寻求和接受一些合法机构的有益的就业指导。

5. 违约及求偿权

毕业生、用人单位签订就业协议书后，任何一方不得擅自毁约。如用人单位无故要求解约，应承担违约责任，向毕业生支付违约金，毕业生有权要求用人单位进行补偿。

（1）求偿权。求偿权即向违约方要求承担违约责任、获得赔偿的权利。《中华人民共和国民法典》（简称《民法典》）第一百八十六条规定：“因当事人一方的违约行为，损害对方人身权益、财产权益的，受损害方有权选择请求其承担违约责任或者侵权责任。”

（2）解除协议权。有下列情形之一的，劳动者可以随时通知用人单位解除劳动合同：在试用期内的；用人单位以暴力、威胁或者非法限制人身自由的手段强迫劳动的；用人单位未按照劳动合同约定支付劳动报酬或者提供劳动条件的。

（3）申诉权。《劳动法》第七十七条规定：“用人单位与劳动者发生劳动争议，当事人可以依法申请调解、仲裁、提起诉讼，也可以协商解决。”《劳动法》第七十九条规定：“劳动争议发生后，当事人可以向本单位劳动争议调解委员会申请调解；调解不成，当事人一方要求仲裁的，可以向劳动争议仲裁委员会申请仲裁。”《劳动法》第八十三条规定：“劳动争议当事人对仲裁裁决不服的，可以自收到仲裁裁决书之日起十五日内向人民法院提起诉讼。一方当事人在法定期限内不起诉又不履行仲裁裁决的，另一方当事人可以申请人民法院强制执行。”

6. 协商签约权

协商签约权主要包括以下两方面内容。

一是毕业生与用人单位平等协商签订就业协议书。我国相关法律规定，合同当事人的法律地位平等，一方不得将自己的意志强加给另一方。因此，一旦用人单位同意接收某毕业生，该毕业生就有权与用人单位平等协商签订就业协议书。

二是毕业生与用人单位平等协商签订劳动合同。《劳动法》第十七条规定：“订立和变更劳动合同，应当遵循平等自愿、协商一致的原则，不得违反法律、行政法规的规定。”因此，毕业生到用人单位报到后，有权与用人单位平等协商签订劳动合同，并有权要求用人单位按照《劳动法》的规定提供各种劳动保障。

用法律维护就业知情权

大学毕业生在求职过程中，会碰到一些用人单位故意隐瞒真实的工作信息，或者将工作条件和劳动报酬说得天花乱坠，到实际工作时完全不是那么回事的情况。有的大学毕业生通过了用人单位的初试、复试，甚至得到了可以签订就业协议书的口头承诺，一番苦等之后却未等到对方兑现承诺，得到的回答是“名额有限”或“无可奉告”，这往往使大学毕业生大失所望，对其职业生涯造成负面影响。

人才交流奉行的原则是“双向选择”，然而在实际操作过程中，一些用人单位因掌握了求职者的详细资料而能从容决定聘用与否，求职若渴的求职者却因信息不全而难以做出正确的选择。这样，“双向选择”就变成了“单向选择”。既然是“双向选择”，求职者就有求职知情权。在求职的过程中，求职者不仅有权了解用人单位及与员工利益相关的信息，而且在不被聘用的情况下有权知道自己落聘的原因。

遇到这种情况，大多数求职的大学毕业生敢怒而不敢言。他们都表示，面对目前严峻的就业形势，能找到一家令自己满意的用人单位已属不易，哪儿还有去维护自己求职知情权的底气。随着新的《劳动合同法》的实施，这一状况得到了改善。《劳动合同法》第八条规定:“用人单位招用劳动者时，应当如实告知劳动者工作内容、工作条件、工作地点、职业危害、安全生产状况、劳动报酬，以及劳动者要求了解的其他情况。”也就是说，在应聘时，大学毕业生有权了解用人单位的基本情况、自己的工作内容和劳动报酬等。此外，用人单位还应当根据大学毕业生的要求，及时向其反馈是否录用。就业知情权是一个不容忽视的问题，求职的毕业生要拿起法律武器，勇于维护自己的合法权益，向那些表示“无可奉告”的用人单位问个究竟。

二、毕业生就业的义务

义务是法律、法规和政策规定的主体必须承担的责任。毕业生就业的义务是指毕业生在就业活动中应对国家、社会、单位所承担的责任。每个毕业生在求职活动中都必须以高度负责的精神对国家、社会、单位、家庭尽到应尽的责任。在就业过程中，毕业生在享有法律、法规和有关政策规定的权利的同时，也应当履行自己的义务。毕业生就业的义务主要有以下几项。

1. 回报国家、社会，服从国家需要的义务

毕业生是国家培养的专业技术人才，国家、社会及家庭为其成长和发展提供了相对于其他青年群体无法比拟的优越条件，花费了大量的财力、人力。“得之于社会，还之于

社会，报之于社会”，毕业生应积极地、负责任地依托自己的职业行为，用自己所学的知识报效国家、社会和家庭，承担起自己应尽的责任。在择业过程中，当个人意愿与就业政策发生矛盾时，当个人的兴趣、爱好、特长与国家的需要发生矛盾时，要从国家、社会的需要出发，服务于国家、社会，把个人的愿望和国家的需要有机结合起来。

2. 如实地向用人单位介绍自己情况的义务

毕业生应向用人单位提供真实的自荐材料。自荐材料不是一般的应用性材料，而是毕业生就业的一种手段，是毕业生为了让用人单位了解自己、认识自己、赏识自己、接纳自己而撰写的一种材料。毕业生向用人单位提供的自荐材料应实事求是，不能弄虚作假，要如实地向用人单位介绍自己的情况，对优点不夸大，对缺点不回避，对过失不隐瞒。

3. 自觉履行就业协议的义务

毕业生要认真履行就业协议。毕业生与用人单位签订就业协议实际上是一种有关就业意向的承诺，表明毕业生愿意在毕业之后到用人单位就业，用人单位愿意接收毕业生。就业协议一旦签订，就具有法律效力。通常，毕业生将不得再选择其他单位，用人单位也不能用其他人取代该毕业生。讲信誉是对毕业生就业道德的基本要求之一。毕业生必须增强信用意识，自觉履行就业协议中的义务。如果违约，必须承担违约所带来的相应责任。

此外，毕业生在就业之后也应该履行相关的义务，主要有以下几点。

（1）应当完成用人单位规定的劳动任务。

（2）应当自觉地接受训练。

（3）应当自觉严格执行劳动安全规程和规则。

（4）应当遵守劳动纪律和职业道德，并履行法律法规规定的其他义务。

劳动者的权利和义务与用人单位的权利和义务是对等的。劳动者在保护自己的合法权益时，也需要尊重用人单位的合法权益。

小何是某理工学校的应届毕业生，4 月进入长沙市一家 IT 公司工作，因表现优秀，5 月公司出资派他到省外参加了 1 个月的新技术培训，然后与他签订了就业协议，并在就业协议的备注栏内约定：经公司出资培训后，要为公司服务 3 年（服务期）。如违约，支付 2 万元的违约金。7 月，小何正式到公司上班，双方签订劳动合同。在劳动合同里，小何发现约定的合同期只有 1 年，和就业协议的 3 年服务期不同，小何产生了疑惑：1 年合同期满后，我可以离开公司吗？还是必须待服务期满后才能离开？

请思考：试用所学知识分析材料中的问题并说明你的理由。

三、毕业生就业权益的维护

毕业生就业是一项政策性、时限性、操作性都比较强的工作。毕业生要学会依据国家有关就业的法律、法规、政策、制度来维护自身合法权益，提高自己的就业维权素质。

1. 提高就业维权素质

（1）培养维权意识。在法律意识和契约意识的指引下，毕业生认识到自己的合法就业权益受到了侵害，是积极运用法律手段或者其他方法来维护自己的合法权益，还是息事宁人当作什么事都没发生过？不同的处理方法体现了不同的维权意识。具有强烈的维权意识，在遇到问题时能够拿起法律武器积极维护自己的合法权益，是毕业生迈出的关于自我权益保护的具有实质性意义的一步。毕业生只有养成了维权意识，才能够平等地与用人单位对话，据理力争，切实保障自己的合法权益。在培养维权意识的同时，毕业生还应该知道可以通过下列途径维护自己的合法就业权益：学校出面调解，向劳动监察部门申诉、举报，向劳动仲裁机构申请仲裁，向人民法院提起诉讼。

（2）培养证据意识。法律是用证据说话的，毕业生在就业过程中应“多留一个心眼”，牢固树立证据意识。证据意识主要包括以下三方面内容。

① 收集证据的意识。毕业生在就业时要有意识地请对方出示或者提供相关资料来佐证一定的事实，如要求用人单位出示营业执照、要求对方出示表明身份的证件等。

② 保存证据的意识。毕业生要注意保存现有的证据，以便将来在仲裁或诉讼时支持自己的观点，如要注意保存用人单位招聘时的海报，与用人单位往来的传真、邮件等。

③ 运用证据的意识。运用证据的意识即用证据证明案件事实的意识，要知道什么样的事实需要什么样的证据证明，知道一定事实的举证责任是在对方还是在己方，等等。

2. 妥善处理被用人单位拒收问题

到用人单位报到时，个别毕业生可能遇到用人单位拒绝接收的情况。此时不能急躁，应仔细询问用人单位拒绝接收的原因，如果是因为报到时对用人单位提出了一些过分的要求，引起了用人单位的反感和不满，或因言行失当引起了用人单位领导的不快，毕业生应当主动承认错误，进行自我批评，以取得用人单位的谅解。如果是因为用人单位暂未接到通知或经办人不在单位，则需要耐心等待。如果是因为原定的用人单位将进行撤销、合并等，要了解清楚基本情况，同时与该用人单位的上级主管部门取得联系，进行合理申述，不可轻率地返回学校。

总之，大学毕业生遭遇上述情况时，应保持冷静，力求取得用人单位的理解和支持，将事情圆满解决。因为无论用人单位以何种理由拒绝大学毕业生入职，对于大学毕业生个人来说，都是一件不太愉快的事情。当你经过努力交涉，用人单位仍拒绝接收时，不宜与对方争吵，因为争吵无助于问题的解决，甚至还有可能引发麻烦。这时，应主动与学校的就业指导中心联系，说明情况，请学校出面交涉。如果用人单位距离学校路途较远，应等候学校的答复，不可贸然返校，以免带来不必要的经济损失。经过学校与用人单位交涉，如用人单位仍拒绝履行接收义务，则应积极配合学校另行择业，已签订就业协议的应追究相关用人单位的违约责任。

3. 维护就业权益的途径

毕业生的就业权益保护主要分为两个阶段：一个是求职择业过程中（首次就业）的就业权益保护，另一个是就业上岗后（劳动关系）的就业权益保护。不同阶段的就业权益保护有着不同的侧重内容：前者主要集中在就业协议的签订、试用期的纠纷方面，后者主要集中在劳动合同的履行方面。

（1）与就业协议有关的维权途径。毕业生就业中存在的一个突出问题就是在履行就业协议的过程中，毕业生与用人单位产生纠纷。当就业过程中出现一些侵害毕业生合法权益的行为时，毕业生可通过以下途径维护自身合法权益。

① 双方当事人在自愿、平等的基础上协商解决纠纷。如果毕业生在履行就业协议的过程中与用人单位产生纠纷，可以通过协商的方式解决。

② 依靠学校的保护。学校对毕业生合法权益的保护最为直接。学校通过制定各项措施可以规范毕业生就业指导和推荐，当用人单位在录用毕业生的过程中存在不公平、不公正的行为时，学校有权以拒绝签署就业协议等手段维护毕业生的合法就业权益。

③ 依靠行政、权力机关和新闻媒体的力量保护自己的合法权益。当自己的合法权益受到侵害时，毕业生可以及时向当地行政部门（如劳动监察部门）投诉，也可以直接向有权主管用人单位的行政机关（如工商行政管理局）投诉或举报。经有关部门处理后，若合法权益仍未得到保护，毕业生有权依法向各级人民政府和人民代表大会机关申诉。此外，毕业生合法权益受到侵害时，还可以向有关新闻媒体披露真实情况，借此获得社会舆论的监督、关注和支持。

（2）就业后的维权途径。《中华人民共和国劳动争议调解仲裁法》第四条规定：“发生劳动争议，劳动者可以与用人单位协商，也可以请工会或者第三方共同与用人单位协商，达成和解协议。”第五条规定：“发生劳动争议，当事人不愿协商、协商不成或者达成和解协议后不履行的，可以向调解组织申请调解；不愿调节、调解不成或者达成调解协议后不履行的，可以向劳动争议仲裁委员会申请仲裁；对仲裁裁决不服的，除本法另有规定的外，可以向人民法院提起诉讼。”

可见，就业后的维权途径，即劳动纠纷处理途径主要有三种：调解、仲裁、诉讼。

① 调解是指在查明事实、明辨是非、明确责任的基础上，依照有关法律规定及劳动

合同的约定，推动用人单位和劳动者之间相互谅解、解决争议的方式。

② 若调解不成，一方当事人要求仲裁的，可以向劳动争议仲裁委员会申请仲裁，也可以不经调解直接向劳动争议仲裁委员会申请仲裁。

③ 诉讼程序是处理劳动争议的最后一道程序。对仲裁裁决不服的，可自收到仲裁裁决书之日起 15 日内向人民法院提起诉讼。

看看你身边的同学遇到过或者听说过哪些毕业生就业合法权益被侵犯的情况，讨论一下如何应对此类情况，以及如何提高维权意识。

第二节 常见就业陷阱及其防范

大学毕业生不仅可以依靠学校的招聘会寻找就业机会，还可以走向社会寻求就业机会。与校园招聘活动相比，社会上的就业市场要复杂得多。在这个尚不规范的市场中，大学毕业生还处于弱势地位。一些不法分子瞄准迫切想找到工作的毕业生，骗取毕业生的信任，进而侵害他们的合法权益。而即将走出大学校门的毕业生，社会经验还不丰富，如果不能识别就业陷阱，就容易上当受骗。毕业生在首次就业过程中一定要时刻保持头脑清醒，了解和掌握就业方面的知识和政策，并严格按照程序办事，使自己的合法权益能得到充分的保障不致轻易受到侵害。

一、常见的就业陷阱

目前，由于我国人力资源市场建设有待完善、毕业生就业机制不够健全，加之一些毕业生求职心切，一些用人单位便利用毕业生盲目相信虚假招聘广告的心理，违法招聘并为毕业生设置各种陷阱。一些毕业生缺乏社会经验，不能识别出此类陷阱，不但没有找到工作，还为此花了冤枉钱。

1. 招聘陷阱

（1）借招聘之名行敛财之实。一些用人单位借招聘的名义进行非法敛财，如“为确保毕业生不随意辞职，其身份证需交单位保管”“先交押金再入职”等非法行为。

（2）借招聘机会收集个人信息。一些用人单位借招聘的机会要求毕业生将个人信息包括身份证号码、家庭住址、家人电话等填写详细、完整，旨在收集毕业生及其家庭其他成员的信息，用以对外出售或者诈骗。因此，在制作简历或给用人单位提供个人信息时，应只留个人联系方式、学校地址等，尽量避免出现家人的联系电话、家庭详细地址等，以免家人受到短信、电话骚扰，甚至遭遇诈骗。

（3）借招聘之名宣传自己。有些用人单位根本无意招聘新人，但还是在媒体上发布大量“诚聘英才”的信息，更有甚者，大张旗鼓地举办招聘会，表现得求贤若渴，引得毕业生蜂拥而至，媒体争相报道。其目的却是造成轰动效应，把招聘当成宣传单位形象的手段，这不仅浪费了毕业生的时间，还影响了毕业生的就业热情和自信。

此外，还有一些用人单位为了避免日后产生争端，使用一个长句对职位要求进行描述，由于文句中无任何标点符号，可以使人得出两种甚至多种不同的理解，借此避开有关禁止就业歧视的规定。面对此类陷阱，在浏览招聘信息时应仔细分析岗位的性质，仔细推敲语句的含义，不要在不适合自己的岗位上做无用功，浪费时间和精力。

2. 合同陷阱

签订劳动合同是为了更好地保护劳动者的合法权益。发生纠纷时，劳动者可以用劳动合同来保护自己的合法权益。但是对涉世未深的毕业生来说，这份“权益保障书”中也有可能藏有陷阱。

（1）口头合同。有的用人单位为了吸引优秀的毕业生，口头承诺高薪、空调配套单人间、每年两次公费旅游、解决落户问题等福利待遇，让涉世未深的毕业生落入陷阱，等毕业生入职后却以“签订书面合同太麻烦，口头约定即可”为由拒绝签订劳动合同。当毕业生发现实际情况与用人单位的描述不一致想要索赔时，却没有有力的证据，因为双方的一切协议均为口头商定，发生纠纷后就连双方之间是否存在真实有效的劳动关系都很难得到证明。

（2）单方合同。单方合同听起来要比口头合同好一点儿，毕竟是能看得到的白纸黑字，但是如果细细读来，就会发现合同的全部内容都在维护用人单位的权利，对于求职者的权利和单位的义务只字未提。这样的合同对员工违反规定时要承担的责任、毁约时要缴纳的违约金、与员工的义务相关的条款等规定得非常细致，如果毕业生不小心签订了这样的劳动合同，那么可谓“人为刀俎，我为鱼肉”。由于一些毕业生缺乏维权意识，在求职中又处于弱势地位，对不平等条款要么不知，要么不敢提出异议，使得这种劳动合同在某种程度上成为“霸王合同”。

（3）阴阳合同。用人单位出具的劳动合同表面上看两份是一样的，但细看内容有别，一份是应付劳动监察部门检查的，另一份是实际履行的。这就需要在签订劳动合同时对内容进行谨慎审核，逐条细看，对照两份合同，确认两份合同相同后再签字。

（4）用就业协议代替劳动合同。为了掌握主动权，避免因合同细节产生更多的麻烦，有的用人单位会欺骗毕业生“不需要签订劳动合同，有就业协议即可”。就业协议是用人单位与毕业生、学校三方关系的证明，也是用人单位与毕业生即将建立劳动关系的一份法律证据，其中没有劳动合同必备的工资、工作时间等具体内容，不利于毕业生维护自身合法就业权益。

3. 试用期陷阱

试用期是用人单位与毕业生相互了解的时期，双方的劳动关系处于非正式状态，这一时期最易设置陷阱。

（1）仅签订一份试用期合同。《劳动合同法》第十九条规定：“试用期包含在劳动合同期限内。劳动合同仅约定试用期的，试用期不成立，该期限为劳动合同期限。”所以，只约定试用期的合同就是一份正式的劳动合同。

（2）无限延长试用期。试用期结束后，用人单位以适用不合格等为由延长试用期。试用期是可以适当延长的，但必须符合法律规定。《劳动合同法》第十九条规定：“劳动合同期限三个月以上不满一年的，试用期不得超过一个月；劳动合同期限一年以上不满三年的，试用期不得超过二个月；三年以上固定期限和无固定期限的劳动合同，试用期不得超过六个月。”因此，超过法律规定的试用期是不成立的，应作为合同的正常履行期，按约定的工资标准支付劳动报酬等。

（3）约定多次试用期。《劳动合同法》第十九条规定：“同一用人单位与同一劳动者只能约定一次试用期。”也就是说，用人单位若在初次用工时已经和劳动者约定了试用期，在劳动合同到期后续签时就不得再约定试用期。

（4）试用期没有工资或者工资未达到合法标准。《劳动法》第四十八条规定：“用人单位支付劳动者的工资不得低于当地最低工资标准。”《劳动合同法》第二十条规定：“劳动者在试用期的工资不得低于本单位相同岗位最低档工资或者劳动合同约定工资的百分之八十，并不得低于用人单位所在地的最低工资标准。”因此，试用期工资不能为零，也不得低于法律规定的标准。

（5）试用期不支付工资，累积至试用期结束一并发放。《工资支付暂行规定》第七条规定：“工资必须在用人单位与劳动者约定的日期支付。如遇节假日或休息日，则应提前在最近的工作日支付。工资至少每月支付一次，实行周、日、小时工资制的可按周、日、小时支付工资。”《劳动合同法》第三十条规定：“用人单位应当按照劳动合同约定和国家规定，向劳动者及时足额支付劳动报酬。”《劳动法》第五十条规定：“工资应当以货币形式按月支付给劳动者本人。不得克扣或者无故拖欠劳动者的工资。”因此，拖延发放工资是严重的违法侵权行为。

4. 网络招聘陷阱

随着网络的普及，越来越多的毕业生喜欢在网上求职。下面描述两种常见的网络求职陷阱，希望毕业生引以为戒，顺利求职。

（1）骗取个人信息。在网上求职时，往往需要求职者将个人简历发布到网页上，对此毕业生要格外注意保护自己的私人信息，除非是大型的知名求职网站，否则不要轻易将自己的个人信息全部发布到网页上，更不要轻易将这些信息发给用人单位。在网上可能有不良分子打着“招聘”的旗号诈骗毕业生的信用卡卡号、银行账号、身份证号等有价值的个人信息，之后用伪造的证件行骗或者以毕业生的名义干不法勾当。因此，毕业生在网上求职时一定要注意保护自己的私密信息。

（2）骗取免费劳动力。一些骗子公司会利用网络招聘行骗，但是他们既不骗取钱财，也不骗取个人信息，他们骗取的是劳动力。这类骗子公司看中的是毕业生的知识资源，同样是利用了毕业生求职心切的心理，骗取他们的智力成果。

就业过程中的陷阱不少，但不要因此而气馁。俗话说“邪不压正”，每种陷阱都有被识破的方法，最主要的就是在求职的过程中一定要睁大眼睛，不可仓促地做出决定，要对自己负责。

二、毕业生易受骗的原因

大学毕业生求职被骗经历各不相同，但往往能归纳出一些相同的被骗缘由。

1. 贪图高薪缺理性

从已有的就业诈骗案例来看，部分大学毕业生贪图高薪甚至梦想一夜暴富是骗子得手的首因。相当多的骗子的行骗手法其实并不高超，但依然有个别大学毕业生“中招”，甚至被骗参与诈骗、传销等活动，堕入违法犯罪的深渊，其根本原因就是人性的贪婪战胜了理智、理性，甚至漠视法律，为了金钱、利益铤而走险。

2. 三观不正出问题

个别大学毕业生贪图高薪只是外在表现，核心原因是他们三观不正，也就是他们的世界观、人生观和价值观出现了问题，理想信念出现了问题，人生价值标准出现了偏差，重物质轻精神，贪图享受而不劳作，渴望财富却不付出，等等。

3. 法律常识太缺乏

一些大学毕业生被骗是因为自己掌握的法律知识不够。对就业协议书或劳动合同中的各项条款研读不够，未能理解各条款字里行间的信息或者潜台词，因此上当受骗。

4. 社会经验现短板

大学相对来说是一个比较封闭、简单、单纯的地方。大学毕业生去用人单位找工作，就要面对社会、走向社会，一些大学毕业生对外面的世界和社会知之不全或者知之甚少，缺乏社会阅历、社会经验，遇到书本上没有或者在学校里没有遇到的问题就不知所措，处理起来想当然、太天真，缺乏明辨是非的能力，很容易偏听、偏信骗子的一面之词，因此落入骗局中。

5. 决策决定缺商量

有些大学毕业生找工作时往往倾向于自己的决定，自我标榜为“我的地盘我做主”，做决定之前不愿意和父母、亲戚、朋友、教师沟通、商量，甚至就没想到要虚心听取他们的意见；做完决定之后也不愿意主动告诉父母、亲戚和师友，因此给不法分子带来可乘之机。

6. “新媒体控”泛滥

微博、微信、QQ、小红书等新媒体日益成为当代大学生的主要交流工具，他们把掌握和使用这种工具当作一种时尚，个别人甚至沉溺其中，使得他们的人际沟通方式发生质变——人际交流“转移”到新媒体上，哪怕近在咫尺也不愿意面对面交流，成为名副其实的“新媒体控”一族。新媒体本身具有的隐匿性、超时空性和迅捷性等特点，使得不法分子的高科技就业诈骗得以顺利实施，导致个别大学毕业生“中招”。这类就业诈骗发生后，公安机关难以侦破，大学毕业生的人身损失难以得到补偿、财产损失难以追回。

综上所述，大学毕业生就业诈骗之所以会发生，根本原因首先是大学毕业生存在不良的思想和动机，其次是相关知识和阅历不够，最后是沟通交流不充分。

今年5月，毕业于长沙市某高校的小程，开始了自己的第八份工作。毕业2年的他，已经换了7份工作，最短的仅做了一星期，“都是在网上投简历，没有几家是正经的，不是骗钱就是骗劳动力”。但眼看着身边的同学都慢慢稳定下来，自己却还没有一份稳定的工作，小程的求职压力越来越大。

“最多的时候，一天在两个招聘网站投了30多份简历。”今年5月，小程终于找到了一份“高薪”工作，“是一家化妆品公司的销售经理，面试的时候说看重我工作经验多，底薪就有6 000多元，如果能完成业绩，至少能拿到10 000元”。这对大专毕业的小程有着很大的吸引力。

然而到了入职时，小程才发现，大家都是“销售经理”，实际工作内容就是到美容院去推销产品，“其实这不是我想做的工作，但是当时觉得工资给得高，就入职了”。入职后，小程被通知，在拿正式工资前有3个月的试用期，其间没有工资，只有提成，

"我一开始是很怀疑的，但老板说，只要能完成业绩，提成和正式员工一样多，能拿5 000元左右"。为了这份"高薪"，小程很少休息，经常前往美容院，并成功与两家美容院签了合同，但第一个月小程没有拿到工资，"公司说试用期的工资要等试用期结束后一起发放"。距离试用期结束还有1个月时，公司却以"业绩不合格"为由，将小程等同一批招进公司的7个人全数辞退。

请思考：小程在求职的过程中反复遭遇问题，有哪些影响因素？

三、就业陷阱防范策略

1. 应聘工作索钱款要拒绝

用人单位巧立名目，以各种形式收取求职者的报名费、培训费、押金、资料费等，是违法行为，毕业生应提高警惕，坚决拒绝缴纳各种费用。一旦上当受骗，可向当地劳动监察部门举报或向公安部门报警，寻求法律保护。

2. "一夜暴富"梦要清醒

传销是国家明令禁止的违法行为，千万不要信"一夜暴富"这样的话，以免误入歧途。请记住，天上不会掉馅饼。任何人的成功都是经过勤奋努力得来的。

3. 租借场地来面试要注意

正规的用人单位一般都有固定的办公场所，若用人单位的面试地点选择在宾馆等临时租借来的地方，要高度注意，谨防上当受骗。

4. 联系方式唯手机要提防

在查看用人单位的招聘简介时，用人单位要求先通过QQ联系，这存在着很大的问题，正规公司会直接电话联系或者以邮件的形式通知求职者去面试，不会在QQ上交谈。接到面试通知时，要问清对方的办公地址和固定电话，若用人单位只有手机号码这一种联系方式，要高度警惕，谨防上当受骗。

5. 面试预约在晚上要警惕

若接到安排在晚上的面试通知，要高度警惕，一定要要求改到白天上班时间面试。不要参加安排在晚上的面试，特别是女生，切记。

6. 面试地点较偏远要小心

若用人单位将面试地点安排在偏远的地方，即使在白天，也要警惕。在接到面试通知时，一定要问清楚用人单位的具体地址，然后在网上查询其具体位置，也可以顺便查查用人单位的详细情况。女生不要独自前往，可请同学、朋友陪同，并在出发前向家人交代清楚自己前往的应聘地点及单位名称。

7. 实习工作在外地要谨慎

有的用人单位要求求职者到外地面试、实习和工作，对于毕业生来说，在没对用人单位进行详细了解的情况下，要特别小心谨慎，不要贸然前往外地，谨防上当受骗。

8. 不明电话、微信招聘要防备

一些用人单位会通过电话、E-mail、QQ、微博和微信等新媒体方式来进行人才招聘。这也给不法分子行骗提供了可乘之机，他们也会通过 QQ、电话等方式招摇撞骗。对于来路不明的新媒体招聘信息，应该多留心眼，要仔细加以甄别，去伪存真，不可轻信，不可传播，谨防诈骗，要通过正规、有资质的求职网站求职。

课堂互动

我们在日常求职的过程中可能由于个人信息泄露而接到不法分子的诈骗电话或短信，个别对此毫无警觉的大学毕业生易上当受骗。请和你的同学讨论，如何在求职就业的过程中保护好个人信息，识别招聘诈骗？

9. 对用人单位的了解要深入

选定工作单位后，建议进行实地考察，并对自己应聘的岗位职责进行深入了解，同时还可以通过网络，或通过询问老师、同学了解该单位的真实情况。在准备入职前，还要与单位的人事部门谈好工资、是否有试用期、相关的福利等问题，签订劳动合同时要仔细阅读各项条款，切实保障好自身的合法权益。

10. 个人信息的保护要到位

不要轻易填写过于详细的个人信息，对自身资料要加强保护。个别毕业生就因为没有注意这个问题，收到的恐吓短信里竟附有详细的个人资料。现在很多毕业生喜欢在网上求职，上网填写资料时，一定要先看清楚对方的设置范围是否保密，是否面向所有人开放。填写一些重要的数据资料时，一定要向对方网络招聘负责人询问清楚，这样就能避免个人信息泄露。

第三节 就业协议与劳动合同的签订

毕业生就业时需要签署的就业文书一般指就业协议书和劳动合同，两者是有不同之处的。就业协议书中明确约定了毕业生、用人单位、学校三方在毕业生就业工作中的权利与义务，是毕业生与用人单位确定劳动关系的依据。毕业生到用人单位报到后，双方将产生由《劳动合同法》所规定的劳动关系，这种劳动关系体现为毕业生与用人单位签订的劳动合同。

一、签订就业协议书

就业协议书是明确毕业生、用人单位、学校三方在毕业生就业工作中的权利和义务的书面表现形式。签订就业协议书是国家为规范毕业生就业工作，避免混乱，杜绝就业欺诈行为，维护毕业生就业工作的严肃性，维护毕业生、用人单位和学校的合法权益而采取的一项必要措施。

就业协议书具有一定的权威性，它是学校制订就业方案、派遣毕业生，用人单位申请用人指标的主要依据，也是毕业生办理报到、接转行政和户口关系的重要凭据。就业协议书对毕业生、用人单位和学校三方都有一定的约束力。就业协议书一经签署，协议各方须严格履行协议内容。毕业生要保证自己能正常毕业、按时到用人单位报到；用人单位要按照合法的用人程序接收毕业生，妥善安置毕业生的户口、档案；学校要按照规定程序派遣毕业生。

1. 就业协议书的主要内容

就业协议书（见表 5-1）主要包括以下几部分内容。

（1）毕业生的基本情况。毕业生应按国家法规就业，向用人单位如实介绍自己的情况，如姓名、性别、专业、学历、政治面貌、健康情况等，表明自己的就业意见，同意到用人单位工作。

（2）用人单位的情况。用人单位要如实介绍本单位的情况，如单位名称、单位性质、通信地址、联系人等，同时要签署同意录用毕业生意见并加盖单位人事部门公章。

（3）学校意见。学校要如实向用人单位介绍毕业生的情况，做好推荐工作，用人单位同意录用后，经学校审核盖章，报主管部门批准，学校负责办理毕业生就业派遣手续。

表 5-1 就业协议书

<table>
<tr><td rowspan="5">毕业生情况及意见</td><td>姓名</td><td></td><td>性别</td><td></td><td>年龄</td><td></td><td>民族</td><td></td></tr>
<tr><td>政治面貌</td><td></td><td>培养方式</td><td colspan="2"></td><td>健康情况</td><td colspan="2"></td></tr>
<tr><td>专业</td><td colspan="3"></td><td>学制</td><td></td><td>学历</td><td></td></tr>
<tr><td>家庭地址</td><td colspan="7"></td></tr>
<tr><td colspan="8">应聘意见：

毕业生签名：
年　月　日</td></tr>
</table>

续表

<table>
<tr><td rowspan="6">用人单位情况及意见</td><td>单位名称</td><td colspan="3"></td><td>单位隶属</td><td></td></tr>
<tr><td>联系人</td><td></td><td>联系电话</td><td></td><td>邮政编码</td><td></td></tr>
<tr><td>通信地址</td><td colspan="3"></td><td>所有制性质</td><td>全民□集体□合资□其他:______</td></tr>
<tr><td colspan="6">单位性质　党政机关□科研事业单位□学校□商贸公司□厂矿企业□部队□其他:__________</td></tr>
<tr><td>档案转寄详细地址</td><td colspan="5"></td></tr>
<tr><td colspan="4">用人单位意见:
签　章
年　月　日</td><td colspan="2">用人单位上级主管部门意见:
（有用人自主权的单位此栏可略）
签　章
年　月　日</td></tr>
<tr><td rowspan="3">学校意见</td><td>学校联系人</td><td></td><td>联系电话</td><td></td><td>邮政编码</td><td></td></tr>
<tr><td colspan="2">学校通信地址</td><td colspan="4"></td></tr>
<tr><td colspan="4">院（系、所）意见:
签　章
年　月　日</td><td colspan="2">学校毕业生就业部门意见:
签　章
年　月　日</td></tr>
<tr><td colspan="7">备注:
一、本协议书限非定向毕业生使用。
二、请毕业生填写:____________（我已报考 / 我没有报考研究生）。
毕业生签字:
三、毕业生若被录取为研究生，学校视为协议自行取消。
用人单位：同意□不同意□　用人单位签章
四、其他约定。</td></tr>
</table>

注：1. 毕业生情况及意见、用人单位情况及意见、学校意见分别由毕业生、用人单位、学校按照相关规定如实填写。

2. 就业协议书中的备注栏是为毕业生、用人单位、学校三方约定其他条款所设计的，其内容视为协议的一部分，也具有法律意义。三方在签订就业协议书时，如果有一些其他的事项或特殊的约定，则应当在就业协议书的备注栏中写明，如薪资标准、保险待遇、住房安排、违约责任、试用期等。毕业生应该好好利用备注栏，更好地争取和保障自己的合法权益，在与用人单位就某一条协议达成一致意见的情况下，可将该条协议写入备注栏，其内容可为“如本人出国留学，该协议终止”“公司愿意为本人提供怎样的住房待遇”及“本人的试用期是多长时间”等。

2. 就业协议书的签订原则

签订就业协议书必须遵循以下原则。

（1）平等原则。就业协议书涉及的三方在签订就业协议时的法律地位是平等的，一方不得将自己的意志强加给另一方。学校不得采用行政手段要求毕业生到指定单位就业（不包括有特殊情况的毕业生），用人单位亦不应在签订就业协议书时要求毕业生缴纳风险金、保证金等。三方当事人的权利和义务是一致的。除协议规定的内容外，三方如有其他约定事项可在就业协议书备注栏中加以补充。

（2）合同自由原则。合同自由原则也称“双向选择原则”，即当事人依法享有自由决定是否签订就业协议书、与谁签订就业协议书的权利。

（3）合法性原则。合法性原则包括两部分内容：主体必须合法，内容必须合法。主体合法是指就业协议的当事人必须具备合法的主体资格。对毕业生而言，就是必须取得毕业资格，如果派遣时学生未取得毕业资格，用人单位可以不予接收而无须承担法律责任。对用人单位而言，用人单位必须具有从事各项经营或管理活动的能力，应有录用毕业生计划和录用自主权，否则毕业生可解除协议而无须承担违约责任。内容合法主要是指所签订的就业协议书必须符合国家的法律法规，符合国家的就业方针、政策和各级政府的有关规定，符合社会道德。

（4）诚实信用原则。诚实信用原则主要是指当事人在各方面都要客观、如实地介绍情况，不得用欺诈、隐瞒、作假等手段骗取他方的信任；同时必须守信践约，认真履行就业协议中规定的义务。

3. 就业协议书的签订步骤

（1）领取就业协议书。毕业生在收到某用人单位的接收函并决定与该用人单位签订就业协议的情况下，可凭录用通知到学校领取就业协议书。在签订就业协议书之前，毕业生应该对目标单位和自己的意愿有清醒的认识，避免在签订就业协议书之后因为有更好的选择或者其他原因而出现违约行为。

（2）毕业生在就业协议书上签署意见后交给用人单位，用人单位签署意见并盖章。

（3）用人单位按管理权限报主管部门和政府毕业生就业工作部门审核、备案。

（4）学校签署意见并盖章，就业协议书生效。就业协议书一式三份，一份交给用人单位，一份毕业生自己留存，一份交学校保存。

4. 签订就业协议书时的注意事项

（1）用黑色钢笔或签字笔填写，字迹清晰、工整。就业协议具有法律效力，签订的时候用黑色钢笔或签字笔，是出于它的严肃性。另外，圆珠笔的字迹不宜长期留存，一旦受潮等可能无法作为证据使用。此外，填写时还要注意字迹清晰、工整，避免潦草，以免事后自己也难以辨识。

（2）内容填写准确无误。在填写用人单位名称、学校名称时不能填简称，都应填写全称。详细的户口迁移地址等则应具体到街道、门牌号。例如，用人单位在招聘时对外用的是简称“××公司”，但签订就业协议的时候应填写其营业执照上的全称“××科学技术有限责任公司”。如果填写简称，一旦发生争议，不利于维权。

（3）注意协议部分内容。在签订就业协议书的时候，有的用人单位会与毕业生就该协议补充其他条件作为附加协议，如就具体的工作内容、工资待遇等进行约定。如果是用人单位与毕业生现场商定的则问题不大，但若是用人单位提前拟好的，则需要毕业生仔细斟酌，确认内容合法、没有异议后再签字。若是就业协议书后面的备注栏中没有内容，则应写上“此处空白”或者“无”。

（4）了解用人单位的基本情况及发展前景。签订就业协议书前要先了解用人单位的业务范围、发展状况、用人制度、社会保险、工资住房、服务期等，因为这些基本情况关系到毕业生自身的长远发展和切身利益。了解用人单位的情况有多种渠道：一是看相关宣传材料，二是实地考察，三是通过熟人、朋友间接了解，四是登录用人单位的网站查看相关信息。

（5）注意与劳动合同衔接。由于就业协议书签订在先，为避免日后签订劳动合同时产生纠纷，应尽可能将劳动合同的主要内容体现在就业协议书的约定条款中，并明确表示在日后签订劳动合同时应予以确认。例如，和用人单位达成的约定，如工资水平、服务期限、协议解除的条件等应尽量在就业协议书的备注栏中注明，双方签字或盖章以示认可。毕业生应增强法律意识，学会保护自己的合法权益。

（6）提高履行协议的自觉性，妥善处理违约问题。根据规定，就业协议书经毕业生、用人单位和学校三方签字盖章后即发生法律效力，三方都应严格履行就业协议，未经协商同意，任何一方不得私自终止协议。任何一方终止协议，都会给另外两方带来不利影响。三方应自觉维护毕业生就业秩序，严格遵守国家和学校的就业政策，信守签约承诺。若毕业生确实需要解除协议，应与用人单位主动协商，妥善处理相关事宜，履行违约责任。

5. 就业协议的解除

就业协议的解除分为单方解除和双方解除两种情况。单方解除包括单方擅自解除和单方依法或依协议解除。单方擅自解除属违约行为。单方依法或依协议解除是指毕业生、用人单位中一方解除就业协议有法律上或协议上的依据，此类单方解除，解除方无须对另一方承担法律责任。双方解除是指毕业生、用人单位经协商一致，取消原订立的就业协议，使其失去法律效力。双方均不承担法律责任，但须征得学校的同意。就业协议一经签订，毕业生、用人单位和学校任何一方皆不得擅自解除。

二、签订劳动合同

1. 劳动合同的主体

劳动合同的主体即劳动法律关系当事人，具体指劳动者和用人单位。劳动合同的主体与其他合同关系的主体主要存在以下不同。

（1）劳动合同的主体是由法律规定的，具有特定性：一方是劳动者，另一方是用人单位。劳动者和用人单位都要具备法律规定的劳动合同主体条件，才能签订劳动合同。不具有法定资格的公民与不具有用工权的组织和个人都不能签订劳动合同。

（2）劳动合同签订后，其主体之间具有行政隶属性，即劳动者必须依法服从用人单位的行政管理。

2. 劳动合同的内容

劳动合同的内容可分为两部分：一是必备条款，二是协商约定条款。

（1）必备条款。《劳动法》第十九条规定了劳动合同的法定形式是书面形式，其必备条款有以下几项。

① 劳动合同期限。法律规定劳动合同的期限分为三种：第一，有固定期限，如 1 年期限、3 年期限等；第二，无固定期限，合同期限没有具体的时间约定，只约定终止合同的条件，若无特殊情况，这种期限的合同应存续到劳动者达到退休年龄；第三，以完成一定的工作为期限，如劳务公司外派一名员工到另外一家公司工作，两家公司签订劳务合同，劳务公司与外派员工签订的劳动合同以劳务合同的解除或终止为终结，这种合同期限就属于以完成一定工作为期限的种类。用人单位与劳动者在协商选择合同期限时，应根据双方的实际情况和需要来约定。

② 工作内容。在这一必备条款中，双方可以约定工作数量、质量及劳动者的工作岗位等内容。在约定工作岗位时可以约定较宽泛的岗位概念，也可以另外签一个短期的岗位协议作为劳动合同的附件，还可以约定在何种条件下可以变更岗位条款等。掌握这种签订劳动合同的技巧，可以避免工作岗位约定过死，因变更岗位条款协商不一致而发生争议。

③ 劳动保护和劳动条件。双方在这方面可以约定工作时间和休息、休假的规定，各项劳动安全与卫生的措施，对女员工的劳动保护措施与制度，以及用人单位为不同岗位劳动者提供的劳动、工作的必要条件，等等。

④ 劳动报酬。此必备条款可以约定劳动者的标准工资、加班工资、奖金、津贴、补贴的数额及支付时间、支付方式等。

⑤ 劳动纪律。此条款应当将用人单位制定的规章制度纳入其中，可将内部规章制度印制成册，作为劳动合同的附件加以简要约定。

⑥ 劳动合同终止的条件。这一必备条款一般是在无固定期限的劳动合同中约定的，因为这类合同没有终止的时限。其他期限种类的合同也可以约定此条款。需要注意的是，双方当事人不得将法律规定的可以解除合同的条件约定为终止合同的条件，以避免出现用人单位应当在解除合同时支付经济补偿金而改为终止合同不予支付经济补偿金的情况。

⑦ 违反劳动合同的责任。一般约定两种违约责任形式：一种是一方违约，违约方赔偿对方的经济损失，即赔偿损失的方式；另一种是双方约定违约金的计算方法。采用违约金方式，应当根据职工一方的承受能力来约定具体金额，避免出现显失公平的情形。违约不是指一般性的违约，而是指严重违约，致使劳动合同无法继续履行，如职工违约离职、用人单位违法解除劳动合同等。

（2）协商约定条款。按照法律规定，用人单位与劳动者签订的劳动合同除上述必备条款外，还可以协商约定其他内容，一般简称为“协商条款”或“约定条款”，实际上称其为“随机条款”更准确，因为必备条款的内容也是需要双方当事人协商、约定的。协商约定条款是在国家法律规定不明确，或者在国家尚无相关法律规定的情况下，用人单位与劳动者根据双方的实际情况协商约定的一些随机性的条款。劳动行政部门印制的劳动合同样本一般都将必备条款写得很具体，同时留出一定的空白由双方随机约定一些内容。例如，可以约定试用期、保守用人单位商业秘密的事项、用人单位内部的一些福利待遇等内容。随着劳动合同制的实施，人们的法律意识、合同观念越来越强，劳动合同中约定条款的内容越来越多。这是改变劳动合同千篇一律的现状、提高劳动合同质量的一个重要体现。

3. 签订劳动合同时的注意事项

（1）了解用人单位的情况，以防签订无效合同。毕业生应详细了解用人单位是否具有法人资格，从事的工作是否合法，是否有能力履行合同的约定，以防签订无效合同进而蒙受损失。同时毕业生还应详细地了解用人单位的其他情况，如用人单位的发展前景，用人单位给员工的福利待遇及提供的培训机会等，以确定该用人单位确实有利于自己的发展。

（2）签订书面合同，口头合同不可取。建立劳动关系，应当订立书面劳动合同。毕业生切不可因求职心切而相信某些用人单位关于工资水平、福利待遇等事项的口头承诺，这些口头承诺是靠不住的，一旦有争议，难以真正维护自己的权益，口头承诺也会化成泡影。

（3）详细阅读合同条款，识别并拒绝霸王条款。劳动合同涉及毕业生的切身利益，毕业生在签订劳动合同的时候，应仔细研读合同条款，看合同条款是否符合国家的相关法律和政策、合同签订双方的权利和义务是否合理、是否存在霸王条款等，对违规条款应予以拒绝。

（4）收取押金或者扣押证件是违法的。一些用人单位在签订劳动合同前擅自向劳动者索要押金或者扣押劳动者的身份证、毕业证等重要证件，毕业生在签订劳动合同时应对此类行为提高警惕。押金是不可以交的；证件可以让用人单位看，但是绝不可以让用人单位将原件带走。

（5）注意试用期的时间。目前大多数用人单位签订的劳动合同的期限为3年，依照规定，试用期最长不可以超过6个月。毕业生在签订劳动合同时应对有关试用期时间的规定有清醒的认识，以更好地保障个人的合法权益。

（6）明确待遇条款。签订劳动合同时，工资水平、工作条件、职务、社会保险等有关自己利益的待遇条款要明确，切不可含糊。例如，劳动合同规定用人单位提供保险，但未指明是哪几类保险，这样就属于模糊条款，按其规定，仅仅提供一类保险也算是符合合同约定，所以毕业生在签订劳动合同时应对此类条款予以明确。

（7）注意就业协议和劳动合同的衔接。就业协议书是毕业生和用人单位达成意向后签订的协议，当毕业生到用人单位报到并建立正式劳动关系时，应当签订劳动合同。劳动合同签订后，就业协议自动失效，因此毕业生在签订劳动合同时，要注意使劳动合同与就业协议书保持一致，尤其要把就业协议书里的约定在劳动合同里表述明确，防止就业协议中的条款因未写入劳动合同而无法得到法律保障。

4. 劳动合同的变更和解除

（1）劳动合同的变更。劳动合同的变更是指在签订劳动合同以后、尚未履行或未完全履行劳动合同以前，当事人就合同的内容做出的修改和补充。《劳动合同法》第三十五条规定：“用人单位与劳动者协商一致，可以变更劳动合同约定的内容。变更劳动合同，应当采用书面形式。”这一规定包括以下内容。

① 劳动合同的变更必须经当事人协商一致，在原来劳动合同的基础上达成变更协议。

② 劳动合同内容的变更是指劳动合同内容的局部变化，不是劳动合同内容的全部变更。

③ 劳动合同变更后，原劳动合同变更的部分依变更后的内容履行，原劳动合同没有变更的部分依然有效，即劳动合同的变更并没有使原劳动合同关系取消，只是对原劳动合同的内容进行了部分修改。

（2）劳动合同的解除。劳动合同的解除是指当事人双方提前终止劳动合同的法律效力，解除双方的权利、义务关系。通常来讲，解除劳动合同有以下几种情况。

① 双方协商解除劳动合同。用人单位与劳动者协商一致可以解除劳动合同。协商解

除劳动合同没有规定实体、程序上的限定条件，只要双方达成一致意见，内容、形式、程序不违反法律的禁止性、强制性规定即可。

② 用人单位单方解除劳动合同。用人单位单方解除劳动合同是指当具备法律规定的条件时，用人单位享有单方解除权，无须双方协商达成一致意见。主要包括过错性辞退、非过错性辞退和经济性裁员三种情形。

③ 劳动者单方解除劳动合同。劳动者单方解除劳动合同是指劳动者享有单方解除权，无须双方协商达成一致意见，也无须征得用人单位的同意。其分为预告解除和即时解除两种情况。预告解除，即劳动者提前 30 日（试用期内提前 3 日）以书面形式通知用人单位解除劳动合同，自通知之日起经过 30 日（试用期经过 3 日），劳动合同即解除，而无须用人单位同意。满足以下条件之一，劳动者可以即时解除劳动合同，无须事先告知用人单位：用人单位未按照劳动合同的约定提供劳动保护或者劳动条件的；未及时足额支付劳动报酬的；未依法为劳动者缴纳社会保险费的；用人单位的规章制度违反法律、法规的规定，损害劳动者权益的。

用人单位解除劳动合同的条件是其必须举证证明劳动者在试用期期间不符合录用条件，举证责任在用人单位，劳动者无须提供自己符合录用条件的证明。劳动者一定要把握好这些标准，面对用人单位无故辞退的情况，要学会用法律捍卫自己的合法权益。

合同是维护双方合法权益的武器，一旦掉进合同陷阱，合法权益就得不到有效保障。因此，大学毕业生在签订劳动合同时，一定要看清楚合同中的具体条款之后再行签署。

要将劳动合同主要内容体现在就业协议书中

就业协议书是我国现行毕业生就业制度下，毕业生从学校走上工作岗位的一种过渡凭证，一般情况下，在毕业生和用人单位签订劳动合同后，就业协议书不再具有法律效力。由于毕业生就业协议书签订在先，为避免日后签订劳动合同时产生纠纷，应尽可能将劳动合同的主要内容体现在就业协议书的约定条款中，并明确表示在今后订立劳动合同时予以确认。否则双方日后就劳动合同有关内容达不成一致意见时，若毕业生表示不愿在该用人单位工作，用人单位可能反过来要毕业生承担违反就业协议的责任。因而毕业生在就业过程中应就劳动报酬、试用期、住房、服务期限等劳动合同的主要条款与用人单位事先协商，并将其体现在就业协议书中，且协议结果书面化，不能只做口头约定，避免日后发生纠纷，无证可查。毕业生与用人单位签订就业协议书不等同于签订了劳动合同，毕业生与用人单位在签订就业协议书之后，还必须签订劳动合同，以保护自己的合法权益。

三、就业协议书和劳动合同的区别

微课
就业协议书和劳动合同的区别

就业协议书和劳动合同都是毕业生就业时与用人单位签订的书面协议，都具有法律效力，但是两者签订于就业过程中的两个不同阶段，有着不同的签订时间、时效性、内容、主体及适用的法律。

1. 签订时间不同

一般而言，就业协议书签订在先，劳动合同签订在后。毕业生在与用人单位达成就业意向时签订就业协议书，通常发生在毕业前；到用人单位报到并建立劳动关系时，签订劳动合同。

2. 时效性不同

就业协议书的效力始于签订之日，终止于毕业生与用人单位签订劳动合同之时。也就是说，劳动合同一旦签订，先前签订的就业协议书就不再具有法律效力，一切以劳动合同为准，就业协议书中的约定只有在写入劳动合同之后才继续有效，这一点毕业生应特别注意。劳动合同的有效期是劳动者与用人单位以合同的形式确定的，除法律规定的情形外，双方不得随意变更、中止劳动合同。

3. 内容不同

就业协议书的内容主要包括毕业生情况及意见、用人单位情况及意见、学校意见、备注四个部分：毕业生如实介绍自己的情况，并表示愿意到用人单位工作；用人单位如实介绍单位的情况，并表示愿意接收该毕业生；学校同意派遣；备注栏中可补充一些其他约定。劳动合同的内容则更加翔实，合同内容包括必备条款和协商约定条款，双方还可以就法定条款及试用期、培训、保守秘密、补充保险和福利待遇等其他事项进行约定。

4. 主体不同

就业协议书俗称“三方协议”，是毕业生与用人单位达成就业意向时签订的协议，它明确了毕业生、用人单位和学校三方在毕业生就业工作中的权利与义务。就业协议书的签订者是毕业生、用人单位和学校三方，缺少任何一方，协议均无效。学校在毕业生与用人单位之间起着指导推荐、就业监督和就业派遣的作用。劳动合同是毕业生与用人单位确定劳动关系时签订的书面协议，与就业协议书不同，劳动合同的签订主体只有毕业生和用人单位，学校并不在其中。

5. 适用的法律不同

就业协议书适用于《民法典》和国家有关毕业生就业分配的法律法规及其他相关政策规定，一经签订，各方应严格履行。劳动合同依据的是《劳动合同法》等法律，受《劳动合同法》的约束。

第四节 违约与劳动争议的处理

一般情况下，求职者都希望自己能够与所在单位互相信任、目标一致、同心同德、共同成长，不愿意与单位因为某些原因而诉诸公堂。然而，就业协议书和劳动合同的签订，就是为日后可能出现的违约与劳动争议问题而提前准备的，不管你愿不愿意，都必须做好面对它的准备。

一、就业协议的违约

毕业生在签订就业协议书后，经过一段时间的考虑，也许会觉得所签的单位不适合自己，或者因为其他原因需要终止所签的就业协议，这就不可避免地涉及违约问题。在就业协议书签订以后，三方中某一方由于自身的原因需要终止就业协议，那么这一方就被判定为违反就业协议的约定，也就是违约。常见的就业协议违约情形有以下几种。

（1）一般而言，学校这一方不会出现违约的情况。如果就业协议书上漏盖了学校的公章，毕业生又没有及时与学校主管教师联系并补盖公章，利用这份就业协议书与单位签约的，毕业生如果要求解除协议，也将被视为违约。违约方需要承担的责任主要体现在违约金方面。

（2）如果毕业生是违约方，违约金按照毕业生与用人单位在备注栏中签署的相关条款执行。如果没有签署相关条款，将由毕业生与用人单位协商解决，学校不收取毕业生的违约金。

（3）如果用人单位是违约方，违约金也按照毕业生与用人单位在备注栏中签署的有关条款执行。如果没有签署相关条款，将由毕业生与用人单位协商解决，学校不收取用人单位的违约金。

行思之窗

小冯毕业前与一家用人单位的市场部签署了就业协议书，毕业后来到这家单位工作。但是工作后不久他就感觉自己的身体状况很难适应单位高强度的工作方式，而且现有工作也不适合自己今后的发展定位，于是在 8 月底向单位提交了解除协议申请。单位虽然答应了他的请求，却以违约为由，要求其必须缴纳 5 000 元的违约金。

小冯觉得很委屈，身体不好无法胜任工作是客观原因，而且现在处于试用期，没有签订劳动合同，凭什么说自己违约？自己在公司已经工作一个多月了，一分钱工资都没有拿到，反而还要交 5 000 元？小冯不肯交违约金，单位就拒绝和他解约，双方的僵持让小冯感觉损失很大。

请思考：根据所学知识判断小冯解除劳动关系是否需要支付违约金。

二、劳动合同的违约

一方当事人违反劳动合同给对方造成损失时应承担相应的法律责任。

1. 劳动者的违约责任

《劳动合同法》第九十条规定："劳动者违反本法规定解除劳动合同，或者违反劳动合同中约定的保密义务或者竞业限制，给用人单位造成损失的，应当承担赔偿责任。"劳动者的违约责任主要有以下几点。

（1）劳动合同被确认无效，给用人单位造成损失的，有过错的劳动者应当承担赔偿责任。

（2）劳动者违反劳动合同中约定的保密义务或者竞业限制，劳动者应当按照劳动合同的约定向用人单位支付违约金。给用人单位造成损失的，劳动者应当承担赔偿责任。

（3）劳动者违反《劳动合同法》的规定解除劳动合同，给用人单位造成损失的，应当承担赔偿责任。

（4）劳动者违反培训协议，未满服务期解除或者终止劳动合同的，或者因劳动者严重违纪，用人单位与劳动者解除约定服务期的劳动合同的，劳动者应当按照劳动合同的约定，向用人单位支付违约金。

收取押金不合理

毕业生在就业过程中会遇到用人单位要求交押金的情况。签订劳动合同时要求劳动者支付押金的做法是法律明令禁止的，但是签订就业协议时用人单位是否可以收取押金法律没有明确规定。一般认为可以参照劳动合同的做法，签订就业协议时用人单位收取押金不合理。

2. 用人单位的违约责任

用人单位对劳动者的违约责任主要有以下三种。

（1）用人单位签订劳动合同违法的法律责任。

①用人单位自用工之日起超过 1 个月不满 1 年未与劳动者订立书面劳动合同的，应

当向劳动者每月支付 2 倍的工资。

②用人单位违反规定不与劳动者订立无固定期限劳动合同的，自应当订立无固定期限劳动合同之日起向劳动者每月支付 2 倍的工资。

③用人单位违反《劳动合同法》规定，以担保或者其他名义向劳动者收取财物的，由劳动行政部门责令限期退还劳动者本人，并以每人 500 元以上 2 000 元以下的标准处以罚款；给劳动者造成损害的，应当承担赔偿责任。

（2）用人单位履行劳动合同违法的法律责任。用人单位有下列情形之一的，由劳动行政部门责令限期支付劳动报酬、加班费或者经济补偿；劳动报酬低于当地最低工资标准的，应当支付其差额部分；逾期不支付的，责令用人单位按应付金额 50% 以上 100% 以下的标准向劳动者加付赔偿金。

① 未按照劳动合同的约定或者国家规定及时足额支付劳动者劳动报酬的。

② 低于当地最低工资标准支付劳动者工资的。

③ 安排加班不支付加班费的。

④ 解除或者终止劳动合同，未依照《劳动合同法》的规定向劳动者支付经济补偿的。

（3）用人单位违法解除和终止劳动合同的法律责任。

① 用人单位违反《劳动合同法》的规定解除或者终止劳动合同的，应当依照《劳动合同法》规定的经济补偿标准的 2 倍向劳动者支付赔偿金。

② 劳动者依法解除或者终止劳动合同，用人单位扣押劳动者档案或其他物品的，由劳动行政部门责令其限期将档案或物品退还劳动者本人，并以每人 500 元以上 2 000 元以下的标准处以罚款；给劳动者造成损害的，应当承担赔偿责任。

××公司收银员李某在上班途中遭遇车祸，经抢救无效死亡，后经××市人力资源和社会保障局认定为因工死亡。因××公司与李某签订的劳动合同中有一条款“发生工伤事故，单位概不负责”，该公司便以此为由拒绝李某家属的赔偿要求。李某家属无法接受，于是申请劳动仲裁。后经裁定，该公司与李某签订的合同为违法合同，没有法律效力。××市劳动人事争议仲裁委员会裁定，由××公司 30 日内向李某的家属支付一次性工亡补助金、丧葬补助金共计 66 万余元。

请思考：我们在遭遇霸王条款时如何运用法律手段维护自己的合法权益？

三、劳动争议的处理

劳动争议又称“劳动纠纷”，是指劳动者与用人单位之间因执行劳动法律法规或履行劳动合同、集体合同而发生的争执。劳动争议的处理机构包括劳动争议调解委员会、劳动争议仲裁委员会和人民法院。

视频
善用法律武器维护权益

按不同标准划分，劳动争议有不同的分类。

（1）按劳动者人数的不同划分。按劳动者人数的不同，劳动争议可分为个人劳动争议和集体劳动争议。个人劳动争议是指劳动者个人与其所在用人单位发生的劳动争议。集体劳动争议是指劳动者在3人以上（含3人），并有共同申诉理由的劳动争议。

（2）按合同类型的不同划分。按合同类型的不同，劳动争议可分为劳动合同争议和集体合同争议。劳动合同争议是指因确认劳动合同效力和履行劳动合同而发生的争议。集体合同争议是指因订立、履行集体合同而发生的争议。

（3）按争议内容的不同划分。按争议内容的不同，劳动争议可分为因开除、辞退职工和职工自动离职而发生的争议，因执行国家有关工时、工资、保险、福利、培训和劳动保护的规定而发生的争议，因履行劳动合同、集体合同而发生的争议，法律法规规定的其他劳动争议。

一旦出现劳动争议，毕业生该如何依法合理应对呢？这就需要毕业生了解处理劳动争议的几种常用方式。

1. 协商解决

协商是指劳动关系双方采取自治的方法解决纠纷，根据劳动争议当事人的合议或团体协议，双方相互协商，最后通过协商解决争议。协商解决是以双方当事人自愿为基础的，不愿协商、协商不成或者达成和解协议后不履行的，当事人可以选择其他方式。

2. 企业调解

劳动争议发生后，当事人可以向本单位劳动争议调解委员会申请调解，企业调解达成和解协议的，制作调解书，双方当事人应自觉履行（此协议不具有法律约束力）；如果从当事人申请之日起30日内未达成和解协议，则视为调解不成。当事人可以在60～90天内，向劳动争议仲裁委员会申请仲裁。另外，当事人不愿调解或调解达成和解协议后反悔的，也可直接向劳动争议仲裁委员会申请仲裁。

3. 劳动仲裁

劳动争议一般由所在行政区域内的劳动争议仲裁委员会受理，当发生争议的单位与职工不在同一劳动争议仲裁委员会管辖地区时，由职工当事人工资关系所在地的劳动争议仲裁委员会处理。当事人任何一方对仲裁裁决不服的，可在收到裁决书15日内向当地人民法院提起诉讼。期满不起诉的，裁决书即发生法律效力，当事人对发生法律效力的裁决书，应当依照规定的期限履行。

4. 人民法院判决

当事人不服仲裁裁决并向人民法院提起诉讼的，人民法院将按照《中华人民共和国民事诉讼法》的有关程序进行处理。首先对双方当事人进行民事调解，如果双方当事人就劳动争议达成和解协议，人民法院将制定民事调解书，调解书送达当事人后立即生效，与判决书具有同等法律效力。如果调解不成，人民法院应当在规定的时间内做出书面判决。原告、被告任何一方对判决不服的，可在法定期限（自收到判决书起 15 日内）内向上级人民法院提起上诉。

某律师事务所是由律师李某、张某、刘某共同出资合伙成立的，因业务发展需要，计划招聘一名会计人员。王某刚毕业于国内某财经大学，有着丰富的会计岗位的实习经历，业务能力出色。经过双方协商，王某于 2020 年 7 月 1 日与该律师事务所签订劳动合同，劳动合同期限为 3 年，工作岗位为会计岗。劳动合同文本一式两份，全部由律师事务所留存。双方在劳动合同中约定：王某若未履行完 3 年的劳动合同而提前主动离职，则视为违反劳动合同约定，应当支付律师事务所违约金 5 万元。

2023 年 5 月 20 日，王某因故向该律师事务所提出辞职，要求该律师事务所为其办理提前解除劳动合同的手续。该律师事务所为王某办理了解除劳动合同的证明，但表示王某需按照劳动合同的约定向律师事务所支付 5 万元违约金，才能解除劳动合同。双方因此发生争议。

请思考：上述情况下，律师事务所提出的要求合法吗？王某应如何应对呢？

【实训思考】

1. 你如何认识就业权利与义务的关系？
2. 就业协议书的签订原则是什么？
3. 劳动合同的主要内容是什么？
4. 简述用人单位在劳动合同签订过程中可能设下的陷阱。
5. 遇到劳务纠纷时应该寻求哪些组织或部门的帮助？

【实训演练】

就业侵权典型案例收集

通过收集大学生求职就业过程中权益受侵害的案例，树立牢固的自我权益保护意识，时刻做好防范就业陷阱的准备。

（1）全班学生分为若干组，以小组为单位收集大学生就业权益被侵害的案例，要求每组所选案例不少于3个，并且要具有代表性。

（2）各组将收集的案例制作成PPT，推选出一名代表在班级进行现场讲解，提出案例中的同学的权益被侵害的原因，以及进行防范的要点，最好结合现有劳动权益保障体系和相关法律法规进行分析。

（3）所有小组讲解完毕，在老师的主持下，推选出优秀小组，并发放奖励。

第六章 步入职场与职业适应

学习目标

* 知识目标：理解职业适应的含义，了解大学生初入职场必备的职业素质，了解企业文化的内容结构。
* 能力目标：从心理和能力上做好准备，适应从学生到职业人的转变及职业岗位的轮换；认识到提升职业素质是通往职业成功的必要过程，以积极的行动促使自己不断成长。
* 素养目标：认识学生角色和职业角色的区别，提高环境适应能力，树立职业信心和责任感，争做合格优秀的职场人。

案例导航

进入职场，是每个人人生道路上一个关键性的转折。实践表明，适应职场比较快的人，更容易获得单位的认可、寻找到人生新的起点、享受到事业成功和生活幸福的喜悦，同时也更容易找到自己的职业定位。因此，求职者对职场和职业人有了理性的认识，就会更快地适应新环境，完成角色的转变。

我们来看大学毕业生小艾的故事。

小艾是一名非常优秀的学生，顺利地考上大学，在大学成绩优异，又顺利考取了重点大学的研究生。无论是学习还是参加学校组织的活动，小艾都得心应手、应付自如。小艾享受着这种展示才能、张扬个性所带来的快乐，而学校这个舞台提供给他的一切，也在不断地塑造着他作为学生的气质，这种气质无形中深深地印在他身上。硕士研究生毕业后，小艾放弃了读博或留校任教的机会。一心想从政施展抱负的他，选择去国家机关工作，做一名国家公务员。然而，社会这个大熔炉很快就粉碎了小艾的宏伟抱负和理想之梦。在工作中，小艾还依照大学的习惯喜欢对同事的工作给予指导，喜欢指出同事工作中的小毛病，这使他和同事的关系更疏远了，同事认为他爱逞能、书生气十足。小艾觉得自己在单位是一个无足轻重的角色，总在干一些琐碎而简单、重复的工作，以前在学校的春风得意一去不复返了，他时常感到失望、沮丧，后悔当初的选择，情绪很低落。

故事中的小艾在学校里是一名非常优秀的学生，走上理想的工作岗位后，面临的境况却不尽如人意。和小艾一样初入职场的人怎样才能尽快适应职业生活呢？这正是接下来我们要探讨的话题。

第一节 大学生的职业适应

社会生活中的个体，只有经过对社会环境、社会文化和社会规范的观察、认知、模仿、认同、内化等一系列学习和实践过程，才能实现对社会能动的适应。适应的实质就是个体由自然人向社会人的转变。

一、职业适应的含义

从理论上讲，个人与环境（包括自然环境和心理环境）之间如果能保持协调、平衡的状态，则可称为“适应”；为了形成这种协调、平衡的良好状态，个人与环境之间调整的过程也可以定义为“适应”。适应包括内部适应和外部适应两个方面。所谓外部适应，是指在与环境的“相处”中，个人的行为与社会的规范、习惯相一致，个人与环境之间保持协调的关系。所谓内部适应，是指在与环境的“相处”中，个人理想中的自我和现实中的自我相符合，情绪稳定。

职业适应是大学生社会化的重要阶段和组成部分，是大学生在对职业具有一定认识的基础上，不断对自己的职业观念、态度和行为习惯进行调整和改变，以适应职业要求、职业变化和职业环境（包括物质环境、文化环境和人际关系）的动态过程。职业适应还与自身职业在所处的社会环境中的地位以及自身心理满足感有关。

二、职业适应中的困惑

大学生习惯了校园生活，进入社会后常常感到自身与社会之间存在一些矛盾，归纳起来主要有以下几种矛盾。

1. 主观愿望和客观实际的矛盾

刚刚步入社会的大学生，满怀理想，一腔热忱，准备到工作岗位上大展宏图。但现实是，当他们接触到社会现实，尤其是一些消极面，如复杂的人际关系、陈旧的设备、落后的管理方式等，往往会从理想的顶峰一下子跌入谷底。就业之初，大学生的思想状态多呈马鞍形，即一开始积极性很高，一遇到困难就垂头丧气，经过清醒的认识和自我调整后，又会振作精神，主动去适应社会。

2. 学生习惯性行为与社会角色要求的矛盾

经历多年的寒窗苦读，大学生形成了一些习惯性行为，有着自己特有的学习、生活习惯和思维方式。步入社会后，大学生难以快速转变角色，常常自觉或不自觉地表现出学生角色的习惯性行为，缺乏社会角色应有的责任感。

3. 学校教育与社会现实的矛盾

大学生在校期间接受的都是健康、正面的教育，常常以理想的思维方式看待社会、看待人生。步入社会后，对社会中的一些不良现象，他们既看不惯，又无能为力，便会处于困惑之中，产生种种疑问，难以使自己的思维结果与社会现实相协调，反映出对社会生活的不适应，甚至表现出对单纯、浪漫的大学生活的留恋。

4. 社会需要与自我完善的矛盾

当今社会是改革的社会、竞争的社会、科技迅速发展的社会。社会不仅需要知识面宽、动手能力强、有一定的组织及管理能力、素质较高的大学生，更需要具有开拓精神、创新精神的大学生。尽管多年来我国的教育改革一直在深入，但学校教育仍存在一定的封闭性，与社会实际还有一定的距离，步入社会后，个别大学生会感到自己的知识面窄、知识结构不完善、思维刻板、理论与实际脱节，无法适应工作。

那些消耗能量的职场“包袱”

多了解自己一些，知道哪些东西对自己来说是重要的，比如是有趣、自由，还是财富。你要清楚地了解你每天做的事和你的关系，那样你就成了自己和工作的主人，而不再处于“被”工作的状态。当你清晰地知道自己想要什么的时候，即使目前的职位并不理想，你也能从现在的工作中找到未来的方向。

在职场中，不要轻易贬低自己，更不能把一时一事的失败当作整个人的失败；解决问题永远比抱怨更有效，前者可以增加力量，后者则会消耗能量。经常问一问自己快乐、充实吗，如果答案是否定的，想一想做些什么可以改变，哪怕只是改变一点点，总比消耗能量要好。

职场“包袱”有很多，完美主义、技不如人、合作不畅……这些让人在职场中感觉不快、阻碍职业生涯发展的事或想法都是职场“包袱”。它们以各种形态存在于一个人的工作中，不知道会在什么时候来个突然袭击，吸走你的注意力和能量，从而影响你的职业发展。

三、职业适应的策略

大学生要保持积极的心态，主动去适应环境，调整和把握自我的发展方向，做生活的强者。大学生职业适应的策略主要包括以下几个方面。

1. 立足新岗位，树立新意识

（1）树立角色意识。要想适应工作、适应社会，首先要树立新意识，最主要的是要树立角色意识。尽快完成对新角色的领悟、认识和实践，这是适应工作和社会的关键所在。

（2）树立独立意识。大学生在校的主要任务是学习，在学习上依靠教师，生活上主要靠家人供给，久而久之形成了一些依赖心理。工作后，大学生要承担一定的社会责任，在工作中要能够独当一面。同时，人们也开始把其作为独立的社会人来看待，这就要求大学生具有独立意识。只有具备了独立意识，才能真正地立足社会，才能为以后的工作打下良好的基础。

（3）树立主人翁意识。学生时代，大学生主要是在教师的指导下学习、生活，扮演的主要是被动的角色。除学习外，很少操心其他事情，社会活动也比较少，承担的社会责任也相对较少。毕业后，大学生要参加工作，要参与决策，对单位和部门甚至对社会都要承担更多的责任、履行更多的义务。工作成绩的好坏，不仅关系到个人的前途，而且和单位、部门的发展息息相关。这就要求大学生树立主人翁意识，以单位、部门的发展，以国家的兴旺、民族的强盛为己任。

（4）树立协作意识。大学生在校期间的学习基本上是一种单纯的个体活动。毕业后从事的工作与在校的学习有很大的不同。随着科学技术的高速发展，社会分工越来越细，部门与部门之间、个人与个人之间的协作关系日益密切。因此，刚走上工作岗位的大学生，一定要树立协作意识，这不仅是科技和社会发展的要求，也是个人成才必须具备的。切勿片面强调个人的作用，要从整体利益出发，顾全大局。

2. 不断学习，完善自我

适应社会的过程是一个学习、适应、再学习、再适应的过程。

（1）追求知识结构的完善，需要不断学习。大学生虽然已经掌握了一定的科学文化知识，具备了一定的能力，但知识结构还不够完善，知识还不够丰富，解决实际问题的能力及动手能力还比较差。只有不断学习，才能在工作实践中不断完善自己的知识结构，丰富自己的知识。

（2）适应工作的要求，需要不断学习。大学生刚步入工作岗位，对自己所要从事的工作的基本情况还不了解，而且所学的理论知识与工作实践总会有一定的差距。只有不断学习、勤于思考、善于总结，尽快熟悉和掌握有关的业务知识，并及时弥补不足，才能更好地适应工作。

（3）跟上科学技术的迅猛发展，需要不断学习。随着科学技术的飞速发展，知识更新的速度也越来越快，如果仅仅停留在大学所学的知识基础上，很快就会被淘汰。时代的发展要求大学生要不断更新知识、开阔视野、推陈出新、瞄准世界科技的前沿。

3. 把握时机，适时调整

大学生的首次就业并不一定就是终身的职业选择。由于最初择业时受某些条件的限制，所以一部分大学生就业后对自己的职业并不满意。对此应当具体问题具体分析。就业，首先应当考虑的是国家的需要，提倡干一行爱一行，安心做好本职工作，但这并不意味着绝对限制人才的流动。如果经过一段较长的时间仍难以适应目前的工作，难以培养职业兴趣，难以施展自己的才华，那么重新选择职业也许是更好的选择。随着社会需求的变化，根据自身的实际条件，已经就业的大学生可以适时调整自己的奋斗方向，把握好重新选择的机会，找到更适合自己的职业。

五一国际劳动节前，领导让职场新人小张在假期做一个本地市场同类产品销售情况的调查报告，节后上班第一天交。好不容易盼到的假期却要加班赶报告，小张心有怨言，也没仔细询问报告的用途，就不情愿地答应了。小张以为是为公司新产品上市做参考，于是就按照以往的程序，上网查找相关资料，再依据领导的“喜好”做了一些修改，上班第一天交了上去。

实际上，领导希望这份报告中既有竞争对手的真实数据，又有本公司产品的销售情况分析，而小张上交的这份报告却没有这些内容。看到领导的脸色很难看，小张忍不住为自己辩解：“我以为您是要做明年的销售计划……”“你以为？你怎么不问我？不要总是‘我以为’，有不明白的地方就要问，不要自己想当然地做……”领导打断了小张的辩解，狠狠地训斥了小张几句。小张当场就被骂蔫了。

事后，领导找到小张，为这次发火的事件表示歉意，并语重心长地对小张说："如果你没做好，改一下就好了。关键是你还要为自己所犯的错误辩解，这才是我发火的原因呀！"

请思考：小张的行为有哪些问题，从中我们可以吸取哪些教训？

四、职业适应的任务

大学生要适应职业岗位就是要努力胜任工作、融入企业文化、处理好人际关系。

1. 胜任工作

胜任工作是指员工按照要求较好地完成劳动合同中约定的工作任务并达到一定的工作量，熟练地掌握开展工作的技巧，并在工作上取得卓越的成效。刚走上工作岗位的大学生很难直接将从书本上学到的知识应用到复杂的现实工作中去，而用人单位对员工的实际操作技能要求较高，所以让大学生一下子达到工作岗位的要求就显得比较困难。

大学生要注意系统地学习新的职业技能和职业行为，收集与工作和企业相关的信息，对新的工作建立全面的认知。大学生要了解企业的组织架构设置、各部门的人员安排、自身的岗位职责、在工作中需要协调的各方关系，以及工作中可能用到的各种资源。这些信息可以从同事、领导、书面材料和日常观察等渠道获得。作为新员工，大学生要想在陌生的环境中迅速开展工作，必然会遇到诸如工作安排不合理、问题考虑不周全等困难和挫折。大学生可通过观察、模仿、向经验丰富的老员工请教，来提高工作技能和工作效率，展示自己的工作能力和才华。

2. 融入企业文化

大学生入职后，首先应尽快了解企业文化，了解企业的经营目标、精神面貌、共同的价值观、规章制度等内容，并尽快使自己的行为最大限度地符合企业的文化理念，这样才能较快地适应企业文化，使自己真正融入企业团队；其次应提高对企业的认同感，认同并遵循企业文化，将自己与企业的成长紧密联系在一起，形成以企业为中心的向心力，与其他同事齐心协力，为共同的奋斗目标而努力；最后还应了解企业的组织结构和管理规范，在自己的岗位职责范围内将企业文化与管理规范内化为职业行为准则，使自己的职业行为与企业的发展保持一致。

参与企业培训是员工了解企业、适应企业文化的一条很好的途径。

3. 处理好人际关系

人际关系是个体在人际交往过程中由于相互认识、相互体验而形成的心理相容或心理冲突的主观状况，主要表现为感情的亲疏等。人际交往的处理是工作中的一项重要内容。一个人无论在哪一个单位或部门工作，都要注意处理好与同事的关系，因为它直接影响着自己的工作状态和工作效果，是形成特定组织心理氛围的重要因素。例如，一名新员工进入一家企业后，虽然工作得心应手，但与同事之间有隔阂，领导虽然承认他的工作能力，但是并不赏识和重用他，如此一来不仅会影响其心情，也会影响他的职业发展。因此，新员工给上司留下良好的印象，与同事保持良好的人际关系，是一件非常重要的事情。

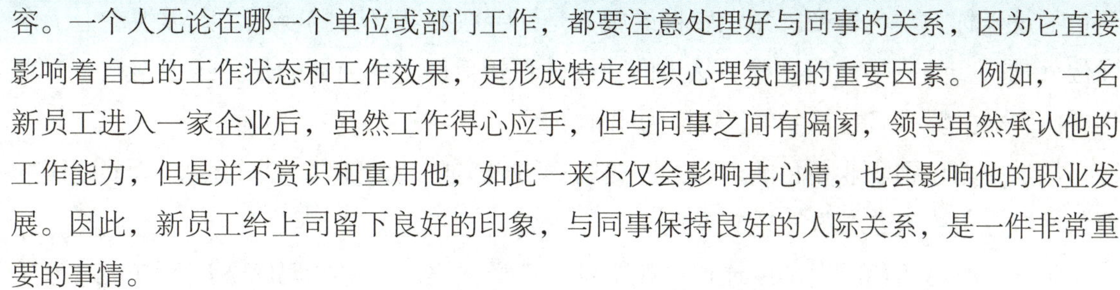

第二节 职场人的角色转换

对刚毕业的大学生而言，走上工作岗位，首先应该找到的是职业工作者的责任与激情。初入职场，正确的心理定位和专业的工作态度是做好工作的前提。大学生要完成从学生角色到职业角色的转变，需要一个过程，积极的态度与良好的习惯仅仅是一个开始。这种角色转变越快、越彻底，做好工作、谋求发展的机会也就越多。

一、角色及角色转换的概念

“角色”是一个社会名词，是指一个人根据社会的舆论、规范和约定俗成的习惯所表现出来的思维、行为方式。一个人一生要扮演多种角色，如学生角色、职业角色、社会角色。

在人们的印象中，学生角色是一个以学习为主、生活单纯、富于想象、天真烂漫的形象。一个人在生活当中会客观地同时扮演多个角色。例如，在学校他是一名学生，在父母面前他是一个孩子，在商场购物的时候他又是一个顾客。因此，他必须随着他所处的环境和场所的变化而不断改变自己的角色和角色行为。

职业角色是指人在职业这个舞台上所扮演的角色。职业角色具有社会职位和一定职权，需要具有一定的基础知识和业务能力，履行一定的义务。

社会角色是指由人们所处的特定社会地位和身份所决定的一整套行为规范与行为模式，是人们对具有特定地位的人的行为的一种期望，是社会群体的基础，它随着社会实践的发展而不断地发展、更新其内容。社会角色是社会赋予人的社会权利和义务，反映出每个人在社会中的地位和在人际关系中的位置，代表了每个人的身份。每个人扮演的主要角色是由其承担的主要任务决定的。学生的主要任务是读书学习，因此其主要角色就是学生。每个人在社会中所扮演的角色并不是固定不变的，往往会发生多次角色转换。

人的社会任务和职业岗位不断变化，角色也随之变化，个体从一个角色进入另一个角色的过程称为角色转换。角色转换的根本是社会权利和义务的变化。大学生走上工作岗位就是一个角色转换的过程。从走向社会、开始工作、承担新的任务这一刻起，大学生就由原来主要承担的学生角色转换为职业角色。

从学生角色到职业角色的转换并不是瞬间可以完成的，需要一个过程，这个过程主要包括取得角色和进入角色两个环节。

第一，取得角色。大学生通过学校推荐、市场角逐、与单位双向选择等方式进行择业，然后与用人单位达成就业协议，并完善就业的各项手续，进而在毕业离校后凭就业报到证到用人单位报到，并获准承担某个角色。这时，角色转换正式开始。

第二，进入角色。大学生到用人单位报到后，获得承担某个角色的认可，并开始熟悉单位的工作制度，了解本职工作的业务流程，逐渐表现出扮演这一角色必须具备的品质和才能，从精神上和行动上完全投入这一角色，这种称为进入角色。

二、学生角色与职业角色的差异

大学生要想尽快适应职业角色，就要了解学生角色与职业角色的差异。两者之间的差异主要表现在以下几个方面。

视频
学生角色与职业角色的差异

1. 社会角色不同

学生角色是个体受教育，储备知识，掌握本领，接受经济供给和资助，从而逐步完善自己；职业角色则是个体用自己掌握的本领，通过具体工作为社会做出贡献，具有一定的权利和义务，并以自己的行为承担责任。两者的区别表现在以下几个方面。

（1）社会责任不同。学生角色的主要责任是个体努力学习知识，使自己在德、智、体、美等方面得到全面发展。责任的履行情况主要取决于本人知识掌握的多少和能力培养的程度。而职业角色的责任是个体以特定的身份去履行自己的职责，依靠自己的本领或技能去工作，去服务社会以及完成某个事项，责任履行的优劣，不仅影响到个人价值的实现，还影响到单位、行业的声誉。

（2）社会规范不同。学生角色的规范主要是从教育的角度出发的，要让学生遵守学生规范，使之成为合格的人才。职业角色的规范则是社会提供的从业者的行为模式，因职业的不同而不同。后者既具体又严格，违背了就要承担一定的责任，甚至是法律责任。

（3）社会权利不同。学生角色的权利主要是依法接受教育，并获得经济生活的保障或资助。职业角色的权利则是依法行使职权，开展工作，并在履行义务的同时得到报酬。

2. 人际关系不同

人际关系，即人与人之间的相互交往关系。学习是学生的主要任务，能否学好科学文化知识，提高自身的素质和能力，主要取决于学生本身。竞争只是促进学习的手段，并未从根本上影响学生的利益，因此，学生的人际关系是比较简单的。学生成为从业者以后，竞争是不可避免的，谁能迅速转换角色，谁的能力强、素质高，谁就能在竞争中取胜，并获得相应的收益，因此竞争的胜败关系到利益分配的多少，这就决定了从业者的人际关系是较为复杂的。

3. 生活管理方式不同

学生的学习生活是一种集体生活，学生住的是学生宿舍，用餐是在集体食堂。学校实行统一的生活作息制度和统一的行为规范，学生违反了纪律要受到惩罚。在社会上，用人单位在工作时间内对员工提出要求，而其他时间主要由员工自行支配。相对于学生来说，在遵守国家法律法规和社会公德的前提下，从业者在生活上享有更大的自由，不受严格统一的管理方式的约束。

4. 社会认识途径、内容不同

学生是受教育者，他们对社会的认识、了解主要来自书本，来自课堂学习。因此，其认识社会的途径是间接的，认识的内容主要是理论性的。从业者则是通过实践加深对社会的认识和了解，因此，其认识社会的途径是直接的，认识的内容主要是实践性的、具体的、带有现实主义的。理想与现实总是存在一定的差距，有的大学生走向社会后，习惯用在学校时的思维方式去认识社会，因此，遇到现实矛盾时容易产生困惑、迷惘、彷徨等情绪，导致无法适应工作环境，难以转换角色；有的大学生则能正确认识这一差距，通过努力拼搏，最终实现理想。

职场“逆商”很重要

职场中有个词叫“草莓族”，用来形容那些外表光鲜亮丽，但承受不了挫折，一碰即“烂”的职场人。可见经不起职场挫折的人并不是少数。因此，提高自己应对挫折、应对逆境的能力，就是我们所说的“逆商”，是每位职场人都必须修炼的课程。

分析一下职场上的成功人士，就会发现，他们每个人抗打击的能力都很强，也就是说，逆商都很高。在遭遇困境时，他们总能保持较好的精神状态，自信自己可以从头再来，对未来有着积极的态度。当身边的人因为承受不了打击而一个个倒下后，逆商高的人就成了笑到最后的成功者。

那么，怎样提升自己的逆商呢？有这样几句话供大家参考。

第一句话是，“没什么大不了”，就是不要放大挫折。很多人会有这样的感受，遭受打击时，感觉天都塌了，从此大家都要鄙视自己了。但事过境迁，再回过头来看一看，其实也不是什么了不起的事。

第二句话是，“扛一扛就过去了”，就是要学会忍耐。人生在世，免不了要遭受不公正的待遇，免不了要受委屈，这时候，就需要委曲求全，需要从长计议，把目光放长远，把痛苦咽下去，等待机会。学会忍耐，其实也是一个人气度、格局的体现。

第三句话是，“不一定是坏事”，就是要在挫折中提升自己。古人云：“艰难困苦，玉汝于成。”我们常说“苦难是人生的大学堂”，也常说“吃得苦中苦，方为人上人”。面对挫折，如果能从中吸取教训，就能提高克服困难的能力。

三、影响大学生角色转换的因素

由于学生角色与职业角色不同，所以，大学生步入社会后，必须按承担的职业责任和要求的行为规范调整角色。角色转换的时间有长有短，其受诸多因素的影响，概括起来有自身因素和环境因素两大类。

1. 自身因素

（1）心理因素。理想与现实的差距、期望与实际的不平衡使大学生产生了依赖心理、自我否定心理、失望心理、寻求理解心理、攀比与嫉妒心理等。大学生在争取用人单位帮助的同时，应当注意调整、控制、改善自身的心理状况，以积极向上的精神面貌和勤勉好学、踏实肯干的工作作风赢得大家的认可，进而顺利融入社会环境，成为一名合格的社会成员。

（2）身体因素。健康的体魄是事业成功的基础。大学生在校努力学习的同时应该注意加强体育锻炼，以良好的身体状态迎接工作的挑战。

（3）素质因素。大学生在知识结构和能力上的不适应表现在以下几个方面：一是所学的理论知识与实际工作中的要求存在差距；二是在知识经济时代，知识更新周期加快，所学知识很快就会变得陈旧；三是目前我国高等教育在一定程度上存在着与社会需求脱节的现象，有的大学生不能学用一致，因此，在实际工作中存在着无法把知识优势化为能力优势的问题。

（4）观念因素。上学时个体主要靠自身努力获得知识，工作后个体不仅需要自身努力，更需要有整体观念；学习书本知识需要建立半封闭的思维，即思维常在书本知识上跳跃，而走上工作岗位后，就要建立开放性思维；课堂教学使学生对教师产生了一定的依赖心理，而走上工作岗位后，个体要靠自己的摸索和虚心向他人请教来掌握工作方法，完成工作任务。

2. 环境因素

角色的转换伴随着环境因素的变化。走上工作岗位，即进入新的角色，大学生必须努力适应新的环境，包括工作、学习、生活环境和人际关系环境。部分大学生就业前对工作条件和福利待遇方面的期望较高，就业后在现实的工作、生活条件面前往往大失所望，无法适应相对艰苦、紧张的生活，难以安心工作，对职业角色产生对抗性的潜在意识，不愿意进入新的角色。个别大学生生活自理能力差，行为懒散，举止较为随便，迟到、早退，花钱无计划、无节制，没有钱了就伸手向父母要，这些毛病和工作环境相矛盾，是需要他们努力克服的。

行思之窗

吴明大学毕业后，成功应聘到一家不错的公司，满怀激情的他觉得凭着自己的聪明才干，一定能很快成为公司的骨干，得到领导和同事的认可，升职加薪指日可待。事实却出乎他的意料。领导似乎忽略了他这个新人的存在，每天就让他干些跑腿打杂的工作，他简直快沦为清洁工了，而那些真正有价值的工作从来都不让他碰。同事也把他当空气，工作中遇到问题需要讨论时，从来没有人在乎他的意见，就连一起吃午餐也把他排挤在外。

刚开始，吴明很气愤，考虑跳槽。也许换个环境，会有不一样的待遇。那天，他在网上浏览招聘信息，无意中看到一个词——“蘑菇定律”。其意思是说职场新人不受重视、无人理睬、无人在乎，就像一朵藏在阴暗角落里的蘑菇，享受不到阳光雨露的滋润，任其自生自灭。这样的新人在任何企业都很普遍，如果他对这种环境感到失望，从而自暴自弃，最终会长成一朵人人厌恶的“毒蘑菇”；如果他把这种环境当成磨炼，从中吸取营养，就会长成一朵健康的“蘑菇”，受到他人的重视和喜爱。

看到这些，吴明打消了跳槽的念头，开始积极主动地找领导沟通，尝试做一些简单的工作，即使一件很小的事，也尽量做到完美；别人不愿意做的事，他毫无怨言地接下来。经过一段时间的磨炼，他的业务能力明显增强，做事越来越顺手；领导也看到了他的才能，开始把一些重要的工作交给他；同事也开始重视他的意见，再没人让他干那些跑腿的工作。吴明终于长成了一朵健康的“蘑菇”。

请思考：结合你的个人经历分析材料中“蘑菇定律”的意义。

四、促进大学生角色转换的策略

1. 做好本职工作，培养务实精神

做好本职工作是角色转换的基础，是将理论和实践相结合的重要因素，是个体提高自己实际工作能力、积累工作经验的必要条件。刚走上工作岗位的大学生，应尽快全身心地投入新的职场环境，积极去适应企业文化，树立爱岗敬业、务实耐劳的工作态度，从小事做起，从基层做起。初涉职场，大学生要有吃苦耐劳的精神，要懂得：吃苦是锻炼毅力的必要过程，是为今后创业做的准备。大学生只有甘于吃苦，才能尽快适应工作，及时进入角色和实现角色的转换。

2. 虚心学习知识，重新定位自我

作为职场新人，初入职场的大学生不能自认为学历高就目空一切。尽管大学生接受了系统的理论知识教育，但在实际工作中还有许多东西需要去学习、掌握和了解，重点要学习的是如何把自己在大学学习的理论知识应用到实际工作中，并在实际工作中去实践自己的理论知识。此外，大学生还要在工作中学习新的社会规范，树立新的观念，掌握新的分析问题和解决问题的方法。因此，大学生在走上工作岗位后，要重新定位自己，要规划自己的学习内容、学习方法，要不断学习岗位所需的业务知识，尤其是要虚心向身边有经验的技术人员、领导等学习，学习他们观察问题、分析问题和解决问题的方法，以丰富自己的专业知识和业务能力，并在实践中完善自我、发展自我，尽快实现角色转换。

3. 夯实自身基础，应对工作挑战

工作为大学生提供了展现大学学习成果的舞台。大学生走上工作岗位后，将面临大学时未遇到过的各种新问题、新情况，要面对和解决这些问题，就需要大学生尽快夯实自身基础。俗话说，台上一分钟，台下十年功。如果基本功不够扎实，在工作中遇到问题时，首先会觉得没有底气；其次是不能运用所学知识快速找出解决问题的办法，且很有可能导致错误的发生，而这些会进一步打击自信心，使自己对自己产生怀疑。大学生只有夯实自身基础，将前人的经验和自身所学知识相结合，才能胜任工作，乃至找到更好的工作方法。

4. 坚持锐意进取，甘于无私奉献

锐意进取，无私奉献，是个体完成角色转换的重要标志。大学生走上工作岗位后，从一开始就必须严格要求自己，要树立高度的主人翁意识和积极奉献的精神，不计较个人得失，努力承担岗位责任，主动适应工作环境；要敢于面对工作中的各种困难，敢于冒险，敢于解决实际工作中存在的问题。只有这样，大学生才能更好、更快地完成角色转换，进而实现自己的社会价值，推动生产力的发展，最终完成自己的历史使命。

假如你是一个初入职场的新人，领导交给你的工作明显超出了你的能力范畴，需要你加班加点才能完成，这时候你应该怎么办？请讲出你的想法并与同学探讨。

第三节 职场必备职业素质

素质，即平日的修养。一个人的素质好就是这个人的内在很好。一个人、一个企业、一个城市要想得到发展，提高素质水平是重中之重。联合国教科文组织对“文盲”的定义：一是不能识文断字者；二是不能识别现代社会符号者，例如，去机场不知从哪儿登机、去银行取不出钱来；三是不能运用计算机进行交流、学习、工作的人。走上工作岗位的大学生只有具备了必要的职业素质，才能在职场中脱颖而出。

视频
培养职业素养的核心内容

职业素质，简单来说，就是指一个人在职业活动中所体现的职业技能、职业道德、职业精神等。对任何企业和个人来说，职业素质的意义都十分重要。一个人，要是缺乏良好的职业素质，就不可能有突出的工作业绩；一个企业，要是没有一支职业素质过硬的员工队伍，就不可能在激烈的市场竞争中占有一席之地；一个国家，要是全体国民的职业素质达不到世界平均水平，那么这个国家的经济就会停滞不前，处于被动状态。因此，刚刚进入职场的大学生，必须培养良好的职业素质，尽快成为一个受企业欢迎的职业人。下面主要介绍职业意识、职业道德及职业形象三个方面。

一、职业意识

1. 职业意识的含义

职业意识是职业道德、职业操守、职业行为等职业要素的总和。职业意识是约定俗成、师承父传的。职业意识是用法律、法规、行业自律、规章制度、企业条文来体现的。职业意识有社会共性，也有行业或企业相通性。它是每个人从事工作最基本的，也是必须牢记和自我约束的标准。

2. 职业意识的根本

职业意识的根本在于敬业精神。南宋思想家朱熹说，“敬业”就是“专心致志以事其业”，即用一种恭敬严肃的态度对待自己的工作，认真负责，一心一意，任劳任怨，精益求精。敬业是心甘情愿地做出必要的自我牺牲。敬业精神是个体以明确的目标选择、朴素的价值观、忘我投入的志趣、认真负责的态度从事工作或学习时所表现出的个人品质。敬业精神是做好本职工作的重要前提和可靠保障。

3. 职业意识的分类

（1）诚信意识。古人曰:“人无信不立。”一个人不讲诚信，就无法在社会中立足。同样的，企业没有诚信就难以兴旺发达，国家若没有诚信则会衰败。诚信是进行社会交往和发展经济的基石，在社会生活中具有重要作用。

（2）顾客意识。大家都明白一句话，顾客就是上帝，心术不正者往往把上帝作为宰上一刀的对象。顾客是商品的接受者、选择者、购买者，顾客是商家的衣食父母，对待顾客的态度，实质上就是对待自己“饭碗”的态度。

（3）团队意识。一个企业就是一个独立的社会经营团队，是由一个个员工组成的一个利益共同体，既由员工来维护、创造，又给员工带来经济利益与精神生活。作为企业员工，要维护企业的声誉和利益，不说诋毁企业的话，不做损害企业的事，保守企业的商业秘密，积极主动地做好自己的工作，及时提出有利于企业发展的合理化建议；尊重和服从领导，关心与爱护同事，建立团队内部的协作，开展有效、健康的部门之间、同事之间的合作竞争，互为平台，互通商机，共同进步。

（4）自律意识。分清正式职业与业余爱好的不同，从而在进入职业角色后，能够克制自己的偏好，克服自己的弱点，约束自己的行为。

（5）学习意识。时代在进步，社会在发展，新的知识在不断涌现。只有具备良好的学习心态、学习意识，不断充电，与时俱进，才能跟上时代的步伐，才有可能实现人生价值，获得职业生涯的成功。要善于学习，提高学习的兴趣、技巧、能力、速度、效率，培养优秀的学习敏感性和直觉意识。在知识大爆炸的今天，准确、及时、快速地吸取职业发展所需的知识，是每位追求成功者的基本功。

职业化人才的 MKASH 原则

一个职业化人才必须具备五项素质，分别是动机、知识、行动、技能和良好的习惯，这五项技能的英文首字母的组合为 MKASH，即所谓职业化人才的 MKASH 原则。

M，即 Motivation（动机），动机就像车轮的轴心，处于核心地位，动机的大小和强弱决定了车轮的运转速度和运行状况。积极心态影响下的动机会加速车轮的运转，加速人才的成长与成功；消极心态影响下的动机，不但不利于人才的成长，反而起到很大的破坏作用。所以我们必须正确认识动机对我们成功的激励性作用，积极调整自己的心态，以积极的心态面对工作和挑战，不断激励与超越自我，以实现我们的目标。

其余的四项素质就像车轮的四根撑条，支持车轮的运转。

K，即 Knowledge（知识），做任何一项工作，首先要具备应对这份工作的专业知识，要想做得好还要具备与其相关的其他知识，以形成自己的知识体系，支持工作的开展。职业化人才必须具备专业化的知识，做管理的要懂管理知识，做财务的要懂财务知识，做营销的要懂营销知识，没有专业化的知识，无论如何也无法做到职业化，也就无法在激烈的竞争中得到认可，更谈不上发展和进步了。所以专业化的知识很重要。

A，即 Action（行动），具备良好的动机、专业化的知识是不是就可以了呢？不是。接下来一个重要的素质就是行动的能力。有的人方方面面都比较优秀，知识水平很高，能力很强，可就是做不出出色的工作业绩，原因就在于行动能力有所欠缺。汤姆·彼得斯说过，快速制订计划并采取行动应该成为一种修养。要想成为一个职业化的人才，就必须改掉犹豫不决、瞻前顾后、拖拖拉拉的做事风格，在自己认准的事情上积极采取行动，用行动来证明一切，而不是进行假想。

S，即 Skill（技能），技能是支持人才开展工作的必要手段，只有知识，没有技能，寸步难行。试想一下，一个管理人员如果不具备沟通技能，怎么与人沟通？怎么开展工作？没有人际交往技能，怎么与同事合作？怎么管理下属？沟通技能、人际交往技能都是职场人必须掌握的基本技能，当然，还有许多更高层次的技能需要掌握，这要根据我们具体做什么工作来确定。我们要高度重视技能锻炼，并将其提高到与知识同等的高度，才可能将知识转化为力量，转化为效益。

H，即 Habit（习惯），习惯决定命运，这句话一点儿都不夸张。职业化人才必须具备良好的习惯，无论是生活还是工作，都要时刻注意改掉不好的习惯，慢慢养成职业化的行为习惯。良好的习惯给人美的印象和感觉，能在一定程度上帮助你成功。

具备以上五项素质的大学生就像加满了油的汽车，有使不完的劲，可以朝着成功的方向奋力前进！

二、职业道德

1. 职业道德的含义

职业道德是指从事一定职业的人，在工作和劳动过程中，所应遵循的与其职业活动紧密联系的道德原则和规范的总和。职业道德是整个社会道德体系中的重要组成部分，是社会主义道德准则在职业生活中的具体体现。

随着人类社会的进步与发展，社会分工越来越细，各种职业日益繁多，人与人的职业关系也越来越密切，同时也产生了不同行业的职业道德规范，调节着人们的利益关系。为什么各行各业都必须有自己的职业道德规范呢？这是因为各行各业的职业活动都有自己的客观规律，为维护行业的正常运行，维护行业的生存和发展，就必须有适应不同行业的职业道德规范，如教师的“为人师表”，医生的“救死扶伤”，公务员的“公正廉洁”，商人的“货真价实”“公平交易”等。

2. 职业道德的要求

不同的职业，有不同的职业道德要求。

（1）会计人员的职业道德要求。会计职业道德，就是会计人员在会计事务中正确处理人与人之间经济关系的行为规范的总和，即会计人员从事会计工作应遵循的道德标准。“不做假账”是会计从业人员基本的职业道德和行为准则。也就是说，会计行业本身的性质决定了所有会计人员必须以诚信为本，以操守为重，遵循准则，不做假账，保证会计信息的真实、可靠。

（2）新闻记者的职业道德要求。新闻记者是一种神圣的职业，其忠诚于党的新闻事业，具有敬业奉献精神，取信于民，给大众树立了良好的公众形象。新闻记者的职业道德要求为：树立正确的人生观、世界观、价值观，牢记新闻工作为人民服务、为社会主义服务、为经济建设中心工作服务的宗旨，爱岗敬业，诚实公正，不说假话，不制造假新闻；与法官一样公正，说真话，反映现实，清正廉洁，求实创新，把全部的精力都用到工作上，多出好作品，满足人民群众对新闻信息的需求。

（3）教师的职业道德要求。良好的职业道德是教师做好教育教学工作的先决条件，也是教师本人不断进取、获得成功的力量所在。

① 热爱事业是师德的核心。热爱教育事业，有高度的责任感和强烈的事业心，自觉摒弃旧的教育思想和落后的教学方法，树立正确的教育观念，乐于吃苦，甘于在平凡的岗位上无私地奉献自己的聪明才智和毕生精力。

② 尊重学生是师德的灵魂。我国著名教育家陶行知曾说过：“你的教鞭下有瓦特，你的冷眼里有牛顿，你的讥讽中有爱迪生。”苏联教育家马卡连柯说过：“我的基本原则永远是尽量多地要求一个人，也要尽可能地尊重一个人。”对学生有教无类，没有亲疏远近，不偏爱，更不歧视。

③ 为人师表是师德的基础。作为道德和知识的传播者，教师必须有正确的信仰、高尚的品德和丰富的知识。处处规范自己的言行，事事做学生的榜样。以大方的仪表、端庄的举止、亲切的态度、文明的语言和良好的审美素养等，去感召学生、启迪学生，最

终达到为人师表、教书育人的目的。

④ 不断进取是师德的生命。树立“终身学习”“永远探索”的思想，在教育实践中，潜心学习理论知识，运用理论知识，像陶行知先生说的那样，争做“创新之神”，为了教育事业不停攀登，奋斗终生。

（4）律师的职业道德要求。律师应当忠于宪法和法律，坚持以事实为根据，以法律为准绳，严格依法执业；忠于职守，坚持原则，维护国家法律与社会正义；诚实守信，勤勉尽责，尽职地维护委托人的合法利益；敬业勤业，努力钻研业务，模范遵守社会公德，严守国家机密，保守委托人的商业秘密及委托人的隐私信息；尊重同行，同业互助，公平竞争，共同提高执业水平；自觉履行法律援助义务，为受援人提供法律帮助；依法取证，不伪造证据。

（5）医务人员的职业道德要求。医务人员需要热爱本职工作，关心病人的疾苦，将救死扶伤、维护人民的生命、增进人民的健康、同疾病做斗争作为自己的崇高职责；不断钻研医学技术，对技术精益求精，勇于攻克疑难病症，积极进行革新创造，不断开拓医学新领域；对工作负责，对病人热情，平等待人，时刻关心病人的痛苦和安危，养成严谨细致的医疗作风。

行思之窗

1987 年 8 月，李万君从职高毕业，被分配到长春客车厂（中车长春轨道客车股份有限公司的前身）电焊车间水箱工段。焊枪喷射着 2 300 ℃的烈焰，瞬间将钢铁熔化。穿着厚重的帆布工作服，扣着封闭的焊帽，李万君和工友们在烟熏火燎中淬炼意志；在盛夏焊着客车上供水的水箱、制动的风缸，车间里火星四溅，烟雾弥漫；声音刺耳，味道呛鼻。

一年后，一起入厂的 28 个伙伴，已有 25 个离职。李万君也想过换一个轻松干净的工种，但曾连续 7 年被评为工厂劳模的父亲劝他说：“啥活都得有人干，啥活干精了都会有出息。”于是李万君留了下来，琢磨着怎么把活“干精”。

每天中午，大家都在午休，李万君却在琢磨工艺；下班后，大家回家了，他仍蹲在车间练个不停。练习时没有料，李万君就自己到处捡废铁；把本厂名师拜访了个遍，还向其他厂的师傅学习。师傅们都说这孩子黏人，问题问得太细。

厂里要求每人每月焊 100 个水箱，李万君总会多焊 20 个；厂里两年发一套工作服，可他一年得磨破四五套。很快，李万君就小有名气了，厂里的尖端活、关键活都找他。

几年后，他更是拿下了国家对高技能人才的最高奖励——中华技能大奖，成为人们眼里的“工人院士”。

20 米外，只要听到焊接声，李万君就能判断出电流电压的大小、焊缝的宽窄、焊接质量如何，绝无差错。“要是李万君都干不了的活儿，那只能改设计了。”说起李万君的技术，工友们服气又自豪。

“李万君，你创造了奇迹！”

兢兢业业刻苦钻研，李万君练就了超一流的焊接手艺，真的把活“干精”了，成为国内外专家钦佩的高铁焊接大师。他凭着一股不服输的钻劲儿、韧劲儿，积极参与填补国内空白的几十种高速车、铁路客车、城铁车转向架焊接规范及操作方法，先后进行技术攻关 100 余项，其中 21 项获国家专利。如何在外国技术无法解决的难题中勇攀高峰？他一次又一次地试验，取得了一批重要的核心试制数据。如今，中车长春轨道客车股份有限公司的转向架年产量超过 9 000 个，比庞巴迪、西门子和阿尔斯通世界三大轨道车辆制造巨头的总和还多。

请思考：“大国工匠”李万君的故事对我们的职业发展有何启示？

三、职业形象

大学生带着各自的理想和抱负走上工作岗位，成为职业人，要想在纷繁的社会建功立业，走向成功，有很多需要注意的内容，其中要特别注意职业形象。

1. 职业形象的含义

职业人从事职业活动时的形象就是职业形象。职业形象是公众对职业人的着装、气质、言谈、举止、敬业精神、乐观自信等外在形象和内在涵养的综合印象。良好的职业形象不仅能够提升个人的价值，而且能够提高自己的职业自信心。

在人们心目中，特定的职业和岗位已经被贴上了标签，就是特定的职业和岗位的从业人员应当是一个怎样的形象，大家已经有一个基本的共识。如军人的职业，特种兵的岗位；教师的职业，幼师的岗位；会计职业，出纳的岗位；美术职业，平面设计的岗位……人们也经常反向思维，根据特定的个人形象，推测他的职业和岗位。

2. 职业形象的设计

正确的职业形象设计策略就是适应人们的通常认识。如果选择教师职业，就应当文雅、得体，有“人类灵魂工程师”的样子。如果希望在合资企业中谋得营销经理一职，应聘时穿得过于休闲就不合适。如果一个网球教练穿着笔挺的西装，会让人觉得名不副实。

即使同样的职业，不同的岗位也有一定的形象差异。如办公室的女性白领、女秘书的形象应当强调专业，不能太花哨，可以突出女性的柔美；而女性经理，则可以适当弱化女性特征，突出一定的权威。

个人的形象设计其实很简单，重点是确定自己的基本风格。基本风格应当与职业、所在企业的文化与环境、目前的专业和职务等因素相吻合，尤其要符合职业和专业特征。

课堂互动

请为自己设计一套符合你心目中未来职业特点的个人职业形象搭配，同学之间互评，有条件的还可以基于职业形象的设计拍摄职业形象照片，作为求职时使用的个人照片。

尽快转换成职业化人才是步入职场的大学生的当务之急。大学生的职业化程度决定了其未来的发展，具备职业化的意识和职业化的技能、知识，直接决定了其发展的潜力和成功的可能。大学生走上工作岗位后，要想成为现代化的人才，就必须紧跟时代步伐，用最新的理念和技能武装自己，以在激烈的人才竞争中获得一席之地，并快速脱颖而出，获得更多的机会和更好的发展。

第四节 正确认识企业文化

一、企业文化的概念

视频
企业文化

企业文化是一种新的现代企业管理理论，企业要想真正步入市场，走出一条发展快、效益好、整体素质不断提高、促进经济协调发展的路子，就必须深化企业文化建设。

企业文化有广义和狭义之分。广义的企业文化是指企业所创造的具有自身特点的物质文化和精神文化；狭义的企业文化是企业所形成的具有自身个性的经营宗旨、价值观念和道德行为准则的综合。

企业文化是社会文化体系中一个有机的重要组成部分，是民族文化和现代意识在企业内部的综合反映和表现，是在民族文化和现代意识影响下形成的具有企业特点和群体意识，以及在这种意识影响下产生的行为规范。

二、企业文化的影响因素

人们普遍认为，有了企业才会形成企业文化，企业文化是企业成功之后才总结形成的。其实，企业文化的萌芽不自觉地植根于创办企业及企业运作过程中的动机和观念之中。从企业文化的发展和经验总结进行分析，影响企业文化的因素众多，下面对部分重要因素进行介绍。

1. 企业环境

企业是一个开放系统，不能脱离社会环境而存在。自然，企业文化也不能脱离社会环境而生成。因此，要塑造良好的企业文化，就必须认真分析影响企业文化生成的环境因素。企业环境由宏观环境和微观环境构成，影响企业文化的宏观环境主要包括政治制度、经济发展状况、科技发展水平、民族文化传统、自然地理条件等；影响企业文化的微观环境主要包括企业所在地区的经济发展战略、地方法规、地方文化、乡土人情等。一个企业只有很好地把握住企业内部和外部环境的特性，才能提出有效的企业文化建设实施方案，从而推动企业文化的健康可持续发展。

2. 企业愿景

企业愿景是指企业在经营过程中推崇的基本信念和要达成的目标，是企业绝大多数成员共有的关于企业意义的终极判断，是企业文化的核心或基石。对于任何一个企业而言，只有当企业内大部分员工的个人愿景趋近时，整个企业的愿景才可能形成。与个人愿景主导人的行为一样，企业所信奉与推崇的愿景，是企业日常经营与管理行为的内在依据。无数例子证明，企业愿景建设的成败，决定着企业的存亡。因而，成功的企业都很注重企业愿景的建设，并要求员工自觉推崇与传播本企业的愿景。为了让员工了解企业愿景，企业愿景应该用具体的语言表达出来，而不应该用抽象难懂、过于一般化的语言来表达。

3. 企业管理者

企业管理者是企业文化建设的核心力量和领导者，他们既是企业文化的倡导者和设计者，也是企业文化实践的组织者和推动者。比如，企业管理者的精神素质会影响企业文化的状态与特征，表现为是开拓进取还是求稳怕事；企业管理者的知识素养会影响企业文化的知识含量，进而影响企业文化建设的质量和实际效果。因此，企业管理者的素质对企业文化的建设影响非常大，企业管理者须不断提高自身素质。

4. 企业特征

企业所属行业、门类不同，企业特征便不同，这些会反映在企业文化中。由于各个行业在生产特点、管理模式和服务要求上存在较大的差异，所以企业文化必然存在差异。企业文化的形成过程就是对同类企业去粗取精、扬善抑恶的过程。因此企业特征是企业文化的重要因素，例如，制造业强调“个人向上的资质”，即以人为本，自我实现；一般服务业强调“对顾客的服务”；传媒业、金融业强调“对社会的服务”。

5. 地域因素

同一国家的不同地区之间，地域性差异是客观存在的，不同的地域拥有不同的地理、历史、政治、经济和人文环境，因而会在一定程度上影响企业文化的形成，产生企业间的文化差异。

企业文化建设是一项艰巨的系统工程。在企业的不断倡导下，企业文化以企业全体员工的集体意识为基础，获得企业人员的认同，最终融合为全体员工的默契、习惯和氛围。有时为了企业文化能深入人心，还必须强化企业文化的灌输教育。加强与企业政治思想、群工工作的紧密结合，注重调动和发挥有益的非正式组织的积极性。

企业文化理论体系

特伦斯·E.迪尔（Terrence E.Deal）和艾伦·A.肯尼迪（Allan A.Kennedy）把企业文化整个理论系统概述为五个要素，即企业环境、价值观、英雄人物、文化仪式和文化网络。企业环境是指企业的性质、企业的经营方向、外部环境、企业的社会形象、与外界的联系等。它往往决定着企业的行为。价值观是指企业成员对某个事件或某种行为好与坏、善与恶、正确与错误、是否值得仿效的一致认识。价值观是企业文化的核心，统一的价值观使企业成员在判断自己行为时具有统一的标准，并以此来选择自己的行为。英雄人物是指企业文化的核心人物或企业文化的人格化，其作用在于作为一种活的样板，给企业中的其他员工提供可供仿效的榜样，对企业文化的形成和强化起着极为重要的作用。文化仪式是指企业内的各种表彰、奖励活动、聚会、文娱活动等，它可以把企业中发生的某些事情戏剧化和形象化，用以有效地宣传和体现本企业的价值观，使人们通过这些生动活泼的活动来领会企业文化的内涵。文化网络是指非正式的信息传递渠道，主要是传播文化信息。

三、企业文化的内容结构

在我国，获得广泛认可的企业文化是由物质文化、制度文化、精神文化三个层次构成的，其中以精神文化为核心。

1. 物质文化

物质文化包括组织开展活动所需的基本物质基础。如企业产生经营的物质技术条件，诸如厂容、厂貌、机器设备，产品的外观、质量，以及厂徽、厂服等。

2. 制度文化

制度文化是企业处理人与人之间关系的准则和行为规范的总和，包括具有本组织文化特色的，为保证组织活动正常进行的组织领导体制、规章制度、道德规范和员工行为准则等。如企业中的厂规、厂纪，各种工作制度和责任制度，以及人际交往的方式等。

3. 精神文化

精神文化是指企业在长期活动中逐渐形成的，并为全体员工所认同的共有意识和观念，包括企业的价值观念、企业精神、企业道德。

以上三个层次在企业文化体系结构中处于不同的地位。其中，物质文化处于企业文化体系结构的表层，制度文化处于企业文化体系结构的中层，精神文化处于企业文化体系结构的核心层。物质文化体现着企业文化的风格和形式，以一种特有的氛围对企业成员发挥影响、感染、教化和引导作用；制度文化是把深层文化转换成一种成文或不成文的规则，对组织成员的言行起引导和制约作用；精神文化决定了整个企业文化的方向、本质、形式。三者密不可分，相互影响，相互作用，共同构成企业文化的完整体系。

四、企业文化的作用

面对愈加激烈的市场竞争，企业需要不断地应对来自国内外的各种挑战。要想使企业管理有效进行，保持企业的可持续发展，就必须将企业管理制度和企业文化有效融合，实现共生与双向互动。优秀的企业文化，可以激发员工的自律意识，从而降低企业管理的成本，促进企业长期稳定的发展。

1. 导向作用

企业文化能对企业和企业成员的价值及行为取向起引导作用。具体表现在两个方面：一是对企业的价值取向和经营管理起导向作用；二是对企业成员个体的思想和行为起导向作用。这是因为企业文化一旦形成，就建立起自身系统的价值和规范标准，如果企业成员在价值和行为的取向上与企业文化的系统标准产生悖逆现象，企业文化会进行纠正并将其引导到企业的价值观和规范标准上来。

2. 约束作用

企业文化对企业成员的思想、心理和行为具有约束和规范作用。企业文化的约束不是制度式的硬约束，而是一种软约束，这种约束产生于企业的文化氛围、群体行为准则和道德规范。群体意识、社会舆论、共同的习俗和风尚等精神文化内容，会造成强大的使个体行为从众化的群体心理压力和动力，使企业成员产生心理共鸣，继而达到行为的自我控制。

3. 凝聚作用

企业文化的凝聚作用是指当一种价值观被企业成员共同认可后，就会形成一种黏合力，从各方面把其成员聚合起来，从而产生强大的向心力和凝聚力。企业中的人际关系受到多方面的调控，其中既有强制性的“硬调控”，如制度、命令等；也有说服教育式的“软调控”，如舆论、道德等。企业文化属于“软调控”，能使全体成员在企业的使命、战略目标、战略举措、运营流程、合作沟通等基本方面达成共识，这就从根本上保证了企业人际关系的和谐性、稳定性和健康性，从而增强了企业的凝聚力。

课堂互动

有些企业片面强调井然有序的工作纪律，下级对上级的绝对服从，把对员工实行严格的军事化管理等同于企业文化建设，导致组织内部气氛紧张、沉闷，缺乏创造力、活力和凝聚力。你认为应当如何处理管理秩序和企业内部氛围之间的关系？

4. 辐射作用

企业文化一旦形成较为固定的模式，不仅会在企业内部发挥作用，对本企业成员产生影响，而且会通过各种渠道（宣传、交往等）对社会产生影响。企业文化的传播将帮助企业树立良好的公众形象，提升企业的社会知名度和美誉度。优秀的企业文化也将对社会文化的发展产生重要的影响。

5. 品牌作用

企业在公众心目中的品牌形象，是一个由以产品服务为主的“硬件”和以企业文化为主的“软件”所组成的复合体。优秀的企业文化，对提升企业的品牌形象发挥着巨大作用。独具特色的优秀企业文化能产生巨大的品牌效应。无论是世界著名的跨国公司，如“微软”“福特”“通用电气”“可口可乐”，还是国内知名的企业集团，如“海尔”“联想”等，其独特的企业文化在品牌形象建设过程中都发挥了巨大作用。

五、企业文化的建设

要想使员工认同企业的文化理念，并付诸实践，有效的建设、传播和巩固是必不可少的。具体措施有以下几种。

1. 制定企业文化手册

企业文化理念确定后，一般要通过编制企业文化手册的形式固定下来。企业文化手册是企业全体成员的精神指南，也是企业文化传播的载体和培训教材，具有较强的稳定性。在企业文化启动仪式上要发放企业文化手册，并进行首次企业文化理念内容的发布，启动新文化传播和建设工程。

2. 阐释企业文化内涵

企业主要领导人应联系实际，通过理念报告会等形式向全体管理人员和一线员工阐释企业文化的内涵；企业宣传或培训部门应以企业文化手册为蓝本编写培训教材，对新员工和在职员工进行培训。同时，企业要举办各种文化讲座，向员工传授与企业文化相关的知识。

3. 沟通企业重大事件

企业应积极利用企业发展或对外交往中出现的重大事件，如重大技术发明，生产、经营、管理成功案例（或责任事故），质量评比获奖（或消费者投诉），新闻报道中的表彰事件（或批评事件）。企业应利用企业有形与无形的文化网络，定期向全员报告生产经营的基本情况和重大事件。高级主管定期深入一线与员工进行恳谈，并建立总经理和高级管理人员接待日制度。以此增强企业管理的透明度，形成上下畅通的文化沟通渠道。

4. 演绎企业文化故事

故事是文化的特殊载体，好的故事具体、感人，是传承和传播企业文化的有效载体。企业应将自身创业或变革过程中发生的特殊事件或感人的事例编写或演绎为企业独有的文化故事。

5. 发挥领导者的表率作用

企业的领导者在企业文化建设中既要积极倡导，又要身体力行，做好表率，让员工看到企业提倡什么，反对什么，以及应以什么样的作风从事工作。如果领导者不身体力行，企业文化在员工心目中就不会得到强化，久而久之，只能流于形式，最终使精心设计的先进企业文化理念成为空谈。成功的企业往往通过制定诸如“企业领导者行为准则和形象准则”等，来规范领导者的文化行为。

企业文化建设中的“卓越原则”

卓越是一种向上的精神。追求卓越是一个优秀的人、一个优秀的企业之所以优秀的生命与灵魂。

竞争是激发人们卓越精神的动力，竞争的环境，能促使一个人或一个企业去努力学习，努力适应环境，努力创造事业上的佳绩。坚持卓越原则是建设企业文化的内在要求，因为任何企业在竞争的环境里都不甘于做平庸者，构建企业文化的目的都是培养卓越的精神、营造卓越的氛围。

卓越是人的社会性的反映。人生活在社会中，相互之间比较、竞争，都有追求卓越的意愿，可以说这是人的本性。但人的这种本性不一定在所有的情况下都能被完全释放出来，这取决于他所处环境给予他的压力的大小，取决于有没有取得最好、最优的条件。企业文化建设的任务之一就在于创造一种机制、一种氛围，强化每个人追求卓越的内在动力，并把他们引导到一个正确的方向上。有无强烈的卓越意识和卓越精神，是区别企业文化良莠的标志之一。

实训园地

【实训思考】

1. 职业适应的含义和任务是什么？

2. 简述进行角色转换的策略。

3. 锻炼职场必备的职业素质需要从哪些方面努力？

4. 请与同学分享你所了解的著名企业的企业文化。

【实训演练】

职业认知报告

通过调研、见习等方式，撰写一份1 500 ~ 3 000字的职业认知报告，增强对自己将来可能从事的职业（群）的感性认识，增进对所学专业的了解，强化专业意识和职业意识，进一步明确学习目标。报告要求内容翔实，有较强的针对性，可以包括以下内容。

1. 记录对职业的感性认识，完整、辩证地描述职业。完整的职业描述至少包括下列内容。

（1）职业名称：职业的符号特征，一般是由社会通用称谓来命名的。

（2）职业定义：对使用的工具、从事的工作活动做的说明。

（3）职业资格等级：反映职业胜任程度，一般通过职业资格证书或专业技术等级证书来体现。

（4）职业能力特征：从业者需要具备的能力要素，如语言、文字、思维、沟通能力等。

（5）职业人格特征：从业者需要具备的人格要素，如兴趣、气质、性格等。

（6）技术技能：从业者必备的知识、技能的基本要求，需要掌握的基本操作技术。

（7）职业环境：工作场所的条件。

（8）职业报酬：工资收入情况。

2. 分析专业与职业的关系，重点介绍本专业的现状及一个合格职业人应有的职业素养。

3. 分析本人素质与职业素质要求之间的差距，重点从能力、人格、知识技能等方面进行分析。

4. 到校内外实训基地或企业进行一日见习，参观生产和工作过程，与在职人员进行近距离接触，记录交流的过程。

5. 通过网络查找资料，了解本专业对口就职行业的现状、社会作用和发展趋向；了解本专业 3 ~ 5 家知名企业和 3 ~ 5 位知名企业家，从中认识到做人做事及职业岗位群和本专业就业形式的特点。

第七章 创业能力与创业实务

学习目标

* 知识目标：了解创业的内涵、创业机会的类型和创业机会的识别，以及大学生创业的意义，熟悉创业的核心要素和必备能力，了解大学生创办企业的基本条件及方式。
* 能力目标：掌握撰写创业计划书的原则。
* 素养目标：明确大学生创业的优势和劣势，自觉形成创业意识，培养创业者必备的能力，并将之贯彻到生活和学习实践当中。

案例导航

习近平总书记指出："创新链产业链融合，关键是要确立企业创新主体地位。要增强企业创新动力，正向激励企业创新，反向倒逼企业创新。要发挥企业出题者作用，推进重点项目协同和研发活动一体化，加快构建龙头企业牵头、高校院所支撑、各创新主体相互协同的创新联合体，发展高效强大的共性技术供给体系，提高科技成果转移转化成效。"这一重要论述为广大企业迎难而上、持续创新指明了前行的方向。

在"开拓创新视野：2022创新和知识产权论坛"上，华为技术有限公司公布的创新答卷让人眼前一亮：2021年，研发费用支出为1 427亿元，约占全年收入的22.4%，在2021年欧盟工业研发投资排行榜中排名第二；截至2021年底，在全球共持有有效授权专利超11万件，90%以上专利为发明专利，2021年，在欧洲专利局专利申请量排名第一，获得授权的美国专利数量首次进入前五……

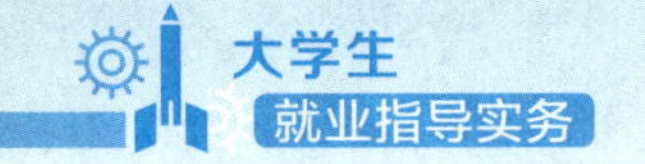

抓创新就是抓发展，谋创新就是谋未来。无论顺境、逆境，创新都是引领发展的第一动力。盘点中外高科技领域的佼佼者，无一不是始终咬定创新不放松，凭借人无我有的“一招鲜”“撒手锏”，走出困境、战胜对手、赢得先机，成为基业永续的常青树的。

创新是一棒接一棒的接力赛，也是你追我赶、竞争激烈的公开赛。如果碰到困难就停止研发，很容易前功尽弃，被后来者超越。当前，新一轮科技革命和产业变革加速演变，新技术、新业态层出不穷，只有大力推动科技创新、加快关键核心技术攻关，创新创业者才能下好先手棋、打好主动仗，才能化险为夷、化危为机，创造更大的生存空间、打造未来发展新优势。

春华秋实，机遇总是留给有准备的人。“千磨万击还坚劲，任尔东西南北风。”只要企业家们胸怀全局、放眼长远、顶住压力、迎难而上，咬定创新不放松，就一定能在危机中育先机、于变局中开新局，在困境中实现凤凰涅槃、浴火重生。

第一节　创业机会的把握

一、创业的内涵

随着商业经济的高速发展和知识经济的到来，大学生创业已经成为社会关注的话题，国家教育部门和其他相关部门出台了相关政策，允许和鼓励大学生自主创业。

所谓创业，就是指由个人或若干人联合创办企业并掌握其所有权的活动，本质是创业者整合资源、追逐机会的艰辛过程，同时也是创业者带领创业团队学习和成长的过程。从广义上说，创业是创立基业，创办事业，通过开拓性思维、创造性劳动建功立业的活动。创业能否成功，与创业者的素养关系很大。创业活动是由创业者组织和主导的商业冒险活动，要想成功创业，创业者不仅需要富有开创新事业的激情和冒险精神、面对挫折和失败的勇气及各种优良的品质，还需要具备解决创业活动中出现的各种问题的知识与能力。

1. 创业是一个创造的过程

创业意味着创造某种新事物，这种新事物必须是有价值的。这种新事物不仅对创业者有价值，而且对其开发的某些目标对象也是有价值的。这里所说的目标对象会因创业者所处行业的不同或其创造事物的不同而不同，可以是产品，也可以是技术或服务，甚至可以是人、团队或组织。这种新事物的创造需要一个过程，这个过程必须具有创造性。

2. 创业需要付出时间和努力

创业是一个创造新事物和新价值的过程，要求创业者能够付出必要的时间和努力。

3. 创业要承担风险

创业的意义在于创新和创造，只有这样才能称得上具有独创性。走他人没有走过的路，做他人没有做过的事情必然存在风险。这种风险可能来自多个方面，如技术、资金、管理、政策及其他环境因素。

4. 创业可获得回报

风险和回报可以说是一对孪生兄弟。创业者通常会选择高风险、高回报的事业作为创业内容。他们在付出努力，承担风险的同时，更期待在事业成功之后获得较高的回报。这种回报可以是金钱，也可以是理想的实现，还可以是荣誉、成就感、认同感和尊重等。

一家公司的总裁去视察自己的工厂。视察期间，他简单地和厂里的技术工人开了个座谈会，有位技术工人不服气，质问他："为什么我整天工作累死累活的但没有多少工资，而总裁你却这么有钱呢？"总裁说："这里面我们有三个比较大的差别。首先，公司成立之初，我把我的全部身家都赌了进去，只许成功不许失败。而公司人力资源部门只是看了你的简历，觉得你适合这个岗位就把你招来上班了，你干得不顺心随时可以离职，其中的差别就在于：我是创业，你是就业。其次，公司的主攻方向是连接器，最后产品研发成功，公司跟 ×× 公司开展战略合作，这是因为我判断准确。而你适合在哪个岗位工作是由你的专业和能力决定的，其中的差别就在于：我是做选择的，你是被选择的。最后，我每天都在思考如何给公司创造价值和利润，我的每个决策都可能影响到无数个家庭。而你只要正常上下班，完成你的本职工作就可以了，其中的差别就在于：价值实现的方式。"

请思考：有人说自主创业就是为了当老板，你怎么看待这种观点？请结合材料谈谈你的看法。

二、创业机会的特点

创业机会是指可以创造价值的机会，由一系列可以创造价值的想法、信念或行动组成。新的想法不一定会创造价值（经济价值），但是行动可以激发人们去实现这一目的（行为结果）。创业是独立的研究领域，"机会"视角的出现是其成熟和影响力增加的一个重要转折点。自此，作为主体的创业者和作为客体的创业机会及二者在特殊创业情境中的复杂的交互作用便成为创业理论研究领域的核心议题。创业表现为一个创业机会被创造（被发现）、评估和开发的过程。创业过程的核心是创业机会问题，创业过程是由机会驱动的，创业机会的发现、评估及开发居于核心地位。

创业机会是适用于创业的商机。商机一般分为两类：一类是昙花一现的商机，这是一般性商机；另一类是能持续一段时间，且不需要较多的起始投入的商机。后者才是适合创业的商机，即创业机会。创业机会具有以下特点。

1. 隐蔽性

生活中充满了机会，机会每天都会出现在人们身边。可惜的是，大多数人意识不到它的存在，创业机会更是如此。正是因为创业机会具有隐蔽性，才使得它在人们心目中是如此神秘和可贵；如果其没有了隐蔽性，人们一眼便能看到它，一伸手就能摸到它，那么它也就不能称为创业机会了。

2. 偶然性

创业机会在大多数情况下是偶然形成的。尽管它普遍存在于人们身边的事物中，但人们并不能轻易地捕捉到它。人们越刻意地寻找创业机会，就越难见其踪影；而在人们毫无准备的时候，它却突然出现在人们面前。

创业机会虽是偶然现象，却是客观事物内在必然性的表现。如果人们没有足够的知识积累、辛勤持久的探索，即使创业机会出现了，人们也会认为这不过是一种偶然现象，无法准确把握。

3. 易逝性

创业机会最显著的特征是具有易逝性。“机不可失，时不再来”就是对创业机会易逝的最好说明。机会是一个非常态的、不确定的时间表现形式。虽然每天都可能有创业机会，但同样的创业机会是不可能再次出现的。此外，创业机会往往是社会所共有的，人们都在寻找，在激烈的竞争中只要稍一迟疑，创业机会就会被别人抢走。

4. 时代性

时代性是指时代会给各种创业机会打上烙印，赋予创业机会社会色彩、时期色彩。社会色彩是指不同制度下的社会对创业机会所产生的影响。政治制度比较宽松的社会能在更为广阔的领域为个人奋斗提供各种创业机会；而在政治制度比较严格的社会，有许多领域是不能涉足的，这些领域中的创业机会也就不能被发现了。创业机会是一种可能的盈利机会，它需要实体企业付出实际的商业行动，通过具体的业务经营管理来实施，以实现既定的营利目的。

成功的创业者能敏锐地感知社会大众的需求变化，并能够从中捕捉创业机会。潜在的创业机会来自科技应用和人们需求的多样化等。请观察自己的周围，并找出可能的创业机会。例如，买商品或者接受某种服务时，自己遇到过哪些不便？周围的人有过什么样的抱怨？自己所在的社区缺少什么样的服务？这当中是否有创业机会可以挖掘？

三、创业机会的类型

好的创业机会必然具有特定的市场定位，专注于满足消费者的需求，同时能为消费者带来更多便利。创业需要机会，而获得创业机会要靠发现。概括来说，创业机会有以下几种类型。

1. 现有市场机会和潜在市场机会

现有市场机会是市场机会中那些明显未被满足的市场需求，往往发现者多，进入者也多，竞争势必激烈。潜在市场机会是那些隐藏在现有需求背后，未被满足的市场需求，不易被发现，识别难度大，往往蕴藏着巨大的商机。

2. 行业市场机会和边缘市场机会

行业市场机会是指在某一个行业内的市场机会，发现和识别的难度系数较小，但竞争激烈，成功的概率低。边缘市场机会是指在不同行业之间的交叉结合部分出现的市场机会，处于行业与行业“夹缝”的真空地带，难以被发现，需要创业者有丰富的想象力和大胆的开拓精神才能发现，一旦机会得到开发，成功的概率就比较高。

3. 目前市场机会和未来市场机会

目前市场机会是指那些在目前环境变化中出现的机会。未来市场机会是指通过市场研究和预测分析，在未来某一时期内出现的市场机会。若创业者提前预测到某种机会的出现，就可以在未来市场机会到来前做好准备，从而获得领先优势。

4. 局部市场机会和全面市场机会

局部市场机会是指在一个局部范围内或细分市场中出现的未被满足的需求。全面市场机会是指在大范围市场出现的未被满足的需求。在大范围市场中寻找和发掘局部或细分市场机会，见缝插针、拾遗补阙，创业者就可以集中优势资源投入目标市场，这有利于增强创业者创业的主动性，减少盲目性，提升创业成功的概率。

视频
青年学生要关注哪些创业机会

四、创业机会的识别

识别创业机会不是一件容易的事情，但也不是无法做到的。创业者应在日常生活中有意识地加强实践，提高自身识别创业机会的能力。创业者可通过以下方法来识别创业机会。

1. 趋势观察法

趋势观察法是指观察趋势并利用它创造机会的方法。创业者在创业前要找出各种能反映趋势的要素，观察这些要素的变化，分析这些变化中存在的规律，及时发现变化中出现的各种机会。一般情况下，创业者应从以下几个方面来观察与分析创业机会。

（1）分析产业与市场结构变迁的趋势。例如，在国有企业民营化及公共部门产业开放市场自由竞争的趋势中，创业者可以在交通、电信、能源产业中发掘创业机会；在政府推出的知识经济方案中，创业者也可以找到创业机会。

（2）分析人口统计资料的变化趋势。例如，女性就业的增多、人口老龄化现象的发展、受教育程度的变化、青少年国际观的扩展等，这必然给创业者提供许多新的市场机会。

（3）分析价值观与认知的变化趋势。例如，人们饮食需求的改变造就了健康食品等行业的兴起。

2. 问题发现法

问题发现法是指着眼于问题来发现机会的方法。每个问题都是一个被巧妙掩饰的机会。寻找机会首先要善于发现问题、解决问题，许多成功的企业都是从解决问题起步的。所谓问题，是指现实与理想的差距。例如，客户需求在被满足之前就是问题，设法满足这一需求就可以抓住市场机会。创业时应着眼于那些令人们“苦恼的事”和“困扰的事”，因为是苦恼、困扰，所以人们迫切地希望解决它。对这些问题，如果创业者能提供解决的办法，实际上就是找到了创业机会。

3. 市场研究法

市场研究法是指为达到收集、分析信息的目的而进行研究的过程，包括将相应问题所需的信息具体化、设计信息收集的方法、管理并实施数据收集过程、分析研究结果、得出结论并确定其含义等。市场研究可以由创业者进行，也可以由外部供应商或顾问进行。中国市场受政策影响较大，新政策出台往往能引发商机，如果创业者善于研究市场、利用政策，就能抓住商机，站在潮头。

4. 技术创新跟踪法

创造发明产生了新的知识、新的技术，如自动驾驶，远程医疗等。产业的变更或产品的替代既满足了客户需求，又带来了前所未有的创业机会。任何产品都有其生命周期，产品会不断趋于成熟，直至走向衰退，最终被新产品代替。创业者如果能够跟上产业发展和产品替代的步伐，就能够通过技术创新不断找到新的发展机会。

课堂互动

作为新常态下我国经济社会发展的引擎之一，创业在驱动经济持续增长的同时，也帮助我国部分劳动者解决了就业问题。创业机会是创业行为产生的先决条件。那么，我们该如何识别创业机会呢？

五、创业方向的选择

创业方向的选择是创业开始的第一步，也是创业过程中的关键一步，方向正确，可以让创业者事半功倍，迅速获得成功。什么样的方向才是正确的呢？怎样才能让自己在创业的起点上不犯致命错误呢？

创业无定法，但有一些基本原则还是应当遵循的。只要遵循这些基本原则，就不会在大的方向上出问题。

（1）创业方向必须是自己喜欢的。如果自己不喜欢，即使市场前景再好，成功的概率再大，创业者都不会成功。因为不喜欢，所以做起事情来处处被动，积极的能动性便发挥不出来。因此，创业方向必须是自己喜欢的，在喜欢的同时，还必须从市场的需要出发，经营有商机的项目。

（2）创业领域应该是自己所擅长的、熟悉的。从自己的专长出发，经营熟悉的项目，创业者自身的经验、学识、能力、对所涉足行业的认知程度，都对创业成功起着重要作用。常言道：“隔行如隔山”，在自己熟悉的领域创业可以减少很多工作量，少走很多弯路。

（3）创业项目应该是自己具有竞争优势的。从自身能力出发，经营力所能及的项目。如果自己的创业计划具备竞争优势，那么创业开始以后很快就能进入市场，令企业走上正轨。

行思之窗

“任何成功都不是一帆风顺的，创业时期充满了无数艰难困苦。”自己的公司刚刚走上正轨的小曹回忆道。创业一开始最难解决的就是人才需求问题，由于公司最开始采取的是“技术 + 实体经营”模式，所以对技术人员的要求比较高，而小曹的公司的所在地是一个小县城，领域人才缺乏、创业资金缺乏等成了小曹创业路上的“拦路虎”。这时候，小曹不得不强迫自己去学习，做一个“多面手”，既要懂技术又要懂业务。在那些日子里，小曹每天东奔西跑，联系业务，经过艰辛摸索，终于找到了属于自己的方法和模式，也渐渐地稳定了公司初期的经营，积累了一些人才。回忆当初的创业路，小曹认为：“创业的艰辛不是语言文字所能表达的，这条路充满着诱惑和荆棘，无法迎难而上冲破困难的人，在这条路上是无法走远，甚至无法走下去的。”

请思考：从小曹的经历来看，要想成功创业需要具备哪些要素？

六、创业项目的选择

项目选择是创业成功的关键步骤之一，需要创业者花费较多的时间来进行调研、论证、决策。选择目标事关人生，创业者不能随便选择，必须经过一个充分的论证过程。在这个过程中，创业者要舍得花时间、花力气，要能够静下心来认真调查研究，寻找事实根据。除了创业机会的识别外，创业项目的确定一般还需要经过创业环境分析和创业市场调研。下面详细叙述各阶段的具体操作方法和实施思路。

1. 创业环境分析

创业环境是指创业者周围的境况，围绕着创业企业的生存和发展，对其产生影响或制约的一系列外部因素及其组成的有机整体。

（1）创业环境的主要内容包括以下几个方面。

① 政策环境。政策环境不仅包括对创业活动和创业企业成长的规定、就业的规定、环境和安全的规定、企业组织形式的规定、税收的规定等，还包括政策的执行情况、落实情况和事实上的效率情况等。创业者若能遵从国家战略、政策的导向，并按这个方向发展，就会在设立、场地、投融资、财税等方面获得便利与支持。“大树底下好乘凉”，国家的战略规划、产业政策、财政货币政策就如同“大树”，创业企业在“大树”的荫护下得以健康发展。创业者若反其道而行之，则创业容易受到约束，发展容易受到限制，面临落后甚至被淘汰的风险，如银行对落后产能的限制性信贷政策。目前，中国经济已进入“新常态”，改革发展加快，企业转型升级的战略选择主要有“一带一路”、《中国制造 2025》、“互联网 +”“人工智能 +”等。

② 经济环境。经济环境方面主要分析国家的能源和资源状况、交通运输条件、经济增长速度及趋势产业结构、国民生产总值、通货膨胀率、失业率，以及农业、轻工业、重工业的比例关系等；同时要分析某地区的国民收入、消费水平、消费结构、物价水平、物价指数等。我国整体环境正在朝着有序、规范的方向发展，诚信意识在增

强，硬件环境在改善，服务意识在提高，消费者的理性消费意识和消费观念也有了明显的变化。

③ 社会环境。社会环境主要包括社会文化、社会习俗、社会道德观念、社会公众的价值观念、职工的工作态度及人口统计特征等。我国目前的文化和社会规范鼓励创业，鼓励人们通过个人努力取得成功，也鼓励创造和创新的精神，更鼓励通过诚实劳动致富，让创业者勇敢地承担和面对创业中的各种风险。

④ 科技环境。创业者须及时了解和分析创业地区的新技术、新材料、新产品、新能源的状况，国内外科技总的发展水平和发展趋势，本企业所涉及的技术领域的发展情况、专业渗透范围、产品技术质量检验指标和技术标准等。

（2）创业环境的分析方法主要有以下几种。

① PEST 分析法。PEST 分析法是一种企业所处宏观环境分析模型，即政治（Political）、经济（Economical）、社会（Social）、技术（Technological）。这些是企业的外部环境，一般不受企业掌控，对其进行分析要求高级管理层具备相关的能力及素养。

② SWOT 分析法。经典的 SWOT 分析法是用来确定企业自身的竞争优势、竞争劣势、机会和威胁，从而将公司的战略与公司内部资源、外部环境有机地结合起来的一种科学的分析方法。

SWOT 分析法是一种客观性的分析方法，对创业者分析创业项目十分有帮助。其中，S 代表优势（Strengths），W 代表劣势（Weaknesses），O 代表机会（Opportunities），T 代表威胁（Threats）。S 和 W 代表项目主体的内部环境，O 和 T 代表项目面临的外部环境。利用这种方法，创业者可以从中找出对个体（企业）有利的、值得发扬的因素，以及对个体（企业）不利的、要避开的因素，从而发现存在的问题，找出解决的办法，进而明确以后的发展方向。

2. 创业市场调研

在市场调研开始之前，创业者还需要对创业机会进行“假设 + 简单预估”，即敏锐的直觉加上预判。之后，若创业者想进一步创业，则必须依靠市场调研来评价创业机会的前景，验证创业机会的潜力。创业市场调研的内容如下。

（1）经营环境调查。经营环境调查主要包括以下几个方面。

① 政策、法律环境调查。调查与所经营的业务、开展的服务项目有关的政策、法律信息，了解国家是鼓励还是限制创业者所开展的业务，对该业务有什么相应的管理措施和手段。创业者只有熟悉政策，利用好政策中对自己有利的因素，规避不利因素，才能少走弯路，从而更快地让企业成长起来，事半功倍地打好创业这场战役。

② 行业环境调查。创业者对自己即将从事的行业，需要有一个全面、充分、系统而

细致的考察和评估。例如，即将进入的行业是属于成长型的，还是属于已经成熟，甚至达到饱和状态的？主要的客户和合作商有哪些？未来的发展趋势如何？只有对此类问题有深入的了解，创业者才能知道如何更好地进入特定的市场。

③ 宏观经济状况调查。宏观经济状况是否景气，直接影响消费者的购买力。如果企业效益普遍不好，经济也不景气，生意便难做；反之，生意则好做。这就是所谓“大气候影响小气候”。因此，宏观的经济状况和信息是做好“小生意”的重要参数。经济景气时宜采取积极进取型的经营方针，经济不景气时也有挣钱的行业，也孕育着潜在的市场机遇，关键在于创业者如何把握和判断。

（2）市场需求调查。在市场总人口数中确定某一细分市场的目标市场总人数，此总人数是潜在顾客人数的最大极限，可用来计算未来或潜在的需求量。对目标消费人群的调研分析需要着重了解哪类人群可能是自己的长期客户，他们更看重同类产品的什么功能和服务，他们期望得到什么样的服务。

同时，创业者要对同类产品进行调研，主要解决以下问题：这些同类产品的外观、色彩等具有什么特点？其产品具有什么样的特点和优势，是以质量取胜，还是以功能取胜？同行业中失败的产品存在什么样的问题？这些问题的答案是创业者打造未来产品特色和发挥优势的依据。

（3）客户调研。进行客户调研就是了解客户需求的过程，了解即将开发的产品和服务能否满足客户和市场的需求。客户调查包括对客户的消费心理、消费行为等进行调查分析，研究社会、经济、文化等因素对购买决策的影响。同时，创业者还要了解潜在顾客的需求情况、影响需求的各种因素的变化情况、消费者的品牌偏好等。

（4）竞争对手调查。创业之前，如果已有人做了相同或类似的业务，那么这些人就是创业者现实的竞争对手。如果业务是全新的、有独到之处的，刚开始经营的时候没有现实的竞争对手，一旦商机出现，生意兴旺，马上就会招致众多人跟风模仿，竞相加入竞争行列，这些就是潜在的竞争对手。“知己知彼，百战不殆”，创业者只有充分了解竞争对手的情况，包括竞争对手的数量与规模、分布与构成、优缺点及营销策略等，才能有的放矢地采取竞争策略，在激烈的市场竞争中占据有利位置。

（5）商业模式调研。商业模式是指企业实现盈利的模式和渠道。商业模式是企业生存的根本，因此在创立企业之前，创业者需要去调研成功企业的盈利模式和失败企业失败的原因，以在确定盈利模式时能够有所借鉴、扬长避短。

进行创业市场调研的方法有哪些呢？按照调研范围的不同，市场调研可分为市场普查法、抽样调查法和典型调查法；按照调研方式的不同，市场调研可分为访问法、问卷法和观察法；按照信息来源渠道的不同，市场调研可分为直接方法和间接方法。

毕业于农业种植技术专业的小柳，是在租来的3亩地搞培植树苗、种养盆景起家的。当年，他购置了一辆农用车，请了两三个农民工就开干了。开始时，他专门跑到偏僻的农村收购优质树苗树种，低价收购成形老树。遇到出手阔绰的买家，一棵亮丽的九里香能卖到几万元。随着房地产开发商越来越注重营造楼盘的绿化环境，各类树苗、成树的市场也渐渐扩大，于是小柳又租下10亩地做园艺场。凭借自己在学校学到的知识和这几年积累的经验，小柳的园艺场植物品种越来越多，能满足不同场合的需要。为了更上一层楼，最近小柳的妻子辞了职，同小柳一起经营园艺场。小柳对园艺场的未来发展充满信心。

请思考：有人认为，当下的种植养殖业缺少商机，不适合年轻人参与和创业，你如何看待这种观点？

第二节 创业能力的培养

面对日益严峻的就业形势，自主创业逐渐成为大学生职业发展的重要选择之一，树立创业意识、了解创业法律法规、锤炼创业本领、综合提高创业能力成为大学生创业的基本要求。

一、大学生创业的意义

1. 创业是大学生展现个性的机会

一般情况下，任何具有自我意识的人都在进行自我设计，自我设计是自我价值实现的一种方式。大学生选择创业是其人生旅途的一种自我设计，它虽然从自我意识出发，但一定要与社会和他人协调发展。大学生在创业过程中只有把个人价值与社会价值统一起来，才能获得更多的机遇，才更容易创业成功。

2. 创业是实现个人理想和积累财富的途径

时代赋予大学生越来越多的创业机会，用知识创造财富，大学生完全可以成为新经济时代的拓荒者。但创业也是一种社会活动，在实现个人理想和价值的同时，也为社会做出了贡献；在个人积累财富的同时，也为社会和他人积累了财富。

3. 创业有利于大学生形成新的成才观念

在充满竞争的现代社会中，大学生对未来的选择越来越多元化。大学生创业者的涌现必将带动更多有创业激情和创业准备的大学生。在创业意识的推动下，很多大学生将更加重视人格的完善及自身素质的提高，而大学生整体素质的提高将涌现出更多优秀的创业者。

4. 创业能为社会创造财富

在校期间，大学生正处在创造心理的觉醒时期，他们对创造充满渴望和憧憬，且受到传统习俗的约束较少，敢想敢做，思想活跃，富有创造力。许多新思想、新理论、新发明和新发现正是由处在这一时期的年轻人完成的。大学生创业有利于在全社会营造科技创新的氛围，而且能够直接推动我国科技成果的产业化发展，增强我国企业的国际竞争力。

5. 创业是缓解社会就业压力的新途径

目前，我国职业教育蓬勃发展，大学生队伍日渐壮大，学校通过开展创业教育可以开发和培养大学生的创业基本素质，提高大学生的生存能力、竞争能力和创业能力，使之成为复合型人才。大学生创业，能够缓解社会就业压力。

6. 创业有利于培养团队精神和奋斗意志

创业需要多学科的合作，需要各种技能的综合，没有一个齐心协力、配合默契的创业团队，创业是很难成功的。创业首先需要进行团队训练，以增进伙伴之间的了解，增强团队精神。

创业是一个艰苦的过程，会遇到许多困难，甚至会失败，这与部分大学生习惯依赖家长、老师和社会形成了鲜明的对比。大学生创业需要自己去闯天下，自己去筹备资金，自己去开拓市场，在这个过程中，他们会遇到从未遇到过的困难，这能很好地锻炼他们的意志。

创业孵化园

创业孵化园是政府为创业者建立的制度性、智能化的服务园，可为新成立的小企业提供有利于生存、发展的服务环境和空间环境服务。进入孵化器的创业者可以获得各种低成本或免费的服务，以降低创业风险。企业孵化器潜伏期结束后，有必要退出孵化器，将新的创业实体纳入孵化器。

大学生创业孵化园以科学发展观为指导，以促进创业、带动就业为主线，以培育创业体系为目标，以完善创业服务为重点，坚持政府引导、市场主导、社会参与、服务配套、合理布局的原则，旨在为大学生创业者提供场地、创业培训、创业指导等服务，提高其创业成功率，加快形成创业带动就业的良性机制，积极构建大学生就业创业服务体系。

孵化园立足于学校，以市场为导向，真正实现了产、学、研一体化，其向大学生植入创业基因，以创业带动就业，实现了“创业基因—创业种子—创业—孵化—孵化成功”为一体的创业生态公园的目标。

二、创业的类型

创业的类型多种多样，按照不同的划分依据，可以将大学生创业划分为不同的类型，常见的有以下几种。

1. 自主创业

自主创业又称“独立创业”，是指创业者个人或创业团队白手起家进行创业。自主创业基于各种原因，如自己有了发明创造的成果，并发现了它的商业价值，不愿让他人占有；有条件创业且抓住了创业机会；受其他人自主创业成功的影响等。自主创业获得成功的例子不胜枚举，很多赫赫有名的企业家都是白手起家的。

对于创业者来说，自主创业的道路是充满挑战的。在创业的过程中，创业者的智商、情商和财商可以得到最大限度的发挥，创业者可以接触各类人物，从事各类工作，经历各种感受；创业成功，可以获得大量的财富，满足更高的需求。但是自主创业的难度和风险都比较大，因为创业者往往缺乏足够的资源、经验。资源需要费尽周折去筹集，经验需要在成功和失败的实践中去积累。在自主创业的企业中，成功的企业给创业者带来了成功的喜悦和成就感；夭折的企业或发展缓慢的企业，给创业者带来了失败的打击和挫折感。

2. 脱胎创业

脱胎创业是公司内部的管理者从公司当中脱离出来，成立一个新的独立企业的创业活动。脱胎创业又称“母体脱离创业”，其创业者拥有创业所需的专业知识、经验和关系网络，生产与原公司相近的产品，或提供类似的服务。

脱胎创业的频繁程度与产品自身的生命周期和所处的行业类型有关，更多地发生在产品生命周期的早期阶段，因为这一类型的市场产品供不应求，竞争尚不激烈，市场空间很大，预示着有巨大的商机。

脱胎创业的成功与否与创业者筹集资金的多少和组建团队的能力高低密切相关，寻求资金支持是脱胎创业的创业者面临的最大挑战之一，因为脱离母体的创业者，往往只是某一个方面的专家，最常见的是技术专家或营销高手，他们欠缺其他方面的管理技能，这就需要组建一支高效的创业团队来各尽其职、各显其能，进行创业活动。

3. 二次创业

二次创业是指企业内的创业。现在的大企业已经不是创业热潮中的旁观者和被动的应对者，甚至一些知名的大公司也在积极地寻找和追逐新的创意和商机，在这种情况下，便会出现二次创业。

除此之外，根据创业领域的不同，创业还可以分为科技创业、贸易创业和服务创业，即在科技、经贸和服务领域内的创业。鼓励和引导大学生在科技、贸易和服务领域创业，对中国经济的发展具有重大作用和意义。

三、创业的核心要素

既然创业是一个创建企业的过程，那么企业所需具备的要素也就成为创业的要素。管理学研究认为，可以将企业看作一个由人的体系、物质体系、社会体系和组织体系所组成的协作体系。因此，人的因素、物质因素、社会因素和组织因素就构成了创业的要素。

1. 人的因素

毫无疑问，人是创业活动的主体。创业离不开人，而人的因素又包含以下三个方面的内容。

（1）创业者。创业者可以是一个人，也可以是一个团队，创业对于创业者来讲就是一种行为，创业者的动机直接影响创业过程，创业者的价值观和信念将左右创业内容，影响企业的生存和发展。因此，创业者的素质与能力是创业成功的第一要素。

（2）企业内部的人际关系。人在社会上不是孤立的个体，而是生活在社会群体当中的，需要与他人相互扶持，互相协作。创业过程中人的因素除了创业者外，还包括企业内部的人际关系。只有处理好这种关系，才能真正发挥团队的作用，形成一种合力，使得有限的人力资源发挥更大的作用。

（3）企业外部的人际关系。企业并不是一个封闭的体系，而是一个开放的系统，它与外部的供应商、客户、当地政府和社区发生相互联系。所以，创业过程中人的因素还包括企业外部的人际关系。

2. 物质因素

物质因素是创业过程中不可缺少的条件。一个生产型企业只有具备原料、设备、工具、厂房及运输工具等才能生产出产品。创业过程中的物质因素主要包括以下几个方面。

（1）资金。资金包括企业的注册资金等。世界各国为了鼓励创业活动的开展，纷纷降低对新创企业注册资金方面的要求和限制。然而创业所需的资金远远不止这些，技术、生产设备、原材料购买、人员招募等都需要大量资金。

（2）技术。提高新创企业的技术含量已成为一个发展趋势。在新创企业推出的产品中，高新技术产品所占的比例越来越大。企业之所以存在，是因为社会的需要。社会需要的技术，并不完全等同于科学家眼中的科学技术，社会需要的技术既是建立在科学基础上的技术，又是必须能够满足社会实际需要的技术。对于创业者来说，不能只追求科学和技术上的卓越，还应以市场需要为选择技术的中心，即选择在市场上已经显现出应用前景但还没有应用，或者是在市场上刚刚出现的技术。

（3）原材料和产品。对于生产型企业而言，从原材料到产品，存在一个由投入到产出的过程，创业者在创业时必须考虑这个过程所涉及的方方面面。

（4）生产手段。介于投入和产出之间的是一个“处理器”，对于企业而言，这种“处理器”就是生产手段，包括设备、工艺及相关的人员。

3. 社会因素

社会因素也是协作体系的一个重要组成部分。创业中的社会因素包括以下两个方面。

（1）创业得到社会认可。自改革开放政策实施以来，创业活动得到了蓬勃发展，一个重要的原因是社会对创业活动的认可。创业是一个高风险的活动，如果得不到社会认可，创业活动就不可能顺利进行。

（2）创业符合社会发展的要求。为社会提供某种产品或服务，是企业成立与生存的根本。企业需要通过事业来完成社会使命，如果事业得不到社会认可，就说明它已经没有存在的价值了。

4. 组织因素

组织因素是协作体系的核心，只有通过组织的作用才能创造新的价值。虽然人是所有管理因素中唯一具有能动性的资源，但是这种能动性要通过组织来实现。组织因素具有以下功能。

（1）决策功能。决策是创业活动中的一项重要职能，既包括确定创业目的，也包括确定实现目的所用的方式。从创造价值的角度来讲，确定创业目的尤为重要，因为它决定着创业活动的方向，甚至会影响企业的发展。

（2）创建组织。创业通常由一个团队来进行，因此需要对团队进行组织和管理。组织团队通过分工与协作，有条理地完成创业的相关活动。创建组织既包括组织结构的构建，又包括沟通体系的形成。

（3）激励员工。创业需要最大限度地发挥现有人力资源的作用，那么对参与创业者的激励就成为创业活动的一项重要内容。“人心齐，泰山移”，充分调动人的积极性能够产生一种合力，同时会增强创业团队的凝聚力。

（4）领导功能。被誉为现代管理理论之父的巴纳德（Barnard）认为，领导的作用在于它能够创造新的价值。对于创业活动而言，领导的作用没有任何因素能够取代。

四、创业的必备能力

在创业过程中，创业者具备比较全面的能力是其事业稳定发展的保证。创业能力是一种高层次的综合职业能力，主要包括以下几类。

1. 把握机遇的能力

所谓机遇，就是一种机会，一种稍纵即逝的境遇。机遇存在于各个领域、各个时间、各个空间和各种各样的事物当中。面对纷繁复杂的经济社会，创业者若想创业成功，能否创造、挖掘和把握好机遇就显得非常重要。抓住了机遇，就等于成功了一半。要想抓住机遇，创业者就要做到决策果断，能够根据市场的需要和变化确定正确的目标。

2. 领导能力

当一个创业者开始动员其他人一起为了达到某个目的进行工作时，他就跨入了领导者的行列。领导能力就是把思想转化为现实的能力，即影响力。构成领导能力的基本要素包括积极的逻辑思维能力、与他人沟通的能力及调动他人积极性的能力。

成功的领导者往往通过下放权力与下属建立起良好的关系，这样既可以将自己的想法很好地传达给下属，又可以最大限度地激发下属的潜能、创造力和积极性。

3. 交际能力

个人事业的成功，很大程度上离不开良好的交际能力。人际交往是人类生活中不可缺少的重要组成部分，而交际能力是指学会认识人际关系，正确理解人际关系，培养良好人际关系的能力。对于创业者来说，创业的过程就是让社会熟悉自己、接纳自己的过程。因此，创业者应当把社会看成自己获取支持，获得能量、信息和材料的源泉，在社会实践中逐步提高自己的交际能力，从而提升自己的创业能力。

创业者如果不能正确地处理好人际关系，可能会造成创业过程中的孤立无援，严重的还会影响创业的成功。

4. 信息处理能力及应变能力

所谓信息，就是人们能够识别的，具有新内容的消息、情报、数据和资料的统称。信息量越大，决策的准确度就越高；决策的准确度越高，信息的价值也就越大。但是，仅仅收集信息是远远不够的，更重要的是懂得如何利用这些信息。只有通过认真筛选、辨别、归纳、分析和研究等一系列加工处理环节，才能去伪存真、去粗取精，最大限度地发挥信息的价值。

在知识经济时代，成功的创业者应该具备在信息的海洋里鉴别有价值的信息的能力，即信息处理能力。同时，创业者还应具备根据获得的信息及时做出决策的能力，即应变能力。

应变能力指能够根据社会的变化和市场的需求迅速采取相应对策的能力。创业者只有具有应变能力，才能迅速捕捉信息、利用信息，更好地适应环境和市场的变化。

5. 经营管理能力

在创业能力中，经营管理能力是一种较高层次的能力，它涉及规划、决策、实施、管理、评估、反馈等创业实践活动的每一个环节，影响创业实践活动的全过程。经营管理能力强调创业实践活动中人的选择、使用、组合和优化，体现在群体控制的各个方面，包括群体目标、群体内聚力、群体规范和价值等。

另外，经营管理能力还体现在创业实践活动中资金的分配、使用、流通、增值等环节，影响实践活动的规模和效益。

6. 合作能力

在创业实践中，合作主要体现为外部合作与内部合作。内部合作主要是指企业要善用人才，协调好企业各级部门及人员之间的关系，依靠集体的力量产生“增力效应”。外部合作则主要包括企业与政府、科教界和其他企业之间的合作。可见，充分认识到企业内部与外部的合作关系、具有较强的合作能力与合作意识，是创业者事业取得成功的前提条件之一。

除上述各项专业能力外，创业者还应具备文字和语言表达能力、创新能力、洞察能力及心理调节能力等。总之，创业的成功不仅需要创业者有足够的知识储备，还需要创业者具备全方位的创业能力。对于大学生来说，如果有自主创业的打算，就应该从现在开始注意积累自己的专业知识，并有意识地培养自己的创业能力。

课堂互动

了解本校毕业生的创业情况，访问创业成功的学长，请他们聊一聊创业过程中的艰辛和成功后的喜悦，并思考学长的经历对自己有什么启发。

五、大学生创业能力的提升

1. 积极投身社会主义现代化建设

大学生要志存高远、脚踏实地、不畏艰难、矢志奋斗。大学生要深入基层、深入群众、深入一线、深入祖国的每一寸土地，结合乡村振兴、科技创新、理论宣讲、西部开发、义务支教等形式，在建设社会主义现代化强国的生动实践中强化创新创业教育，把自己锻造成一名合格的社会主义事业的创新创业者和建设者。

2. 积极完善自身素质，提高自身能力

一方面，大学生并不是专注于创业即可，还要提高自身的能力。学校内的专业课程学习是提高能力的有效途径，只有打牢知识基础，才有创业的资本。同时，大学生要学习创业所必需的管理、财务、经营等方面的知识，以此来预见未来市场上可能出现的问题；锻炼自身的社交能力，为以后的商务谈判做准备。另一方面，当下中国的就业形势严峻，因此，大学生应该担负起相应的社会责任，通过创业为国家的就业问题出一份力。

3. 积极调整心态，锻炼意志力

创业是一个艰苦且漫长的过程，需要创业者有清醒的认知，不可急于求成，要有充分的心理准备。在时代的大潮中，大学生创业的热情高涨，但是创业更需要理智。拥有激情并不表示创业就能取得成功，创业需要回归理智。在创业过程中，创业者需要稳中求胜，锻炼自己的忍耐力。致力于创业的大学生要尽早意识到这一点，积极参加相关活动、制订锻炼计划等，从而完善自身的品质，锻炼意志力。同时，作为创业者，大学生应该保持理性的态度，切不可在遇到问题时感情用事。在创业过程中，困难是必不可少的，面对困难，要保持平和的心态，因为逆境中的泰然处之才是创业过程中最珍贵的品质，有了强大的心理素质，创业才更有可能成功。

4. 积极实践，丰富经验

在校大学生应充分利用学校提供的平台积极汲取各方面的知识，通过专业课学习、各种校园活动及社会实践活动不断开阔视野；积极参加一些社团活动及志愿者活动，在活动中锻炼与人沟通、协作的能力，树立团队意识；提高自主学习的能力，在学习中培养创新的思维与发展的意识，通过日常学习中的不断积累逐渐增强创业的信心。

在创业过程中，大学生不仅要学习文化知识，还要积累相关经验，增进对所从事的行业的特点、发展情况的了解。大学生长期置身于校园环境中，与社会的接触比较少，非常需要积累社会经验。因此，大学生应该积极参加学校举办的创业大赛及创业实践活动，还可以进入企业参与社会实践活动，从而了解社会、观察社会，不断提高自身的创业实践能力。

企业家精神是中国经济高速增长的重要动力

作为一种基本的社会经济组织，企业的本质是以社会生产为目的的资源配置机制。企业家作为企业经营活动的设计者和企业内部资源配置的指挥者，决定了企业的发展方向和战略目标，也决定了企业的经营效率，是企业生存与发展的决定因素。

企业家在社会经济生活中发挥着重要作用，企业家精神是企业家作为一个特殊群体发挥其社会作用所必备的共同特征，是其价值取向、知识体系和素质能力的集中体现。企业家是开拓者，他们把科学技术发明引入经济生活全新的领域之中，提高了社会物质生活水平及文化生活水平；企业家是创新者，他们带领企业不断进行技术创新和管理创新，提高了资源配置的效率，为社会生产提供了新的动力；企业家是服务者，其工作的核心需要围绕客户来进行，服务好客户是企业生存的根本，是社会物质文化需求得以满足的核心渠道；企业家是合作者，在重大决策及其实施过程中，企业家需要整合企业内外部资源，团结一切可以团结的力量，实现企业的跨越式成长，推动社会的进步；企业家是学习者，在残酷的商业竞争环境中，成功的企业家能带领整个企业持续学习、全员学习和终身学习，从而促进社会理念、知识和技术的传播，推动社会的进步。

第三节 创业计划的制订

一、创业计划的含义

视频
创业计划书

创业计划是对与创业项目有关的所有事项进行总体安排的书面计划。创业者通过描述企业的新产品或服务，分析商业前景及各项创业要素，对企业进行自我评估，并以此获得潜在投资者、合作伙伴的关注和支持。

创业计划主要用于描述与拟创办企业相关的内外部环境条件和要素特点，为业务发展提供指示图和衡量业务进展情况的标准。一份好的创业计划书往往会成为吸引投资的“敲门砖”。

二、创业计划的作用

“好的开始是成功的一半”，创业者要想对企业前景有更清晰的认识，对企业面临的内外部环境及各项影响因素有全方位的了解，获得投资者的青睐，就离不开创业计划。具体来说，创业计划有以下三个方面的作用。

1. 明确方向，厘清思路

创业之初，创业者的创业计划往往是较模糊的。编制创业计划书有利于创业者进一步明确创业方向，厘清创业思路，完整地表述自己的创业计划，在此基础上理性地分析计划的科学性和可行性并对计划进行恰当的调整。

2. 整合资源，凝聚人心

一份行之有效的创业计划可以将创业过程中的各种资源和要素整合起来，为创业者提供清晰的蓝图，使企业各项工作有章可循，帮助创业者树立信心。与此同时，其还可以吸引志同道合者加盟，凝聚人心，增强团队的协作能力。

3. 加强宣传，获得融资

创业计划书是对即将开展的创业项目进行可行性分析的书面表述，一份完善的创业计划书可向银行、投资者、合作伙伴、供应商及顾客等宣传企业的创业项目、创业构想和经营方式，有利于创业者获得外部资源的支持。

小许一门心思想做老板，毕业后，经过 7 年的努力终于积攒了一笔资金——15 万元准备创业，其中 10 万元作为注册资金，5 万元作为流动资金。她认为，个人创业必须有丰富的工作经验。所以在过去的工作中，她总是分内、分外的事全都抢着干，从不计报酬。尤其是遇到经营方面的事，她更是竖着耳朵听，目的就是多学点儿本领，为自己创业做准备。另外，她认为创业必须有一个好项目。她选择了当时的朝阳项目——房地产租赁咨询。

办齐手续后，公司正式开始运营。她勤勤恳恳工作，但怎么也没想到，最初的几个月几乎没有生意，直到第 6 个月才稍有收入。半年来，她赔了 3 万元。她开始动摇了，觉得自己是在靠运气吃饭。她认为创业不应该是赌博，肯定是自己哪里弄错了。她不想再继续下去，她认为不能等到 15 万元赔光再行动，她要立即去弄明白问题出在哪里。第 7 个月，她关掉了公司。

请思考：小许创业失败的直接原因是什么？我们能从中吸取怎样的教训？

三、创业计划书的撰写原则

创业者在撰写创业计划书时应遵循以下五个原则。

1. 针对读者，突出主题

创业计划书的读者可能是投资者、银行、供应商、消费者、雇员及顾问等。创业者在制订创业计划时一定要考虑目标读者，因为不同的目标读者感兴趣的内容不同，如投资者对创业计划中的市场增长及盈利感兴趣，创业伙伴主要关注产品或服务、市场、盈利及管理团队的运作能力，雇员、管理团队则主要关注企业今后的发展前景。因此，为了引起目标读者的阅读兴趣，创业计划书的编写要突出主题，围绕创业产品或服务展开阐述，避免出现与主题无关的内容。

2. 结构完整，内容规范

创业计划书要有完整的格式，各部分的内容应具有连贯性并严格按顺序编排。首先，创业计划书要有索引和目录，便于读者查阅各个章节；摘要应位于创业计划书的最前面。其次，在具体内容上，关于产品或服务的描述、行业分析、营销策略介绍、创业团队介绍等应使用专业术语，尽量做到规范化、科学化；财务分析最好采用图表的形式，更形象直观。此外，还应注意创业计划书的校对和排版，拼写或排印错误很可能使创业者丧失获得投资或创业伙伴的机会。

3. 计划周密，协调统一

由于创业计划书涉及的内容较多，创业者应事先做好计划，使创业计划书的撰写有条不紊地进行。通常，创业者可成立一个写作小组，制订编写计划，确定创业计划书的种类与总体框架，并确定创业计划书编写的日程安排与人员分工。编写成员分工协作，各司其职，最后选一人统一协调定稿，以免零散、不连贯、文风相异等问题出现。

4. 合理预测，数字准确

创业者在编写创业计划书时，对于相关数字一定要以合理的方式进行预测。例如，市场占有率、财务预测分析、投资报酬率等相关数字要尽可能准确，不应做大而化之的粗略估计，不要过分强调或夸大收益状况与可能的成就，不要依据生产能力来预估销售量。

同时，创业计划书中对目标市场消费特性的描述也要有依据。为此，创业者需要做好市场调查研究，并引证官方或学术研究机构的客观统计资料。如果已有具体产品原型，应考虑进行消费者使用测试并取得专家的检验意见，这样有助于提高创业计划书的质量与可信度。另外，还要注意资料的时效性，及时更新有关资料和数据。

5. 保护知识产权，注意保密

创业计划书是创业者的智力劳动成果，其内容往往具有巨大的商业价值，或涉及一些技术和商业机密，因此要求目标读者阅读后对相关内容进行保密是合理的，也是必要的。创业者尽量不要把敏感信息写进创业计划书，但要有充分的阐述以令人信服。在创业计划书的编制过程中，处理保密问题有多种办法，如在创业计划书中添加一条保密条款，其内容的多少和复杂程度视情况而定，或者准备一份保密协议要求目标读者签字等。

制订创业计划的注意事项

创业者在制订创业计划时应特别注意以下三个方面的问题。

（1）认真分析创业项目的市场价值。制订创业计划时应认真分析创业项目的市场价值，如市场规模有多大、成长速度有多快、利润有多高、投资回报率是多少等。

（2）尽可能让团队所有成员都参与到创业计划的制订中。创业计划仅有精心的包装和诱人的回报是不够的，还应该让每一位参与其中的成员清楚创业者的目标。

（3）创业计划书中不要有模棱两可、模糊不清的话；语言不要过于专业化；不要过分地讲究创业计划的包装而忽略了其本质内容；遇到现实需求时，不要把时间浪费在撰写计划书上；融资资金未入账之前都不要假定自己的创业计划已成功。

四、创业计划书的撰写步骤与内容

1. 创业计划书的撰写步骤

撰写一份合格的创业计划书需要经历以下几个步骤。

（1）准备阶段。创业计划书的撰写涉及内容较多，因而撰写创业计划书前必须进行周密安排，主要做好以下准备工作。

① 确定创业计划的目的与宗旨。

② 组成创业计划工作小组。

③ 制订创业计划书撰写计划。

④ 确定创业计划书的种类与总体框架。

⑤ 确定创业计划书编写的日程安排与人员分工。

（2）获取资料阶段。以创业计划书的总体框架为指导，针对创业目的与宗旨，搜寻内部与外部资料，包括创业企业所在行业的发展趋势、产品市场信息、产品测试情况、实验资料、竞争对手信息、同类企业组织机构状况、同类企业财务报表等。

（3）创业计划书的形成阶段。在创业计划书的形成阶段要完成以下几项任务。

① 拟订创业执行纲要，主要包括创业各项目的概要。

② 草拟创业计划书初稿。依据创业执行纲要撰写包含创业企业的市场竞争及销售、

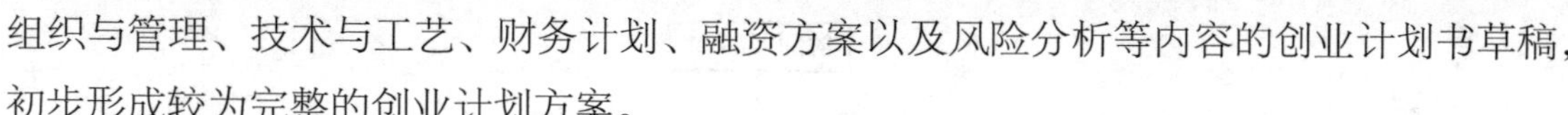

组织与管理、技术与工艺、财务计划、融资方案以及风险分析等内容的创业计划书草稿，初步形成较为完整的创业计划方案。

③ 修改完善。创业计划工作小组在这一阶段针对创业计划进行广泛调查并征求多方意见，进而提出一份较为完善的创业计划方案，根据创业计划方案修改完善创业计划书。

④ 创业计划书定稿。形成定稿，并印制成正式的创业计划书。

创业计划书中的市场分析

进行市场分析有助于创业者确定企业的业务性质和种类，有助于创业者了解消费者需求和购买行为特点，从而提供相适应的产品或服务。此外，市场分析能够描述出企业预期的销售额和市场份额，有助于企业说服投资者相信创业者对创业机会的把握是准确的。市场分析主要涵盖需求调查、购买行为调查及销售预测等。

通常来说，市场分析应包括以下五个方面的内容。

（1）市场对这种产品或服务的需求。企业要想在市场中处于有利地位，就必须对市场及其需求有深入的了解和敏锐的洞察力。

（2）市场细分及其特征。市场细分即把潜在的消费者按某种特点进行细分，如地理因素、人口统计学变量（包括年龄、性别、家庭人数、收入）、行为变量（包括利益追求、产品使用率、品牌忠诚度）和产品种类（因产品而异），并在此基础上确定本企业的目标市场，包括销售对象（目标消费者与主要消费者）、销售区域及销售范围。

（3）目标市场的竞争状况。创业者要明确企业竞争对手的产品优势、产品定位和销售策略，以及其在市场中占有的份额，通过与本企业进行对比，评估本企业的市场竞争力和竞争地位，进而说明本企业的相对竞争优势及其来源。

（4）未来市场的发展趋势。创业者要结合具体的企业营销战略和竞争情况，做好营销预算，然后根据预算结果及创业者对竞争对手的分析，综合预测未来市场的前景和发展趋势。

（5）预计的市场份额和销售额。创业者应以上面陈述的各种因素为基础，从行业协会中寻找一家具有可比性的企业或出售具有可比性产品的企业，分析其销售数据，预测本企业1～3年内能够获取的市场份额百分比，以及1～3年的销售额。

2. 创业计划书的基本结构与内容

企业的类型不同，其创业计划书的基本结构与内容也不同，但基本结构大致相同。一般来说，比较全面的创业计划书的基本结构与内容如图 7-1 所示。

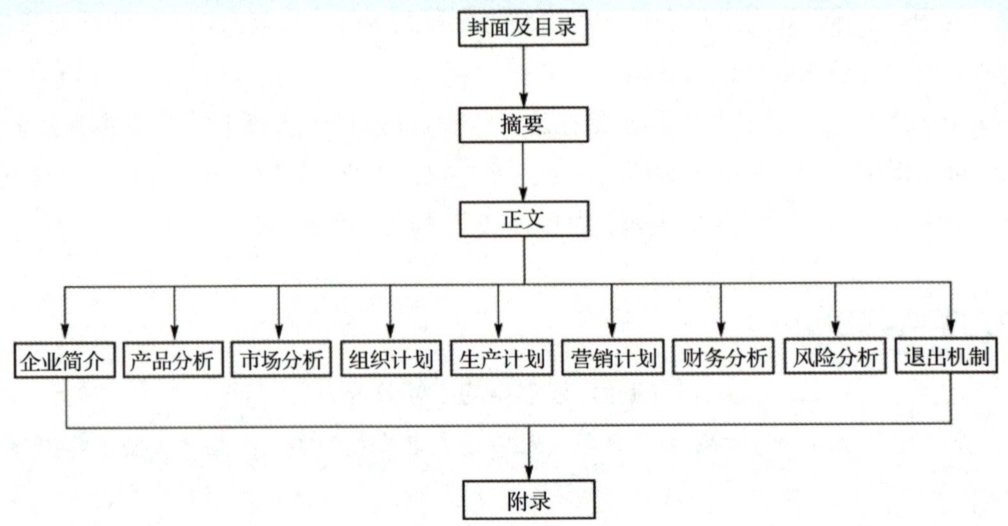

图 7-1 创业计划书的基本结构与内容

（1）创业计划书的封面一定要给人积极、正面的印象，看起来应该既规矩又专业。封面一般包括企业的名称、地址及传真，创业者的姓名、电话、电子邮箱，日期、计划书编号等内容。封面可以放一张企业的项目或产品彩图，但须留出足够的版面排列上述内容。

创业计划书是比较严肃、正规的文件，封面的设计不可过于耀眼或花哨，要具有艺术性。简洁、美观的封面会使阅读者产生好感，形成良好的第一印象。

（2）目录紧接于封面之后，列出创业计划书的主要章节、附录及其对应页码，便于阅读者查找计划的内容。增减计划书中的内容会打乱原来的页码，且一般较容易忘记修改目录中的页码，因此在创业计划书送出之前，创业者要反复核对目录中的页码是否与正文页码一致。

（3）摘要是对整个创业计划的概括，目的在于用简练的语言将创业计划的核心、要点、特色展现出来。摘要列在创业计划书的最前面，是整个创业计划的精华和核心，旨在吸引目标读者仔细读完全部文本，因而一定要简练，以求一目了然，以便阅读者能在最短的时间内评审计划并做出判断。

（4）正文是创业计划书的主体部分，创业者要分别从企业简介、产品分析、市场分析、组织计划、生产计划、营销计划、财务分析、风险分析等方面对投资者关心的问题进行介绍，既要有丰富的数据资料，使人信服，又要突出重点，实事求是。

（5）创业计划书中的附录主要是对创业计划中涉及的一些问题的细节及相关的证书、图表进行描述或证明，如企业的营业执照、公司章程、验资报告、审计报告、高新技术企业（项目）证书、专利证书、鉴定报告、市场调查数据、主要供货商及经销商名单、主要客户名单、场地租用证明、企业及其产品的介绍和宣传等资料、工艺流程图、各种财务报表及财务预估表、专业术语说明等。其与创业计划书的主体部分一起装订成册。

以创业计划小组的形式组织创业计划比赛，先由教师介绍本次活动的时间、内容和基本要求，以及创业计划的设计样式和具体要求等；然后，学生按情况分成若干组，每组提交一份创业计划。创业计划的内容应该包括以下几个方面。

① 核心内容。核心内容包括产品或服务的介绍、独特的市场分析和竞争分析、可行的财务预算介绍、明确的投资方式介绍、管理队伍和企业介绍等。每项创业计划的初次投资不超过 50 万元。

② 写作框架。写作框架包括创业计划概要、产品或服务介绍、市场分析、竞争分析、经营策略分析、生产计划介绍、财务分析。

第四节 创办企业的基本事项

企业一般是指以营利为目的，运用各种生产要素（土地、劳动力、资本、技术和企业家才能等），向市场提供商品和服务，实行自主经营、自负盈亏、自我发展独立核算的法人实体和经济组织。

在商品经济范畴内，企业是指作为组织单元的多种模式之一，按照一定的组织规律，有机构成的经济实体，一般以营利为目的，以实现投资人、客户、员工、社会大众的利益最大化为使命，通过提供产品和服务换取收入。它是社会发展的产物，因社会分工的发展而成长壮大。企业是市场经济活动的主要参与者；在社会主义市场经济体制下，各种企业并存，共同构成社会主义市场经济的微观基础。企业的组织形式主要有三大类，即独资企业、合伙企业和公司制企业。其中，公司制企业是现代企业中最主要、最典型的组织形式。

一、创办企业的基本条件

要想把创业构想变成事实，就要创办自己的企业。创办企业是创业过程中迈出的实质性的第一步，也是改变创业者生活方式和工作方式的起点，这一步的重要性不言而喻。

创业者在决定创业之前，首先应该弄清楚自己该不该设立企业，以及何时设立。大量的研究表明，企业的设立时机得当对新创企业的成功有着重要的影响。一般来说，具备以下一个或几个条件时，企业才有可能创办成功。

1. 具备设立企业的外部环境

创业需要有适当的制度环境、政策环境、金融环境、市场环境、科技环境和人文环境等。传统计划经济时期个人无法创业，其关键原因在于那时缺少个人创业的经济制度与政策环境。而当下经济发展新常态与对外开放新格局所营造的良好外部环境为创业者提供了设立企业的良好时机。

2. 具有强烈的管理者意识

很多创业者在强烈的管理者意识下创立了自己的企业。创业者可以在自己创办的企业里为自己工作，做自己喜欢的事情，实现自己的人生理想和抱负，这是大多数创业者的创业动因。一个没有成为管理者欲望的人是很难创业成功的，因为他没有做好应对创业的挑战、机遇、困难、烦恼的任何心理准备，如果盲目创办企业，容易导致失败。正是在强烈的管理者意识驱动下，很多企业应时而生。

3. 出现了有利的市场机会

很多商机并不是突然出现的，而是对“一个有准备的头脑”的一种“回报”。市场机会的出现是创业者意识到机会的到来，有准备的创业者会适时创立自己的企业。

寻找市场空白可能是最直接有效的发掘有利市场机会的方法。有空白就存在着巨大的消费需求。但问题是创业者看到的市场空白别人往往也能看到，即使自己先看到，也容易被后来者模仿甚至超越。

4. 开发了能够创造新市场的产品

这是创业者起步创业，尤其是大学生创业最为直接的可能性。一旦开发或掌握了某种具备广泛应用性和市场化潜力的新技术，创业者便能够通过申请专利和落实生产线的方式进行新型产品的加工生产，从而创造全新的市场，继而达成创业目标。

5. 掌握了创业的独特资源

这里所说的独特资源有很多种，如获得了某种有利于自己独立创业的特许权。创业者一旦拥有了这类权利，就不会遇到过多的竞争者，就不会进入一个拥挤的市场，创业成功的概率自然会大大提高。

企业的生命周期

成长和发展是生命的永恒主题。就像任何一个生命一样，企业从诞生之初就有追求成长和发展的内在冲动。企业生命周期理论构成了经济学和管理学对企业成长问题最基本的假设之一。企业在成长过程中会经历若干发展阶段，每个阶段都具有相应的特点和驱动因素，这就要求企业在各方面不断变革，与其发展阶段相适应。在众多企业生命周期模型中，美国学者伊查克·爱迪思（Ichak Adizes）提出的阶段划分最为细致，在理论界和实践界有着广泛影响。如图 7-2 所示，他把企业生命周期划分为 10 个阶段，分别是孕育期、婴儿期、学步期、青春期、盛年期、稳定期、贵族期、官僚化早期、官僚期、死亡期。盛年期之前是成长阶段，盛年期之后是老化阶段。

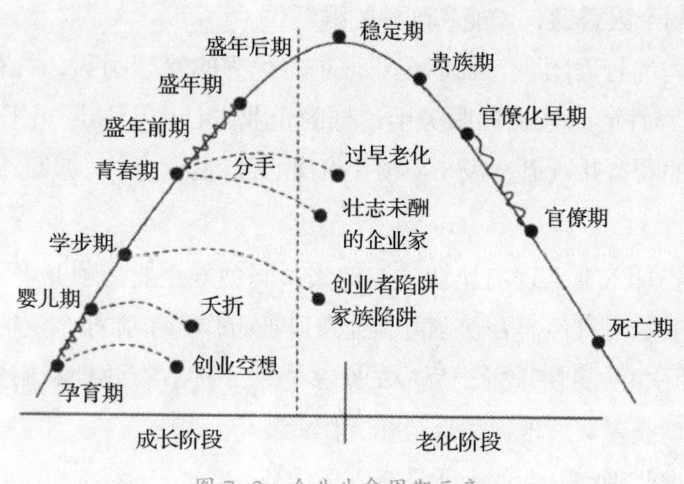

图 7-2　企业生命周期示意

二、创办企业的方式

为了提高创业的成功率，在开始创办企业时，创业者必须考虑采取何种创业方式，它们所对应的企业类型各自有什么特点，以确定自己创业的方向，然后将个人的经营管理能力、可调动的经营资源和可能的创业方式进行一番审慎评估，才能最后做出决定。

1. 个人独创

个人独创是指创业者独立创办自己的企业。在现代社会，个人独立创业已经成为很常见的现象，创业者往往通过工艺创新、市场营销创新等非技术创新成功地创建企业。独创企业的特点在于产权是创业者个人独有的，相对独立，而且产权清晰。企业由创业者自由掌控，创业者可按自己的思路来经营和发展自己的企业，可以最大限度地发挥个人的智慧与才能；企业利润归创业者独有；不存在其他所有者，无须迎合其他持股者的利益要求及其对企业经营的干扰，这是十分有利的。

但是，独创企业也存在不利的一面，主要表现在以下几个方面。

（1）创业者需要独自承担风险。不仅创业者个人的利益是独立的，其承担的风险也是独立的，创业者需要独立承担创业中的所有风险。这在竞争激烈的市场环境中，往往是极为危险的。

（2）创业资金筹备比较困难。独创企业在法律上不得不采取业主制的组织形式，因此，在企业组织的存续上存在先天性缺陷，往往很难得到金融机构的信贷支持。

（3）财务压力大。设立和经营企业的一切费用必须由创业者个人独立承担，创业者将面对较大的财务压力。

（4）个人才能的限制。创业者的智慧和才能终究是有限的，独创企业的设立、运营和发展必然会受到个人智慧、才能和理性的限制。

（5）缺少优秀的管理团队。独创企业很难有优秀的管理团队，具有较强创新与创业精神的员工不会心甘情愿地长期服务于这样的企业，且由于高层员工不是企业的股东，无法与企业本身的利益共进退，极易与创业者离心离德。

2. 合伙创办

合伙创办是指加入他人现有企业或与他人共同创办企业。创业者需要仔细考虑采用这种方式发展企业的可行性。合伙创办企业可以被看作为了弥补企业扩张时的资源不足，对市场竞争和市场机会更快地做出反应的众多方法之一。有效地利用合伙战略作为一种扩张策略，需要创业者认真地评估形势和合作者。

（1）与独创企业相比，合伙企业具有以下优势。

① 共担风险。合伙企业存在至少两个或两个以上创业者，遇到风险时可以共同承担，遇到困难时可以一起克服。

② 融资较易。在合伙企业中吸纳具有融资优势的个人加入可以减弱乃至避免个人独创企业融资难的问题。

③ 优势互补。由于合伙企业的创业者为两人或更多，创业者的智慧、才能、理性及资源可以互补，只要团队结构协调、合理，即可以形成一定的团队优势。

（2）合伙企业也存在一些问题，主要表现在以下几个方面。

① 产权关系不明晰。在我国有关创业的法律体系不完善的情况下，合伙企业往往会遇到产权关系难以处理的问题。特别是合伙创业之初，往往需要某些无形资产持有者的加入，但无形资产的股份难以合理确认，且当企业发展到一定程度时，无形资产提供者在企业中的地位和利益往往会遇到挑战。

② 易产生利益冲突。合伙意味着数人的利益交织在一起，团队成员之间的利益关系需要反复磨合，在企业设立、运营、发展中难免会产生这样或那样的利益矛盾。一旦利益关系出现了大的不协调，就可能导致企业存续和运营的危机。

③ 易出现中途退场者。当团队内部出现较大的利益矛盾，或是某些团队成员遇到更

好的机会，或是某些团队成员已有能力独立创业，或是某些团队成员畏惧创业中出现的困难时，这些成员就可能退出现有的创业团队。一旦有人退出，就有可能影响合伙创业的进程，以致影响新创企业的发展。

④ 企业发展目标不统一。各合伙人的商业目的不一致，可能导致企业发展方向不统一。

三种不同组织形式企业的权利、义务对比

三种不同组织形式企业，即个人独资企业、合伙企业与有限责任公司的权利、义务对比如表 7-1 所示。

表 7-1 个人独资企业、合伙企业与有限责任公司的权利、义务对比

企业组织形式	权 利	义 务
个人独资企业	所有权属于投资者个人，投资者对该企业有着绝对的管理、处分和收益权	债务承担无限连带责任：当企业的财产不能够偿还企业债务时，所有者必须以个人的其他财产承担偿还债务的责任
合伙企业	合伙人有亲自或选举代表管理企业事务的权利、决定企业重大事务的权利、了解企业财务和经营状况的权利、对企业事物提出异议的权利、分配企业利润的权利、退出合伙企业的权利	合伙人不得自营或者同他人合作经营与本合伙企业相竞争的业务；各合伙人承担连带责任的清偿比例应当按照合伙协定中对利润和损失的分配比例来计算
有限责任公司	股东有权查阅股东会会议记录和公司财务会计报告，股东按照出资比例分取红利。公司新增资本时，股东可以优先认缴出资。但股东在公司登记后，不得抽回出资。股东之间可以相互转让其全部出资或者部分出资。股东向股东以外的人转让其出资时，必须经全体股东的半数以上同意；不同意转让的股东应当购买该转让的出资，如果不购买该转让的出资，视为同意转让。经股东同意转让的出资，在同等条件下，其他股东对该出资有优先购买权	公司股东只就其出资额对公司承担责任

三、创业团队的组建和管理

1. 创业团队组建的原则

创业者在组建创业团队时必须遵循以下原则。

（1）目标明确合理原则。目标明确才能使团队成员清楚地认识到共同的奋斗方向是

什么，目标合理才能使团队成员感受到奋斗的可行性，因此，只有目标明确合理才能真正达到激励的目的。

（2）互补原则。创业团队成员合作的目的在于弥补创业目标与自身能力间的偏差。只有团队成员在知识、技能、经验等方面实现互补时，才有可能通过相互协作发挥出“1+1 ＞ 2”的协同效应。

（3）精简高效原则。为减少创业期的组织运作成本、最大限度地分享成果，创业团队成员的构成应在保证企业高效运作的前提下尽量精简；同时，创业者要把握统一指挥与分工协作的关系，既要保证统一指挥和命令关系，防止出现多头领导、责任不清的现象，又要在明确分工的基础上适当控制管理幅度，防止出现大包大揽的现象。

（4）动态开放原则。创业过程是一个充满了不确定性的过程，团队中可能因为能力、观念等多种情况不断有人离开，同时有人要求加入。因此，在组建创业团队时，创业者应注意保持团队的动态性和开放性，使能力、观念等能够真正匹配的人员能被吸纳到创业团队中来。

（5）权、责、利统一原则。在创业团队中，各成员都应拥有与其角色相对应的权力，并能承担自己的行为所造成的后果的责任。同时，团队成员也应具有与完成该责任相对应的权力，创业者应将权力合理分配到每个团队成员手中。另外，在行使权力、承担责任的基础上，团队成员应该得到与其权力和责任对等的利益。权、责、利统一原则有利于组建成功后的团队长期、健康、稳定的发展。

（6）相对稳定原则。在组建创业团队时，虽然要依据环境的变化适当地进行结构调整，但在调整时，创业者应考虑保持团队的稳定性，避免因频繁变更团队成员导致团队成员无所适从、人心不稳、业绩下降等问题。相对稳定原则可以保证团队思维的连续性，有利于团队在前期成果的基础上不断开发出更多新成果。

组建创业团队应明确的问题

以下是创业者在组建创业团队时经常遇到的问题，需要在创业之初就在创业团队成员间加以明确。

（1）我们该如何划分股份？

（2）公司如何做出决策？

（3）如果我们中有人离开了公司，应该怎样处理？

（4）创始人可以被解雇吗？

（5）在这次创业中，我们的个人目标是什么？

（6）这是我们各自的主要事业吗？

（7）在我们的计划中，有哪些部分是我们各自不愿意改变的？

（8）我们是否需要与我们创立的公司签订某些合同？

（9）我们中需要有人向公司投入资金吗？

（10）我们以什么标准给自己发薪水？

2. 创业团队组建的程序

虽然组建创业团队的具体程序可能因创业团队类型的不同而出现细微差异，但大致可以归为以下几个步骤。

（1）明确创业目标。为了吸引创业伙伴，创业者一方面应明确自己的创业思路，另一方面必须将自己所掌握的创业机会形成一定的创意，进而形成一个创业目标，也就是为组建创业团队而设立的目标。只有这样，才能使想要加入创业团队的人员对企业的发展目标有充分的了解，同时促进团队成员间的合作。

（2）制订创业计划。在确定了创业总目标及各阶段性目标后，创业者要针对如何实现这些目标制订周密的创业计划。创业计划是在对创业目标进行具体分解的基础上，从团队整体出发制订的。创业计划确定了在不同的创业阶段需要完成的阶段性任务及实现的手段，目的是通过逐步实现这些阶段性目标来最终达成创业总目标。

（3）招募团队成员。招募团队成员是组建创业团队最关键的一步。关于创业团队成员的招募，应主要考虑以下几个方面。

① 互补性。互补性即考虑被招募人员能否与团队其他成员在能力、技术、经验上形成互补。这种互补的形成既能够有效加强团队成员之间的合作，又能够保证整个团队的核心竞争力，从而使团队的作用在更大程度上得到发挥。通常，创业团队至少需要技术、管理和营销三个方面的人才。只有这三个方面的人才形成良好的沟通协作关系，创业团队的组建才可能稳定高效。

② 规模适度。适度的团队规模是保证团队高效运作的重要条件。如果团队成员过少，团队的功能和优势就可能无法发挥；如果团队成员过多，就有可能由于交流障碍而导致团队内部分裂，从而极大地削弱团队的向心力。一般认为，创业团队的规模控制在 2 ~ 12 人为佳。

③ 道德品质。创业者在选择创业团队成员时还应考虑对方的道德品质。与能力相比，道德品质显得更加重要。一个人的道德品质好是与其合作的基础，也是确定这个人值得信任的前提。

（4）职权划分。创业团队应当包括不同类型的成员，各自负责企业的不同事务，如有人负责企业决策、有人负责拓展市场、有人负责管理生产等。明确团队成员的职责定位可以使创业团队形成合力，共同实现创业目标，同时可避免因职责不明、权力分配不明而引发冲突。在实际创业过程中，很多创业团队是基于亲戚、朋友的关系组建起来的。这种团队在企业创立初期一般能够较好地团结在一起，共渡难关，但在企业发展到一定阶段时，往往会出现权限不明、责任不清等问题，甚至可能因企业进一步发展的目标不同而发生分歧，导致企业分裂。因此，在与亲戚、朋友共同创业时，创业者一定要处理好权、责、利等各方面的关系。

行思之窗

乔布斯（Jobs）与沃兹尼亚克（Wozniak）曾是老友，1976 年，两人与韦恩（Wayne）等人创立了苹果电脑公司（2007 年更名为苹果公司）。在创办苹果电脑公司的过程中，沃兹尼亚克与乔布斯堪称黄金组合，一个搞技术，一个负责市场，又因赶上了个人电脑兴起的第一波浪潮，苹果电脑公司很快就风生水起了。乔布斯和沃兹尼亚克是这样一对“兄弟”，其中一人毕生致力于管理公司，用各种手段激起消费者的欲望，创造盈利的神话；另一人则言谈幽默，爱好技术，对一些小玩意感兴趣，在世界上挖掘趣闻，并乐在其中。

沃兹尼亚克是个技术“牛人”，在 20 世纪 70 年代中期创造出苹果一号和苹果二号。苹果二号风靡后，成为 20 世纪 70 年代和 80 年代初期销量最佳的个人电脑。罗伯特·克林利（Robert Cringely）曾说：“沃兹尼亚克称得上是苹果公司首席雇员，因为从技术的角度来看，沃兹尼亚克就是苹果电脑。”但没过多久，两位创始人的矛盾就公开化了。创业早期，乔布斯常被批评为脾气坏、顽固、倔强、喜怒无常。他脾气坏，是一个小心眼的微观管理者，让自己的雇员不得不时刻分心提防。乔布斯的任性及以自我为中心的工作作风得罪了太多的人，让他迅速走向危机。1985 年，苹果电脑公司董事会最终投票做出了一个艰难的决定：剥夺乔布斯在苹果公司的一切职务。就在这一年，沃兹尼亚克也离开了苹果电脑公司。两人共同成就了一家强大的公司，但终究未能一直携手。

请思考：个人尤其是领导者的能力、性格与行事作风在创业团队中的影响力是十分巨大的，结合上述材料，你认为应该如何处理个人与团队之间可能发生的矛盾？

3. 创业团队的管理

创业者不仅要组建高效的创业团队，还要懂得管理团队，创业者在组建创业团队时应明确地对权、责、利进行分配，建立严格的团队管理制度，将团队成员拧成一股绳儿，使团队成员劲儿往一处使，从而实现创业团队的高效运作。

（1）妥善处理权力和责任的关系。在创业团队运行过程中，创业者必须明确每个团队成员适合从事何种工作，并据此给予该成员相应的权力，让其承担相应的责任。

此外，新企业的薪酬体系不仅应包括股权、工资、奖金等物质报酬，还应包括个人成长机会和提高相关技能等精神报酬。各团队成员看重的利益并不一致，这取决于个人的价值观、奋斗目标和抱负。例如，有些人追求的是长远的资本收益，而有些人可能只关心短期收入和职业安全。

鉴于新企业薪酬体系的重要性，加之新企业资金有限，创业者要认真研究和设计企业整个生命周期的薪酬体系，使之具有吸引力，并保证按贡献付酬和不因人员增加而降低薪酬水平。

（2）制订严格的规章制度。对创业团队而言，规章制度是非常重要的，如果没有明确的规章制度来规范团队成员的行为，没有规定哪些事是可以做的，哪些事是明确禁止的，所有成员都随心所欲地做事，那么团队成员就难以向着同一个方向努力和前进，甚至有的团队成员会为达到某种目的而触犯法律。企业规章制度不可以生搬硬套，而应具有适度、人性化、弹性化等特点，并可根据实际需要灵活改变。

（3）合理地进行分权。现代创业团队的管理事务繁杂，涉及面广，会受个人精力、知识、经验条件等多方面的限制，创业团队的领导者所能够有效领导的下级团队的人数及范围是有一定限度的。如果创业团队的一切经营决策、组织指挥等事务都需要同一个领导者做决定，那么即便他的能力再强也会感到难以胜任。因此，在进行创业团队的管理过程中，创业团队的领导者应注意有效管理幅度问题，将集权与分权进行有机结合，不要抓住权力不放，而要有选择地、尽可能地授权给创业团队成员。合理的分权有利于创业团队成员根据实际情况迅速且正确地做出决策；有利于创业团队的领导者摆脱日常繁杂的事务，集中精力解决重大问题；有利于调动团队成员工作的积极性和主动性。

（4）加强团队成员之间的沟通交流。沟通是一种在传递信息的基础上进行一定的情感交流的活动。良好的沟通是打造高效率团队必备的要素之一。有效的互动和交流能够影响人们在团队中的行动，包括团队成员对团队工作方案的认同、团队成员间的有效配合、在执行团队任务时的全力以赴等，能使团队成员保持目标一致并共同为之努力。在团队内部增加有效的信息共享与情感交流可以增强成员对团队的责任感，直接影响团队成员的行为，同时还会和团队中的其他因素相互作用，对团队产生积极的影响，提升团队的工作效率。

四、新企业经营选址

创业企业需要有经营场所，企业的选址与未来的经营发展有着很大的关系。尤其是以门店为主的商业或服务型企业，其店面的选择往往是创业成功的关键。好的选址等于成功了一半。大多数创业者都会选择在熟悉的地方（家乡或者学习的城市等）创业。在选定目标城市后，还需要进一步选择具体的经营地点。不同类型的创业企业，在选址上优先考虑的因素如下。

1. 生产类型的企业选址

生产类型的创业企业在选址时要考虑生产条件：交通方便，便于原料运进和产品运出；生产用电要满足，生产用水要保证；生产所使用的原料基地要尽量离企业近些；所需的劳动力资源要尽可能就地解决；当地税收是否有优惠政策；等等。如果是一些可能对环境造成影响的生产项目，则需要考虑环保因素。

2. 商业类型的企业选址

商业类型的创业企业在选址时应考虑创业地的实际情况、客流量、店铺租金等。如在城市，若干个商圈往往能带动圈内商业的规模效应，选择在商圈内创建企业较易经营，但店铺租金或转让费也较高，往往会让创业者捉襟见肘，想要得到一个立足之地很困难。因此，创业者可以在商圈内利用联合经营、委托代销等方式创业，或者转向次商圈，在商圈边缘选址，将因此而节约下来的资金用于货品升级、提升服务等。创业者在选址时要有“借光”的意识，如在体育馆、展览馆、电影院旁边选址等。如果选择商圈之外的经营场所，则要注意做出特色，形成自己独特的风格，以达到“酒香不怕巷子深”的效果。

3. 服务类型的企业选址

服务类型的创业企业要根据具体的经营对象灵活选址，一般来说对客流量的要求较高。从一定意义上说，客流量就等于现金流。在人流量大的地段经营，成功的概率往往比人迹罕至的地段要高得多，但也应结合企业目标消费群体的特点进行选址，如针对居民的应设在社区附近，针对学生的则应设在学校附近，如果以订单为主要业务，低成本、高效能的办公写字楼则是首选。

作为一家老字号企业，北京稻香村食品有限责任公司（简称“稻香村”）拥有约200家连锁店，1个物流配送中心，北京市场在各大超市系统开设销售专柜400多家；外埠市场有网点近500个。在消费主体更加细分、消费倾向多元化的今天，稻香村能

做到几乎店店盈利，秘诀何在？

走在北京的大街上，你会发现，繁华的王府井、西单等传统商业街区很少看到稻香村的食品连锁店，而在一些客流大的车站附近、商圈的外围、大型居住区周边及大型的停车场附近，常常可以看到稻香村的身影。

不进商场，远离繁华地段，这种与传统商业完全不同的选址思路正是稻香村开店成功的秘诀之一。稻香村的目标消费者定位在 35 ~ 55 岁的人群。因此，在选址的策略上，稻香村要求商圈内购物人群平均年龄在 35 ~ 55 岁的人数要占到总人数的 60% 以上。北京的连锁店，绝大多数遵循这样的选址原则。

而在这一大原则背后，稻香村在选址上还导入了数字化管理模式。针对每个备选的地址，稻香村都要获得地区街道图，并标出主要商业街和住宅区位置。此外，还要收集外观照片、平面图、立面图、电力供应状况、房屋租金状况、不同时段店铺门前经过的客流量及车流量、门店门前停车场及停车收费情况、门店门前街道道路状况等数据信息。有了这些基础的数据信息后，将其输入计算机，进行数据处理、汇总、分析，最终确定哪个位置适合开店。

请思考：稻香村的选址思路给了你怎样的启发？商业区位好的地方一定适合开办企业吗？

五、新企业的注册

根据我国相关法律规定，新办企业必须经工商行政管理部门批准登记、发给营业执照，并获得有关部门颁发的经营许可证等。企业只有领取了营业执照，才算有了合法的身份，才可以开展各项法定的经营业务。

1. 领取营业执照

企业只有经过注册登记，领取了营业执照才是合法的企业，才能取得法人资格，受到国家法律法规的保护，享受国家有关的优惠政策。

企业申请登记的事项是指企业在申请登记时应填报的项目，主要包括：企业名称、住所、法定代表人、注册资本、经营范围、所有制形式、经营形式、从业人数、营业期限等。

工商行政管理部门对企业法人申请登记注册事项的核定是企业法人登记注册程序中最为重要的一个环节，其意义是：企业法人登记注册一经核定，企业即具备法人资格，其权利能力和行为能力也随之产生。

需要注意，应届毕业生在自主创业的过程中担任企业法人代表需要出具的证明包括：

所在学校就业办公室出具的应届毕业生证明，公安局户政科出具的集体户口证明，公安局治安科出具的无刑事犯罪记录证明。

以小组为单位，就近到各地的投资服务中心了解企业创办的注册流程、涉及的政府部门和社会机构及应办理的各种手续，然后每组完成一份企业注册报告。

2. 办理银行账户和税务登记等法定手续

在领取营业执照后，还要办理银行账户和税务登记等法定手续，享受和履行国家法律规定的权利和义务。

领取营业执照后，需去银行开立基本账户，各个银行开户，要求略有不同，开基本户需要提前准备好材料，一般包括营业执照正本原件、法定代表人和经办人的身份证、公章、财务章、法人章等。基本存款账户是存款人因办理日常转账结算和现金收付需要开立的银行结算账户。基本存款账户是存款人的主办账户，存款人日常经营活动的资金收付及其工资、奖金和现金的支取，应通过该账户办理。

税务登记是税务机关根据税法规定对纳税人的生产经营活动进行登记管理的一项基本制度，是纳税人纳入税务机关监督管理，依法具有纳税义务的一项证明。纳税人在申请办理减税、免税、退税，领购发票、办理外出经营活动税收管理证明及其他有关税务事项时，必须持有税务登记证件，税务机关对税务登记证件实行定期验证和换证制度。

以上就是自主创业运作的基本程序，希望能够为有志于自主创业的大学生提供帮助，但这些还仅仅是创业的前置程序。

在顺利开业之后，创业者还面临着维持企业的日常活动、积累资金，以及经营、管理和发展企业等重要任务，这些都需要创业者具备相关的经验及胆识。

【实训思考】

1. 如果你大学毕业后要自主创业，你会选择什么领域？
2. 如果大学毕业后自主创业，应如何筹备自己的创业团队？
3. 创业能力为什么很重要？需要具备哪些要素？
4. 创业计划书的正文部分应该包括哪些方面的内容？

5. 目前国家针对大学生创业有哪些优惠政策？

【实训演练】

创业能力自测

了解创业的含义与要求，自我评估创业能力，从而决定是否能够自主创业。

步骤1：算一算有利于创业的加分条件

（1）无论做什么，总能兢兢业业把本职工作干好。（+20分）

（2）学习时容易从中发现一些兴趣。（+10分）

（3）大多数时候不对学习加以抱怨，满足于在学习中取得一些成果。（+10分）

（4）对不同性格的人有较强的包容度。（+15分）

（5）曾独立把一件别人认为不可能或难办的事（无论多小）办成、办好。（+15分）

（6）认真考虑过如何与一些不好相处的同学相处，并付诸实施。（+15分）

（7）长年如一日地伺候过一位老人。（+10分）

（8）拥有一批真心喜欢你、敬佩你的朋友。（+15分）

（9）曾诚心诚意地向别人道歉。（+5分）

（10）不太受一些流行观点等的影响。（+10分）

步骤2：算一算不利于创业的减分因素

（1）对于学习新知识不是很感兴趣，难以主动学习，接触新事物，对事物发展趋势缺乏敏锐的嗅觉。（−20分）

（2）对任务分配的不平衡很愤怒，极大挫伤了积极情绪。（−15分）

（3）没有朋友、老师或者家人的肯定就缺乏工作学习的动力。（−10分）

（4）喜欢时尚，热衷名牌，醉心于广告的魅力并成为它的牺牲者。（−10分）

（5）对自己亲近的人如父母的一些缺点老是看着刺眼，遇到类似的问题时总会吵架。（−10分）

（6）对自己的家人、朋友等缺乏耐心。（−5分）

（7）对流行的“对自己好一点儿”“率性而为”等观点非常认同。（−10分）

（8）没有某种长期的、比较鲜明的爱好。（−10分）

步骤3：进行自测结果分析

得分在80分以上，说明你比较适合自主创业；得分在60分以下，说明你不适合自主创业。当然，即使当前得分在60分以下，但经过一段时间，由于种种原因，情况发生了变化，自测结果也可能由不适合自主创业变为适合自主创业。

模拟组建创业团队

掌握组建创业团队的方式和流程，树立团队意识，提高团队凝聚力和管理能力。

步骤 1：初步确定团队组成

教师确定分组标准和可选的创业主题。学生建立（或加入）一个创业团队，将这个团队作为此次实训课程的主要学习方式。认真思考，确认你的团队归属。

步骤 2：进一步了解团队成员

（1）学生两人一组，互为队友，分别在纸上画出自己的动植物形象（也可以具体物体代替，画完之后互相交换）。

（2）上台帮助队友做个人简介（1 min）。

（3）愿意成为团队领导者的成员上台发表宣言（1 min）。

（4）教师协助确定团队领导者（按班级人数 ÷5 得出团队领导者数量）。

（5）所有学生自由选择愿意组合的团队领导者[步骤（1）中互为队友的两人必须选择同一个团队的领导者]。

（6）确定创业团队成员，团队成员之间做进一步了解。

步骤 3：展示创业团队的名称、口号及团队风采

优秀的创业团队大多拥有吸引人的团队名称和响亮的口号，同时拥有优良的文化表现形式。在实训中，各创业团队应商讨确定自己团队的名称和口号并进行展示。具体流程如下。

（1）由团队领导者组织全体团队成员为自己的团队命名。

（2）确定团队的口号。

（3）以团队为单位进行风采展示（每个团队 1 min 左右）。

（4）教师进行点评。

参考文献

[1] 范锋．大学生创业指导教程［M］．南京：南京大学出版社，2023.

[2] 张建英，刘薇，李启开．大学生职业素养［M］．北京：高等教育出版社，2020.

[3] 罗来松，李建耀．大学生就业指导［M］．哈尔滨：哈尔滨工程大学出版社，2023.

[4] 张福仁，孟延军，杨彬．大学生就业指导：微课版［M］.4 版．北京：人民邮电出版社，2021.

[5] 王仁伟，贾杏．大学生就业指导：微课版［M］．北京：人民邮电出版社，2022.

[6] 梁国敬．新时代职业院校学生发展蓝图：就业指导篇［M］．上海：上海交通大学出版社，2021.

[7] 宁翔，周媛梦，付兴华．大学生创新创业基础［M］．上海：上海交通大学出版社，2021.

[8]《大学生职业能力拓展教程》编委会．大学生职业能力拓展教程［M］．成都：电子科技大学出版社，2023.